# Histoire de l'assurance en Indochine et au Viêtnam

**Recherches Asiatiques**

*Collection dirigée par Philippe Delalande*

**Dernières parutions**

Barbara VAILLANT, *Boat people vietnamiens, Entre mémoire et diaspora*, 2013.

Jean-Claude PIVIN, *Les semailles des Kurus. Extraits choisis du Mahābhārata*, 2012.

LI Hong, *La renaissance des campagnes en Corée du Sud 1960-2012*, 2012

Marion FROMENTIN-LIBOUTHET, *L'image du Laos au temps de la colonisation française (1861-1914)*, 2012.

Philippe GENDREAU, *Pierre-Marie Gendreau, un missionnaire vendéen au Tonkin*, 2012.

Gérard Gilles EPAIN, *Indo-Chine, Découverte, évangelisation, colonisation ; Une histoire coloniale oubliée,* Tome I, 2012.

Gérard Gilles EPAIN, *Indo-Chine, La guerre ; Une histoire coloniale oubliée,* Tome II, 2012.

Thach TOAN, *Les Khmers à l'ère de l'hindouisme (20-1336 apr. J.-C.)*, 2012.

Linda AÏNOUCHE, *Le don chez les Jaïns en Inde*, 2012.

Quang DANG VU, *Histoire de la Chine antique, tomes 1 et 2,* 2011.

TAKEHARA YAMADA Yumiko, *Japon et Russie : histoire d'un conflit de frontière aux îles Kouriles*, 2011.

Guy BOIRON, *La Grande Muraille de Chine. Histoire et évolution d'un symbole*, 2011.

Prince Mangkra SOUVANNAPHOUMA, *Laos. Autopsie d'une monarchie assassinée*, 2010

Marguerite GUYON DE CHEMILLY, *Asie du Sud-Est. La décolonisation britannique et française*, 2010.

Joëlle WEEKS, *Représentations européennes de l'Inde du XVII^e au XIX^e siècle*, 2009

Hélène PORTIER, *Les missionnaires catholiques en Inde au XIX^e siècle*, 2009.

Jacques Charbonnier

# Histoire de l'assurance en Indochine et au Viêtnam

*Préface de Serge Degallaix,*
*ancien ambassadeur de France au Viêtnam*

L'Harmattan

## Du même auteur

*La gestion de la sécurité de l'entreprise*, Éditions Securitas, 1976
*Le marketing en assurance*, Éditions Securitas, 1977
*L'accident du travail et le management de la prévention*, Hommes et Techniques, 1980
*Pratique du risk management*, Éditions Securitas, 1983
*Le risk management européen/European risk management*, Éditions Securitas, 1985
*Manuel d'audit de l'assurance des entreprises*, Éditions Securitas, 1988
*Risques et assurances des PME PMI*, Éditions Securitas et Dunod, 1990
*Marketing et management en assurance, L'Harmattan, 2000*
*L'assurance, chemins faisant*, Éditions Sycomor, 2002
*Dictionnaire de la gestion des risques et des assurances*, La Maison du Dictionnaire, 2004
*Bhopal, la pire catastrophe industrielle de tous les temps*, Éditions Préventique, 2004
*Histoire de l'assurance en Tunisie*, Éditions Cérès, 2006
*Origines et développements des pratiques d'assurance en Afrique du Nord*, Presses Universitaires d'Aix Marseille, 2007
*Le risk management : méthodologie et pratiques*, L'Argus de l'assurance, 2007
*L'assurance en Chine, des origines à Mao*, Éditions Books on Demand.com, 2009
*Le risque et l'assurance, chemins faisant ... 2*, Éditions Books on Demand.com, 2010
*Islam : droit, finance et assurance*, Éditions Larcier, 2011
*L'assurance du risque automobile*, Éditions Larcier, 2012
*Terrorisme et risk management. World Trade Center 26 février 1993*, Lavauzelle, 2013


**5-7, rue de l'Ecole-Polytechnique, 75005 Paris**

http://www.librairieharmattan.com
diffusion.harmattan@wanadoo.fr
harmattan1@wanadoo.fr

ISBN : 978-2-343-00909-4
EAN : 9782343009094

Pour Brigitte

Remerciements

Nous tenons à adresser nos vifs remerciements à toutes les personnes qui nous ont apporté leur aide en nous fournissant ou en nous aidant à nous procurer des informations sur le sujet, et tout particulièrement à :

- Anne Brunterc'h, Responsable des Archives historiques du groupe Crédit Agricole SA, Paris

- Anne-Sophie Cras, Centre des Archives diplomatiques de Nantes

- Grégoire Eldin, Division de la conservation, Archives du ministère des Affaires étrangères, La Courneuve

- Christine Ferrante, Bibliothèque de la Manufacture, Université Jean Moulin, Lyon 3

- Philippe Fourrey, Directeur des supports à l'activité commerciale, AXA France Supports, Nanterre

- Alyse Henning, Librarian, the School of Risk Management, St. John's University, New York

- W. Jean Kwon, Faculty Chair and Professor, the School of Risk Management, St. John's University, New York

- Jean E. Lucey, Insurance Library Association of Boston

- Thierry Michel, Stepar Informatique

- Roger Nougaret, Responsable Archives et Histoire, BNP Paribas, Paris

- Pascal Penot, Archives historiques du groupe Crédit Agricole SA, Paris

- Ismael Rivera-Sierra, Director, the School of Risk Management, St. John's University, New York

- Khamsaya Soukhavong, Development Manager Vietnam, Groupe Prévoir, Paris

- Galina Spicehandler, Librarian, the School of Risk Management, St. John's University, New York

- Anna Stone, Group Archivist, Aviva, Norwich, Norfolk, UK

- VU THI Minh Huong, Directrice générale, Direction d'État des Archives du Viêtnam, Hanoi

Enfin nous désirons exprimer tout spécialement notre vive reconnaissance à deux personnes :

- D'abord à M. l'Ambassadeur Serge Degallaix, qui représenta notre pays au Viêtnam de 1996 à 2001, c'est-à-dire durant une période où ce pays connaissait de grandes transformations sur différents plans, et spécialement sur celui du droit de l'assurance, et qui, ayant accepté de prendre connaissance de notre manuscrit, a eu l'extrême obligeance d'accepter de rédiger une préface pour présenter l'ouvrage et son auteur ;

- D'autre part à M. Duc Cominh, Président de Prévoir Vietnam, Paris, dont les nombreux liens avec le marché vietnamien de l'assurance ont fait un expert, et qui nous a largement et généreusement communiqué, à chaque fois que cela se révélait nécessaire, toutes informations utiles.

## Abréviations et sigles

AT : accidents du travail
al. : alinéa
AHAGF : Archives historiques des Assurances générales de France
AHBNP : Archives historiques BNP-Paribas
AMAE : Archives du ministère des Affaires étrangères
AMT : Archives du monde du travail
ANEF : Archives nationales économiques et financières
ANOM : Archives nationales d'outre-mer
ANV : Archives nationales du Viêtnam
art. : article

c. : *circa* (vers)
CA : chiffre d'affaires
CACF : Centre des archives contemporaines de France
CADN : Centre des archives diplomatiques de Nantes
CAF : coût assurance fret
Chap. : Chapitre

dir. : sous la direction de
D-L. : Décret-loi
éd. : édition
*et al.* : *et alii* (et autres)
évol. : évolution
ex. : exemple(s)

F : Franc
F.O. : Foreign Office

IARD : Incendie, accidents, risques divers
*Ibid.* : *Ibidem* (au même endroit)
*Id.* : *Idem* (le même)

| | |
|---|---|
| J.O. : | Journal officiel |
| JORV : | Journal officiel de la République du Viêtnam |
| MOCI : | Moniteur du commerce international |
| n. : | note |
| Nb. : | nombre |
| *Op. cit.*: | *Opus citatum* (ouvrage cité) |
| P : | piastre |
| p.: | page |
| PIB : | produit intérieur brut |
| pp.: | pages |
| RC : | responsabilité civile |
| RD : | risques divers |
| SA : | Société anonyme |
| ss. dir. : | sous la direction de |
| SSM : | Société de secours mutuels |
| TPM | Transport public de marchandises |
| TPV | Transport public de voyageurs |
| UK : | United Kingdom (Royaume-Uni) |
| USNA : | United States National Archives |
| v. : | versus (contre) |
| V. : | voir |
| VND : | Viêtnam dong (unité monétaire vietnamienne) |
| vol. : | volume |

## Sommaire

# Préface

Le Professeur Jacques CHARBONNIER compte parmi les meilleurs spécialistes des marchés de l'assurance dans le monde. La longue liste de ses ouvrages sur ce sujet en témoigne. L'Assurance en Indochine et au Vietnam fait suite à l'histoire de l'assurance en Tunisie et en Chine, ouvrages publiés en 2006 et 2009 et devenus des références en la matière.

L'approche choisie est celle de la confluence de multiples points de vue afin de bien saisir la question de l'assurance des biens et des personnes dans toute sa complexité et son entièreté. Travail d'historien minutieux et documenté mais aussi de sociologue et d'économiste, « l'Histoire de l'Assurance en Indochine et le Vietnam » nous éclaire dans les grandes lignes comme dans le détail significatif sur 150 ans d'activités d'assurance dans la péninsule indochinoise.

Cette histoire est naturellement marquée de ruptures historiques avec l'arrivée des Français à la fin du XIX$^{e}$ siècle, la seconde guerre mondiale et la présence japonaise, l'indépendance et la réunification, la politique de renouveau économique (DOI MOI) et son prolongement avec l'ouverture du marché de l'assurance aux opérateurs étrangers sans limites de détention du capital de la société.

Nous suivons toutes ces étapes pour arriver à l'an 2000 et au développement accéléré ces dix dernières années d'une activité liée de manière mécanique à la croissance économique mais avec les particularismes propres au pays et les évolutions en profondeur d'une société qui s'urbanise de plus en plus et voit se relâcher les liens traditionnels de solidarité familiale.

Depuis le lancement du Renouveau Économique (DOI MOI), soit en un peu moins de vingt-cinq ans, le montant des primes émises a été multiplié par 500 avec maintenant près de 30 sociétés d'assurance non-vie, 14 d'assurance-vie et 2 de réassurance, autant d'opérateurs qui animent un marché encore modeste mais en progression rapide et prometteur.

Avec un ratio de 3% entre les primes émises et le PIB, le Vietnam demeure un marché potentiel important car ce ratio s'élève avec le développement du pays pour atteindre 10% dans les pays industrialisés. Depuis l'ouverture en 2000 du secteur aux entreprises étrangères, le montant des primes a été multiplié par 14 alors que le PIB l'était par 2,5, soit une progression du ratio de 5,5, un taux plus rapide que celui observé traditionnellement et qui a donné lieu au « théorème de Denis Kessler » selon lequel la croissance du volume des primes est le double de celle du PIB.

Une croissance économique qui, après le ralentissement relatif des premières années de la décennie 2010, devrait continuer à se situer à un niveau élevé, une population en croissance malgré une politique de contrôle des naissances, une urbanisation appelée à s'élever considérablement car, aujourd'hui, un peu moins de 70% de la population vit encore en zone rurale, sont autant de facteurs d'avenir pour le secteur de l'assurance.

C'est l'intérêt de l'ouvrage de Jacques Charbonnier que de nous permettre de mieux appréhender ce phénomène, d'en mesurer toute l'importance et de l'aborder avec le bagage historique et économique nécessaire.

Serge DEGALLAIX
Ancien ambassadeur de France au Viêtnam
Président de l'Association pour la diffusion internationale
de l'Actuariat français

## Avant-propos

Cette étude s'inscrivant clairement dans le développement de la récente discipline de l'histoire de l'assurance, notre dessein part de l'affirmation de cette nécessité : dans un pays donné, les assureurs *lato sensu* (membres de compagnies ou de syndicats, représentants des autorités, distributeurs, experts, professeurs d'assurance et formateurs aux métiers de l'assurance), « *ont besoin de connaître leur passé pour comprendre leur présent et imaginer leur devenir* »[1]. Et ceci se révèle aussi indispensable pour les « assureurs » des pays développés que pour ceux des pays en développement.

Or à ce jour, il n'existait aucune étude d'ensemble sur les débuts et sur l'évolution, jusqu'à nos jours, des institutions, du droit et des pratiques d'assurance au Viêtnam.

Nous avons donc l'ambition de combler cette lacune en publiant le présent ouvrage, dans lequel nous avons tenté de relier la naissance et la diffusion de l'assurance en Indochine, devenue Viêtnam en 1949, aux caractéristiques principales de son histoire, tout en nous efforçant d'évoquer, chaque fois que cela se révélait possible, les nombreux risques, incendies urbains, typhons, maladies, naufrages, etc., contre les effets desquels la délivrance de garanties se révélait alors bien nécessaire et qui faisaient parfois l'objet d'ardentes demandes de la part des personnes concernées, voire des observateurs.

Les quatorze décennies (1869-2010) prises en considération étant divisées en trois parties, le lecteur retrouvera chaque fois, au titre d'une époque déterminée, sensiblement les mêmes rubriques : le contexte, le marché (assureurs, intermédiaires), les principales branches : maritime, incendie, vie, accidents et risques divers, et le droit de l'assurance.

Les spécialistes de l'assurance, et particulièrement ceux qui ont œuvré au sein de compagnies, ne manqueront pas de relever, ici où là, des similitudes de situations entre leur vécu professionnel et la façon dont les choses se passaient alors à 10 000 km de distance et un siècle plus tôt, qu'il s'agisse des rapports entre le Siège et ses représentants extérieurs (ah, le ton de cette remontrance adressée à un agent ayant excédé ses prérogatives !), ou de la

---

[1] ARAXA, *L'héritage de Georges Tattevin*, Imprimerie Nouvelle de Viarmes, 2009, p. 7.

manière de s'informer sur les concurrents et sur leurs pratiques, ou encore de la façon dont un inspecteur jauge les représentants des autres sociétés s'activant dans sa circonscription.

Des annexes statistiques et une bibliographie complètent l'ouvrage, appelé à rendre service aux historiens, aux étudiants, aux professionnels opérant sur ou avec les marchés asiatiques d'assurance, ainsi qu'à toute personne intéressée par la façon dont l'un des « tigres asiatiques » fait appel à l'assurance pour prémunir ses ressortissants et ses entreprises contre les effets dommageables de risques aléatoires de toutes sortes.

# Prologue

Le Viêtnam, qui constitua une partie de l'Indochine durant la période coloniale, est un État du Sud-Est asiatique, situé au sud de la Chine, bordé par la Thaïlande (ex-Siam), le Cambodge et le Laos, ces deux derniers États ayant également été soumis à la domination française à partir de 1867 et de 1893 respectivement.

Sa superficie s'étend sur 330 000 km$^2$, et la longueur de ses côtes (3 260 km) souvent frappées par les typhons, et celle de ses cours d'eau (41 000 km de fleuves, 3 100 km de canaux) offrent d'intéressantes possibilités au cabotage et à la navigation fluviale, facilitant ainsi l'acheminement des marchandises et le déplacement des personnes.

Jadis majoritairement rurale, la population, passée de 13 millions d'habitants en 1901 à 88 millions cent dix ans plus tard, est devenue à 60% urbaine. Parmi les villes principales, il faut citer l'administrative Hanoi (6,5 millions), l'industrielle Haiphong (1,8 millions) et la commerçante Saigon, rebaptisée Ho Chi Minh Ville (7 millions).

Son climat, de nature tropicale, se caractérise au nord par une saison fraîche de décembre à mars, tandis que celui du sud se révèle sec et chaud de novembre à avril, l'arrivée de la mousson le rendant ensuite humide de mai à octobre.

Le Viêtnam dispose de nombreuses ressources de nature très variée, dans les secteurs tant agricoles que miniers, artisanaux et industriels :

Agriculture : riz, blé, thé, cannelle, café, tabac, manioc, maïs, canne à sucre,
Élevage : bovins, porcs, volailles,
Salines, élevages piscicoles et pêche en mer,
Forêts : hévéas, cocotiers,
Mines : bauxite, phosphate, fer, houille, marbre, chrome, étain, zinc,
Artisanat : tissus de soie, objets en laque, en bois ou en métal, broderies,
Industries de transformation : acier, textiles, conserveries de poissons, minoteries.

Au plan économique, le produit intérieur brut, qui se répartit inégalement entre l'agriculture (45%), les mines (2%), l'industrie (28%) et les services (25%), s'élève à 1400 $ par habitant (Banque mondiale).

Politiquement, le Viêtnam, qui connut la colonisation française à partir de 1860 et jusqu'en 1954, fut alors divisé, à hauteur du 17^e^ parallèle, en deux parties administrées au nord par un régime communiste, aidé par les pays de l'Europe de l'Est, et, au sud, par un régime libéral quoique autoritaire, soutenu par les États-Unis et les principaux pays occidentaux. Assez vite, les deux régimes s'opposèrent violemment, et une guerre longue et coûteuse s'ensuivit.

La réunification du pays s'effectua sur le terrain en avril 1975 avec la capitulation de Saigon obtenue par les armées du Viet-Minh et politiquement en décembre de la même année par la proclamation de la République socialiste.

# Première partie

# L'Indochine coloniale

# (des origines à 1954)

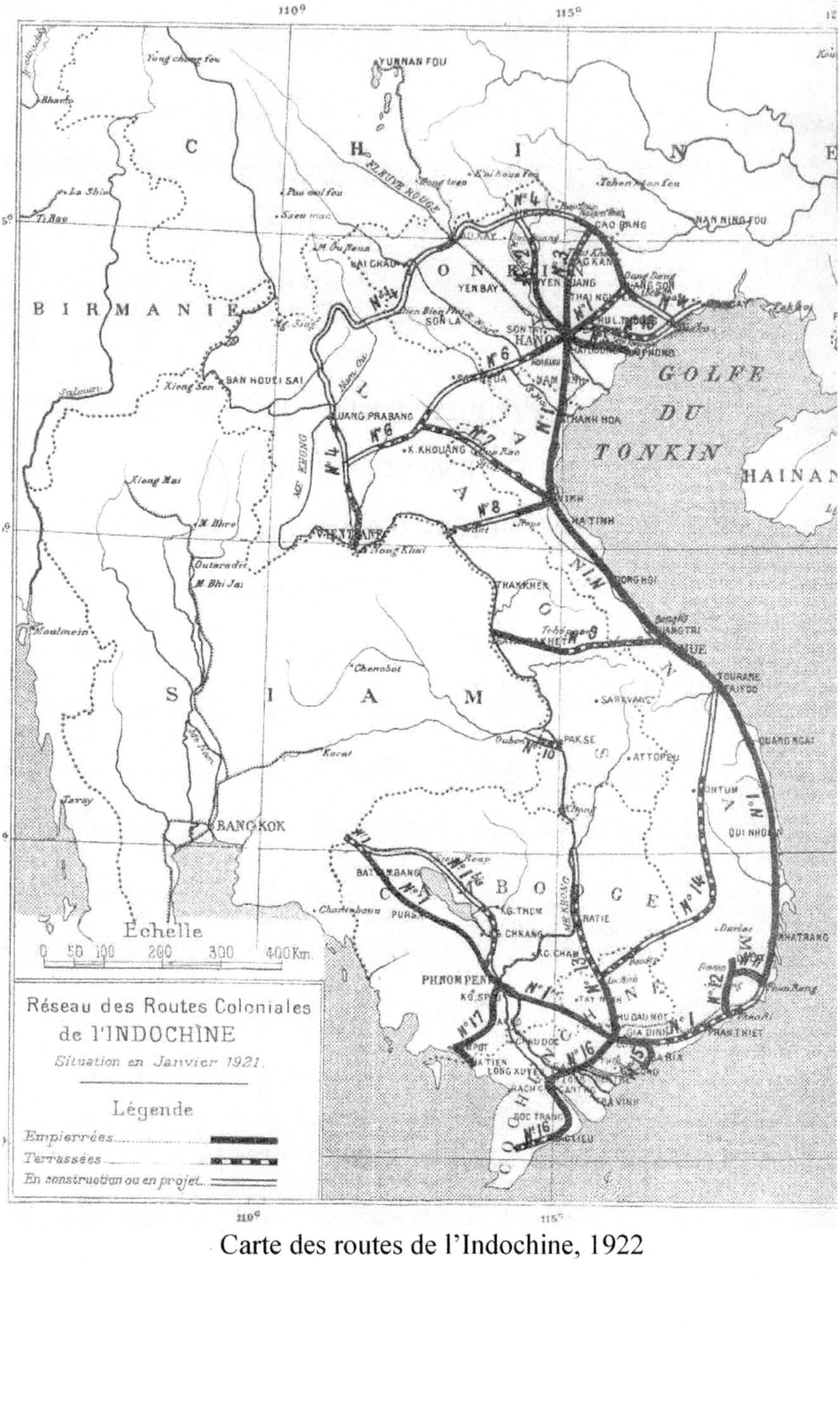


Carte des routes de l'Indochine, 1922

# Chapitre 1. Le contexte

La naissance et le développement de l'assurance en Indochine se firent dans un contexte caractérisé par différents traits d'ordre sociologique, politique, économique et juridique.

## SECTION 1. Le contexte sociologique

Comme dans la plupart des pays voisins, la Chine notamment, les vietnamiens sont tributaires d'une culture millénaire caractérisée par la prééminence de la communauté sur l'individu, l'organisation en clans, la vénération des ancêtres, le culte des morts, le respect des valeurs familiales et par l'importance accordée au travail manuel.

Ils ont ainsi, durant des siècles, connu un ensemble d'usages et vécu sous l'empire de coutumes qui se transmettaient au fil des générations :

« *L'ossature de la société reposait sur le foyer domestique à l'intérieur d'un village entouré de murs où se trouvait une société de prévoyance* (hoi tu cap) *pour les frais de funérailles. Les artisans faisaient jadis partie de l'équivalent des guildes médiévales* (hoi bach nghe) *tandis que les bouddhistes géraient des mutuelles* (ho chu ba) *pour les veuves de plus de 40 ans et pour toutes les femmes de plus de 50 ans.* »[2]

## SECTION 2. Le contexte politique

C'est au milieu du XIX^e^ siècle que la France a commencé à intervenir en Indochine, officiellement pour protéger ses missions catholiques, mais aussi et plus prosaïquement pour s'assurer des débouchés commerciaux. Les premières années sont marquées par l'occupation de Saigon en 1858, par l'attaque de Hanoi en 1859, et par l'imposition d'un statut de colonie à la Cochinchine en 1874, le Tonkin devenant un protectorat en août 1883, la Chine, puissance tutélaire traditionnelle, ayant admis, par le traité de Tien-Tsin de 1885, la mainmise française sur le pays.

---

[2] "The Orient Express", *Post Magazine*, 12 January 1995.

Couronnement de ces efforts militaires et diplomatiques, la proclamation en 1887 de l'Union indochinoise, composée d'une colonie (Cochinchine) et de protectorats (Cambodge, Annam-Tonkin) auquel s'ajouta le Laos en 1893, aboutissait ainsi à la création d'une « France d'Asie » « *dans laquelle une administration française dirigée par un gouverneur général régissait directement* »[3] les entités en question, alors que commençaient à se faire jour, à partir des années 1930, des poussées nationalistes, notamment celle du Viet-Minh, contenues toujours plus difficilement.

Au début de la Seconde Guerre mondiale, la reconnaissance de la souveraineté française sur l'Indochine par le Japon vainqueur ne fit qu'exacerber ce nationalisme et donner prise à son activisme grandissant.

Les hostilités terminées, les accords de mars 1946 reconnurent l'assemblage Annam-Tonkin comme un État libre, au sein de la fédération indochinoise, et c'est la loi du 4 juin 1949 qui, intégrant la Cochinchine à l'ensemble, donna au Viêtnam sa configuration définitive. Mais la cristallisation des forces vietnamiennes opposées à cet accord, au sein desquelles dominaient le parti communiste et son émanation politique, le Viet-Minh, entraîna, le succès de la révolution populaire en Chine aidant, une résurgence des escarmouches, puis des combats, provoquant une atmosphère d'inquiétude et d'instabilité grandissantes.

## SECTION 3. Le contexte économique et financier

Les raisons commerciales furent l'un des plus puissants motifs de la conquête de l'Indochine par la France, mais il fallut attendre que le « mouvement colonial » prit toute son ampleur[4] pour que, à la fin du XIXe siècle, Paul Doumer *regnante*, soit engagée la mise en valeur économique du pays et que s'esquissent les contours de ce que l'on a appelé le « pacte colonial », aux termes duquel le développement guidé par la métropole doit servir les intérêts économiques et surtout mercantiles de ses représentants.

Ainsi furent mis à l'étude puis lancés des travaux d'équipement (ports, voies ferrées) et l'exploitation de mines (étain, plomb, anthracite) au Tonkin, tandis que se multipliaient les plantations d'hévéas en Cochinchine, entraînant l'apparition d'un secteur d'activités modernes (manufactures, firmes d'import-export, entreprises de transport, banques et sociétés d'assurance) complété par l'instauration de monopoles sur le sel, le tabac,

---

[3] F. Luchaire, *Droit d'outre-mer*, PUF, 1959, p. 460.

[4] « Un grand mouvement s'est dessiné en faveur de nos possessions lointaines » peut-on lire dans le bi-hebdomadaire *Le Mouvement Colonial*, numéro du 13 mars 1892.

l'opium et l'alcool, le tout devant être, au moins théoriquement, « balancé » par un développement des activités agricoles traditionnelles (rizières) et artisanales.

Succursale de la Banque de l'Indochine à Saigon
(Archives historiques, Groupe de Crédit Agricole S.A.)

En matière financière, les marchés seront vite dominés par la Banque de l'Indochine. Celle-ci, fondée en 1875 par le Comptoir d'escompte de Paris et le Crédit industriel et commercial (CIC), avec la participation des Messageries maritimes et de la Banque de Paris et des Pays-Bas, obtint le privilège de battre monnaie en Cochinchine jusqu'en 1885, puis pour l'ensemble de l'Indochine en 1905. Prorogé jusqu'en 1920, puis 1959, ce privilège lui fut retiré en 1951 au profit des instituts d'émission des trois États associés (Viêtnam, Cambodge, Laos).

Les principales villes, Saigon, Hanoi, Tourane, Dalat, Cantho, Haiphong, Hué, Phnom Penh et Battambang, abritaient toutes des succursales ou des agences de la Banque. Jusqu'en 1927, cette institution proposa des crédits aux agriculteurs, leur consentant des avances sur fonds ou sur récoltes à un taux relativement élevé (8%). Et c'est en qualité de banque d'affaires qu'elle acquit le contrôle de nombreuses entreprises en Indochine : Omnium colonial, Distilleries de l'Indochine, Brasseries de l'Indochine, plantations d'hévéas, rizeries, etc.

## SECTION 4. Le contexte juridique

La législation française fut introduite en Cochinchine par plusieurs décrets datés de juillet 1864, de mars 1877 et de mai 1895, puis étendue au Cambodge et à l'Annam en 1881, et au Tonkin en 1890, soumettant ainsi l'Indochine au régime législatif des territoires d'outre-mer. Il s'ensuivait que les lois et les textes d'application destinés à l'Union indochinoise étaient d'abord publiés en France puis faisaient l'objet d'un arrêté du résident général publié au Journal officiel de l'Indochine.

Par ailleurs, les résidents supérieurs (Annam, Cambodge, etc.) ou le gouverneur de la Cochinchine avaient toute latitude de prendre des arrêtés dans des matières déterminées.

Ainsi, « *étaient soumis au droit français les biens non immatriculés appartenant à des Français, les actes juridiques passés au Viêtnam conformément à la loi française, les conditions de vente, les effets d'un contrat dont les parties s'étaient référées expressément ou tacitement à la loi française.* »[5]

Enfin, des juridictions indochinoises dont la composition et le fonctionnement étaient calqués sur le modèle français appliquaient les règles procédurales de la métropole pour traiter des matières de leur ressort, et notamment des infractions aux lois et règlements, ou des responsabilités encourues au titre des accidents ou des incendies survenus sur le territoire, les arrêts rendus en matière civile, commerciale ou répressive par les cours d'appel instituées à Hanoi dès 1894, puis à Saigon en 1898, pouvant faire l'objet de pourvois devant la Cour de cassation à Paris.

La réunion de tous ces éléments caractérise un régime de colonisation, ce terme s'entendant d'« *une entreprise étatique qui se traduit par une certaine émigration d'un peuple colonisateur et la domination juridique*, (économique, culturelle et linguistique) *de ce peuple sur les terres ou les populations* »[6] (concernées).

---

[5] F. Luchaire, *op. cit.*, p. 469.
[6] F. Luchaire, *Droit d'outre-mer et de la coopération*, PUF, 1966, p. 17.

# Chapitre 2. Les assureurs étrangers

Les assureurs de nationalité étrangère furent les premiers à opérer sur le sol indochinois. Ainsi apparurent d'abord les représentants de sociétés britanniques à la fin des années 1860. Puis des sociétés allemandes, canadiennes, néerlandaises, américaines, etc., leur emboîtèrent le pas, de sorte que, cinquante ans plus tard, et certaines compagnies ayant entre temps décidé de se retirer, le marché comprenait vers 1910 une petite vingtaine d'entreprises « étrangères », c'est-à-dire ni françaises ni vietnamiennes.

La nationalité de ces sociétés se présentait alors comme suit : trois britanniques, une canadienne, deux australiennes, une néo-zélandaise, trois suisses, deux néerlandaises, trois chinoises, trois américaines.

## SECTION 1. Les assureurs britanniques ou de nationalité apparentée

Les sociétés britanniques évoquées ci-après étaient de nationalité anglaise ou écossaise. On peut leur apparenter plusieurs assureurs, canadiens, australiens ou néo-zélandais.

### *a. Les assureurs britanniques*

On a dénombré une vingtaine de sociétés d'assurance britanniques ayant alors opéré en Indochine. Il s'agissait, la plupart du temps, de compagnies de premier plan, signe de l'importance que les assureurs accordaient alors à ce pays. Mentionnons les principales :

- *North British & Mercantile Insurance Company* avait été créée à Édimbourg en 1809 pour pratiquer l'assurance vie. Elle étendit ensuite ses opérations au risque incendie en 1823 puis aux autres branches dommages, tant en Grande-Bretagne qu'outre-mer. Ce fut probablement le premier assureur à travailler en Indochine, une mention dans les archives des minutes de son comité directeur datant de novembre 1869 indiquant une modification des termes de l'arrangement existant avec leur agence de Saigon.

- *Sun Fire Office*, créée en 1710 et ayant son siège à Londres, prit en 1891 la dénomination de *Sun Insurance Office*. Son installation à Saigon remonte à 1869[7].

- *Northern Assurance Company*, fondée à Aberdeen en 1836, s'établit en Indochine en 1895.

- *Commercial Union Insurance Company*, société incendie et accidents, date de 1861 et son installation en Indochine remonte à 1895.

- *Scottish Imperial Insurance Co* fut fondée à Glasgow en 1865 pour pratiquer l'assurance incendie, puis l'assurance vie à partir de 1883.

- *London and Lancashire Fire Insurance* fut fondée en 1861 à Londres et Liverpool et opérait depuis plusieurs années en Indochine lorsqu'elle fut partie à une instance judiciaire à Haiphong en 1897[8].

- *General Accident Assurance Corporation* avait été fondée à Perth en 1885.

- *Royal Insurance* de Liverpool date de 1845.

- *British General Insurance Company* dont la création remonte à 1904.

- *Phoenix Assurance* fut créée en 1781 et pratiqua d'abord l'assurance incendie puis étendit successivement ses opérations aux branches vie, accidents et transports.

- *Ocean Marine Insurance Company*, créée en 1859, étendit ses opérations d'assurance transports à l'Indochine en 1908.

Parmi les autres sociétés britanniques qui opérèrent au moins temporairement en Indochine, on peut citer *Law Union and Rock*, *Royal Exchange Assurance*, *Motor Union*, *Queen Insurance*, *Atlas Insurance*, *Alliance Insurance*, *Eagle Star and British Dominions Insurance*, *Palatine Insurance*, *Yorkshire Insurance*, *Norwich Union Fire Insurance*, etc.

*b. Les assureurs « apparentés » aux Britanniques*

Nous appelons ici « apparentés » les assureurs du Canada, d'Australie, et de Nouvelle-Zélande, car le régime politique, le système de gouvernement et

---

[7] P.G.M. Dickson, *The SUN INSURANCE OFFICE 1710-1960*, Oxford University Press, 1960, pp. 193-194.

[8] ANV, Fonds de la Résidence supérieure du Tonkin, cote 39 154.

les institutions juridiques de ces pays peuvent être assimilés à ceux du Royaume Uni, dont ils firent du reste partie, les derniers liens politiques, à l'exception de l'appartenance au Commonwealth, n'ayant été rompus que bien plus tard (en 1986 pour le second pays).

Voici quelques raisons sociales d'assureurs parvenues jusqu'à nous

- du Canada : *The Western Assurance Company,* de Toronto, notée comme opérant à Saigon à partir de 1907 et à Hanoi l'année suivante ;

- d'Australie : *Queensland Insurance Company*, de Sydney, créée en 1886, et *Bankers' and Traders' Insurance Company Ltd* formée en 1921 ;

- de Nouvelle-Zélande : *New Zealand Insurance Co*, ainsi que *South British Insurance Co*, compagnie fondée à Auckland en 1872, qui choisit de s'installer à Saigon en 1883 en confiant un mandat de représentation pour toute l'Indochine à la firme Denis frères[9]. En 1956, du fait de la division du pays à la suite de la conférence de Genève, le conseil décida de son retrait[10] ;

Enfin, parmi les assureurs « apparentés » ressortissant d'un autre pays, les Indes, mentionnons *Triton Insurance Company* de Calcutta et *New India Assurance Company.*

## SECTION 2. Les assureurs allemands

Accompagnant leurs marchands, les assureurs allemands paraissent avoir très tôt manifesté un grand intérêt pour l'Indochine. Ainsi, la lecture d'un annuaire indique la présence au Tonkin d'une société allemande, la *Compagnie d'assurance contre le feu de Berlin-Cologne*[11] dès 1887, tandis que, grâce à un état administratif des « *contraintes pour le recouvrement des taxes exigibles des compagnies d'assurances* »[12], nous avons connaissance de l'existence en Indochine du *Lloyd allemand* et de la *Hamburg Bremen Fire Insurance Co*, en 1897.

Enfin, selon une autre source[13], en 1910, soit treize ans plus tard, on peut relever l'existence d'un véritable réseau d'assureurs germains, à la dénomination curieusement anglicisée, tous localisés à Saigon et pratiquant :

---

[9] C.W. Vennell, *RISKS AND REWARDS A Centennial History of the South British Insurance Company*, 1972, p. 125.
[10] *Id.*, p. 139.
[11] Calixte Imbert, *Le Tonkin industriel et commercial*, Challamel aîné éditeur, 1885, p. 159.
[12] ANV, Fonds de la Résidence supérieure du Tonkin, cote 27 507.
[13] *Annuaire général de l'Indochine*, Imprimerie d'Extrême-Orient, Hanoi, 1910, p. 571.

- tant la branche incendie : *North German Fire* (Hambourg), *Magdeburg Fire* (Magdebourg), *Transatlantic Fire Insurance Cy of 1877* (Hambourg),

- que la branche maritime : *Continental* (Mannheim), *Baden Marine* (Mannheim), *North German Marine* (Hambourg), *Transatlantic marine* (Berlin).

### SECTION 3. Les assureurs suisses

Les assureurs helvétiques apparaissent plus tard et ne sont signalés qu'à partir de 1910. Ce sont *Helvetia incendie*, de Saint-Gall, *La Bâloise incendie* et *La Suisse* (*Schweizerische national*) de Bâle.

De son côté, *La Neufchâteloise* apparut par la suite, sous les auspices de la maison Denis frères à qui elle confia un mandat de représentation en branche transports.

### SECTION 4. Les assureurs néerlandais

On comptait seulement deux compagnies néerlandaises : *Brandaris*, assureur transports avec siège à La Haye, et *Nederlande*, assureur incendie avec également son siège à La Haye, dont la présence est signalée à Hanoi en 1919.

Tout comme les britanniques, les assureurs néerlandais avaient leurs « apparentés », dont les principaux étaient *East India Sea & Fire Insurance Company* et *Batavia Sea & Fire Insurance Company* de Batavia, ainsi que *Semarang Sea and Fire Insurance Company*, de Semarang.

### SECTION 5. Les assureurs américains

Au début du XX$^{e}$ siècle, on relève la présence de plusieurs assureurs américains : *Equitable Life* et *New York Life*, pour l'assurance vie, *Universal Marine*, pour l'assurance transports, et *Pacific Insurance*[14]. Il convient de signaler ici que certaines de ces sociétés, *Equitable* par exemple, avaient connu quelques mécomptes, soit dans leur pays soit à l'étranger.

Néanmoins, à partir des années 1920, les assureurs américains les plus notables étaient *Asia Life Insurance* et *New Hampshire Fire*.

---

[14] *Annuaire général de l'Indochine*, 1907, p. 689.

### *a. Asia Life Insurance*

*Asia Life Insurance* avait été fondée à Shanghai en 1921 par le patron du groupe *American Asiatic Underwriters* – AAU, C.V. Starr[15], connu pour avoir introduit en Chine des produits d'assurance innovateurs diffusés au moyen de méthodes de vente jugées révolutionnaires, créant notamment des réseaux de vendeurs du cru pour prospecter la clientèle.

L'intrusion de C.V. Starr en Indochine s'effectua sans doute au début de la seconde moitié des années 1920, un courrier du 27 août 1929 de Sine Kuan Vay, son compradore (ou agent local) de Hanoi, à la résidence supérieure, commençant par les mots : « *Autorisée depuis quelques années déjà à fonctionner en Indochine, l'Asia Life Insurance Company* ... »[16]

Mais le succès qu'il revendiquait ne put soustraire Starr à certaines difficultés administratives, l'application du décret du 22 octobre 1931 qui modifia l'article 23 du décret du 12 avril 1916[17], lui imposant, en sa qualité d'entreprise étrangère d'assurance sur la vie, le versement d'un cautionnement d'un million de F.

Étant donné que la nouvelle réglementation prévoyait que les sociétés étrangères enregistrées en France n'étaient justiciables que d'un cautionnement de 500 000 F, il se rapprocha aussitôt des dirigeants de la société française *L'Assurance Franco-Asiatique* - AFA, et fonda avec eux en février 1931 la *Compagnie franco-américaine d'assurances*, dont les actions étaient réparties entre AAU (51%) et AFA (49%) et qui fut enregistrée au consulat général français de Shanghai[18].

En 1949, année de l'occupation de Shanghai par l'armée populaire chinoise et du départ de AAU et *Asia Life* vers des cieux plus cléments, C.V. Starr, craignant sans doute l'extension des troubles dus à l'insurrection viet-minh en Indochine, fermait ses bureaux, provoquant ainsi la liquidation de ses opérations.

---

[15] Sur C.V. Starr et son parcours asiatique, voir J. Charbonnier, *L'assurance en Chine, des origines à Mao* cité, et spécialement n° 142 à n° 186.
[16] ANV, Fonds de la Résidence supérieure du Tonkin, cote 48 856.
[17] J.O. 27 octobre 1931.
[18] L'Assurance Franco-Asiatique, 97$^{e}$ séance du conseil d'administration, 29 janvier 1931.

### *b. New Hampshire Fire*

*New Hampshire Fire*, entreprise d'assurance incendie ayant son siège à Manchester (N.H.), confia à Starr un mandat de représentation pour la Chine, qui fut étendu ultérieurement à l'Indochine.

## SECTION 6. Les assureurs asiatiques

Les chinois et les japonais paraissent être les seuls assureurs asiatiques à s'intéresser à l'Indochine à cette époque.

### *a. Les assureurs chinois*

Avant l'établissement du régime communiste en Chine, il n'existait qu'un faible nombre d'assureurs authentiquement chinois et ceux-ci limitaient leurs opérations au sol national. Les seules entreprises d'assurances « chinoises » appartenaient en fait à des étrangers, essentiellement britanniques, qui installèrent parfois des agences hors des frontières de la Chine, et notamment en Indochine.

Les principales d'entre elles[19], toutes présentes sur le marché indochinois vers 1910, sont *Canton Insurance Office, Union Insurance Society of Canton, China Insurance Company, North China Insurance, Yangtze Insurance Association* et *China Mutual Life*.

- *Canton Insurance Office*, dont la création officielle en Chine remonte à 1805, fut historiquement le premier assureur de ce pays.

- La création de *Union Insurance Society of Canton* par trois négociants anglais et un américain remonte à 1835, et s'effectua dans le but de faire contrepoids au monopole de la société précédente.

- *Yangtze Insurance* dont la formation à Shanghai date de 1862 était, comme son nom l'indique, spécialisée dans les assurances fluviales, et rejoignit elle aussi *Union Insurance Society of Canton* en 1925.

- *North China Insurance*, créée à Shanghai en 1863 par des négociants britanniques, s'occupait d'assurances transports, mais aussi incendie et accident, et rejoignit le giron de *Union Insurance Society of Canton* en 1919.

---

[19] Pour davantage d'informations sur le marché chinois de l'assurance durant cette période, voir J. Charbonnier, *L'assurance en Chine, des origines à Mao*, cité, *passim*.

- *China Insurance Company* fondée en novembre 1931 avec l'appui de la Bank of China, pratiquait surtout les assurances incendie et accidents.

C'est très logiquement que tous ces assureurs « chinois » avaient choisi d'installer des agences ou des délégations en Indochine, et spécialement à Saigon qui se trouvait sur la voie maritime reliant les ports de Grande-Bretagne à ceux de Chine.

*b. Les assureurs japonais*

Il faut souligner la timidité avec laquelle les assureurs japonais firent leur apparition vers le début du XX^e^ siècle. Parmi les premiers, on peut noter *Imperial marine and transport insurance Limited*, de Tokyo, installé à Saigon[20], ainsi que, dans la même ville, *Tokio marine and fire*, de Tokyo également.

Selon un observateur, « *Plusieurs compagnies d'assurance japonaises se sont installées en Indochine, mais dans l'ensemble leur activité a été réduite par suite du manque de confiance de la clientèle* »[21]. Néanmoins il faut distinguer selon les branches.

La branche accidents du travail

La branche accidents du travail a fait l'objet d'une attention particulière de la part des assureurs japonais.

« (Les) *efforts* (des compagnies nipponnes) *se sont principalement portés sur la branche accidents du travail. Les courtiers à la solde des japonais n'hésitaient pas à employer des moyens d'intimidation vis-à-vis des indigènes.* »[22]

La branche maritime

En matière d'assurance transports, il n'est pas douteux que la période 1940-1945 se révéla assez favorable aux assureurs nippons, confrontés à des agents de compagnies françaises coupés de leur siège ou devant se limiter à la voie télégraphique pour communiquer. Par ailleurs, la conjoncture conduisit à des situations curieuses de surassurance.

---

[20] *Annuaire général de l'Indochine* 1910 cité, p. 571.
[21] « La Situation des Compagnies d'Assurances en Indochine pendant la guerre », *L'Argus*, 1^er^ décembre 1946.
[22] *Id., ibid.*

En effet, « *les maisons de commerce qui travaillaient avec le Japon se trouvaient automatiquement assurées aux compagnies japonaises, c. a. f. Saigon, mais par crainte de difficultés ou de retards dans les règlements, ces firmes souscrivaient auprès des assureurs maritimes français des contrats qui ne devaient fonctionner qu'en cas de défaillance des compagnies japonaises, à des taux sensiblement inférieurs à ceux qui étaient normalement appliqués pour le risque* »[23].

La branche incendie

Il en fut parfois de même en assurance incendie, lorsqu'il s'agissait d'obtenir des dérogations aux conditions des traités de nomination. Ainsi le secrétaire d'État aux colonies, écrivait-il le 13 juillet 1942, à la direction des assurances, Vichy, pour l'entretenir « *de la situation des marchandises entreposées dans les docks de ce port* [Haiphong]. *Ces marchandises n'ont pu être entièrement assurées contre l'incendie par les compagnies françaises installées dans la colonie, du fait que le montant total des risques à couvrir dépassait le plafond de couverture autorisé par les sièges sociaux desdites compagnies. Les intéressés propriétaires des stocks, ont donc dû avoir recours aux compagnies d'assurances japonaises et il est à craindre qu'en cas de sinistre de nombreuses difficultés ne surgissent pour le règlement des sommes dues* »[24].

La situation se révéla plus grave pour les assureurs britanniques. En effet, alors que la colonie indochinoise était demeurée sous l'autorité du régime de Vichy qui avaient conclu des accords avec le Japon, un conflit opposait ce dernier au Royaume-Uni, et les agents des compagnies britanniques se trouvaient dans l'impossibilité d'émettre des polices au nom de leurs mandantes. Quant aux contrats en cours, ils furent repris par des assureurs japonais, qui réalisèrent dès lors nombre d'affaires[25].

---

[23] *Id., ibid.*
[24] ANOM, FM. AFFECO/I, carton 149.
[25] "Japanese companies did a big insurance business since date of occupation". Headquarters, Supreme Allied Commander South East Asia, Commission No. 1, Saigon, to Board of Trade, London, 10th December, 1945, Public Record Office, FO 371, 54010.

# Chapitre 3. Les assureurs français

Les assureurs français avaient tendance à faire preuve de timidité lorsqu'il était question d'opérer en dehors de leurs frontières.

A l'inverse des compagnies d'autres pays, par exemple du Royaume-Uni, qui avaient pris le pli d'accompagner leurs navigateurs et leurs commerçants sur toutes les mers du globe, et de s'installer en de nombreux pays, que l'Union Jack y flottât ou non, les dirigeants des entreprises françaises se montraient en effet assez frileux, comme en témoigne le texte suivant, extrait du registre des délibérations du conseil d'administration de *La Nationale* en date du 11 février 1920 : « *En 1895, les seules agences hors de France étaient celles d'Alger, de Genève et Neufchâtel en Suisse, et de Verviers en Belgique.* »[26]

L'Indochine fournit un exemple caractéristique à cet égard : comme on l'a vu plus haut, des britanniques y étaient déjà installés en 1869 tandis que les français, précédés par les néo-zélandais et les allemands, n'apparurent qu'à la fin du XIX^e^ siècle, soit trente ans plus tard, alors même qu'il s'agissait d'un pays sur lequel ils avaient établi leur domination politique et économique.

## SECTION 1. Les premières compagnies françaises

Les premiers assureurs français ayant entamé des opérations d'assurance au Tonkin ne sont pas tous identifiés. Toutefois, l'existence de l'un d'eux est mentionnée dans une revue d'assurance en 1885 et son initiative jugée téméraire, le journaliste évoquant un incendie survenu à Hanoi le 27 septembre de cette année-là, dans lequel « *deux cents maisons ou paillotes ont été brûlées, laissant un millier d'Annamites sans ressources* »[27].

Parmi les rares sociétés françaises opérant dans le pays vers la fin du XIX^e^ siècle apparaissent *La Confiance incendie*, *La Providence incendie*, *La*

[26] AMT, Roubaix, 9 Mi 16.
[27] « Les assurances aux Colonies », *L'Agent d'assurances*, 28 novembre 1885, p. 356.

*Foncière incendie*, *La Compagnie lyonnaise d'assurances maritimes*, et *Le Foncier de France et des colonies*.

- *La Confiance incendie* (Paris, 1844) était déjà représentée en 1879 à Saigon par la maison Denis frères[28] et se trouve encore mentionnée par l'inspecteur de l'*Union incendie* comme compagnie concurrente au Tonkin en 1903.

- *La Providence* et *La Foncière*, créées à Paris respectivement en 1838 et en 1877, ainsi que *La Compagnie lyonnaise d'assurances maritimes*, toutes trois temporairement défaillantes au plan fiscal, figurent en 1897 sur un état de recouvrement de taxes déjà évoqué.

- *La Compagnie lyonnaise d'assurances maritimes*, filiale du Crédit lyonnais, et spécialement créée en 1869 pour garantir les marchandises de ses clients expédiées en direction d'Extrême-Orient ou en provenance de ces régions[29], « *rassemblait tout ce qui comptait sur la place de Lyon, marchands de soie, négociants, banquiers* [...] »[30] et peut être considérée comme le premier exemple au monde de bancassurance.

Selon un auteur[31], la création du *Foncier de France et des colonies* remonterait à 1916. Entrée en liquidation en 1922, cette société aurait connu la faillite en 1924. Toutefois, et s'agissant de sa date de fondation, de telles informations paraissent sujettes à caution, car l'inspecteur de *L'Union incendie* mentionne cet assureur comme opérant activement en Indochine, durant les années 1903 et suivantes[32], au moins jusqu'en 1919.

Enfin, il faut nous arrêter sur les cas de *L'Urbaine incendie* et de *L'Union incendie*.

---

[28] Liste des commerçants, industriels et employés de commerce européens de la ville de Saigon, *Annuaire de la Cochinchine pour l'année 1880*, Imprimerie du Gouvernement, 1879, p. 86.

[29] Voir J. Bouvier, *Le Crédit lyonnais de 1863 à 1882*, SEVPEN, 1963, p. 467.

[30] R. Nougaret et A. Plécy, « Le Crédit lyonnais et l'assurance (1879-1999) », in *Le Crédit lyonnais 1863-1986*, Droz, 2003, p. 334.

[31] P.J. Richard. *Histoire des institutions d'assurance en France*, Éditions de L'Argus, 1956, p. 178 et p. 198.

[32] *Rapports d'inspection en Extrême-Orient 1902-1910*, Archives historiques AXA, T. I, p. 17, p. 19, etc.

### *a. L'Urbaine incendie*

*L'Urbaine incendie* fut créée à Paris en 1838 et se développa rapidement, grâce à une bonne croissance interne. Une société sœur, juridiquement distincte, *L'Urbaine accidents,* fut créée en 1880 en vue de diffuser l'assurance contre les accidents. Puis l'année suivante, cette dernière fusionna avec une petite société qui datait de 1838, pour devenir *L'Urbaine et la Seine.*

Si l'on s'en rapporte à une brochure de *L'Urbaine et la Seine* publiée après la Seconde Guerre mondiale, on peut faire remonter à 1927 les premières opérations de cette société sur le sol indochinois : « *L'acte de naissance de l'agence générale pour l'Indochine de l'*Urbaine et la Seine *porte la date du 15 avril 1927. Mais, à l'époque, le groupe Urbaine était représenté depuis dix ans sur le territoire indochinois, puisque deux de ses compagnies,* L'Urbaine-Incendie *et* L'Urbaine-Vie *y avaient pris pied depuis 1917.* »[33]

Mais nous savons que l'indication de cette date de 1917, en ce qui concerne *L'Urbaine incendie*, est erronée, car deux sources la contredisent. En effet :

- d'une part, grâce à l'accès au Fonds de la Résidence supérieure du Tonkin[34], nous pouvons lire le courrier que M. Mattoue, inspecteur de *L'Urbaine*, adressa le 10 juin 1899 au « Résident supérieur du Tonkin » pour l'informer que sa compagnie « *obéissant à un légitime sentiment de patriotisme* [...] *vient de décider d'étendre ses opérations à la colonie du Tonkin* » et de procéder à la nomination d'un agent général à Hanoi, tout en lui proposant, par la même occasion, de faire étudier par ses services l'opportunité « *de confier à la compagnie L'Urbaine la garantie des risques qu'il possède dans la colonie ...* [...] »[35].

- d'autre part, la lecture des rapports de l'inspecteur de l'*Union incendie* nous informe avec insistance de la concurrence que sa compagnie subissait dans plusieurs villes, au début du XX^e^ siècle, de la part de *L'Urbaine*, de sorte qu'en 1903 son encaissement ne dépassait guère 2 000 piastres (4 000 F)[36].

En octobre 1901, sans que les motifs en soient connus, cette concurrence devait cesser, du moins en Cochinchine, la gestion de l'agence de Saigon

---

[33] *L'Urbaine et la Seine au-delà des mers*, janvier 1953.
[34] ANV, Centre n° 1, Hanoi, Fonds de la Résidence supérieure du Tonkin, cote 74 451.
[35] Réponse (opportune) du destinataire, dans un mémo interne à l'intention de ses services : « *Attendre. Y a-t-il intérêt à assurer nos bâtiments ? Si oui, quelles sont les conditions que feraient les autres compagnies ?* »
[36] *Rapports d'inspection en Extrême-Orient 1902-1910* cités, p. 18.

étant reprise par l'agent de *L'Union*, et l'opération entraînant une répartition des engagements sur les risques d'une certaine importance, ainsi que celle des pleins de souscription entre les deux compagnies.

On peut conclure sur ce point en disant que, concernant le « groupe » des Urbaine, *L'Urbaine incendie* opéra en Indochine de 1899 à *circa* 1903, puis (peut-être) à partir de 1917, tandis que *L'Urbaine et la Seine* fit son apparition en 1927.

### *b. L'Union incendie*

Concernant *L'Union*, nous possédons une copie de la lettre, datée du 22 mai 1899, par laquelle M. Debeaux, de la maison Debeaux Frères[37], informait « *Monsieur Doumer, Gouverneur Général de l'Indo Chine* », de l'installation de *L'Union* dans les termes suivants : « *L'Union Compagnie Anonyme d'assurances contre l'incendie établie à Paris* [...] *a l'intention d'installer une succursale à Hanoi et à Haiphong pour les assurances contre l'incendie et nous a choisi comme représentants et directeurs de ces agences particulières* [...]. »[38] Cette demande fut accueillie favorablement et l'accord fourni par réponse du 27 mai de la même année.

Par ailleurs, c'est également en 1899 que *L'Union incendie* commença ses opérations en Cochinchine, l'inspecteur déjà évoqué mentionnant le montant des encaissements de l'agence de Saigon en précisant qu'il s'agit de « *la première année* [1899] »[39].

Le réseau indochinois de *L'Union incendie* s'étendit très rapidement et, en 1909, outre une représentation à Pnom Penh (Cambodge), il comptait quatre agences ou sous-agences à Hanoi, Haiphong, Saigon et Tourane. Par ailleurs, au début du siècle, ses résultats se révélaient d'une excellente qualité, ainsi que nous le verrons plus loin en traitant de la branche incendie.

---

[37] Les magasins généraux Debeaux frères furent fondés à Hanoi en 1885.
[38] ANV, cote 74 541.
[39] *Rapports d'inspection* cités, p. 117.

## SECTION 2. L'accord entre la *Cordialité incendie*, la *Nationale incendie* et le *Phénix incendie*

La *Cordialité incendie*, la *Nationale incendie* et le *Phénix incendie* étaient des sociétés de taille moyenne et dont les dirigeants hésitaient à se lancer sur des terres mal connues.

Aussi leurs dirigeants convinrent-ils d'unir leurs forces. En juillet 1912, ils conclurent un accord aux termes duquel la représentation des sociétés était confiée à L'*Union Commerciale Indo-chinoise*, qui recevait à cet effet un mandat d'agent général et « [s'engageait] *à remplir ses fonctions avec zèle et loyauté* »[40] en vue d'accomplir une mission consistant dans la « *réalisation d'assurances contre l'incendie au moyen de polices dont les conditions générales seront conformes aux prescriptions de la loi française* ».

L'originalité du système résidait dans le fait que chaque affaire sur place était souscrite au nom de l'un quelconque des trois assureurs, une répartition intervenant ensuite « *par voie de réapplication et de réassurance* [...] *dans les proportions suivantes : Phénix : 3/8, Nationale : 3/8, Abeille : 2/8* ». En outre, ajoutait l'accord : « *Les recettes, dépenses, et toutes les charges, les bénéfices ou les pertes seront réparties dans les mêmes proportions.* »

On ignore les résultats de cet accord qui, souscrit pour trois ans, fit probablement l'objet de renouvellements dont la trace ne nous est pas parvenue.

Toutefois, la nature de la convention intervenue n'interdisait nullement aux signataires de s'installer individuellement sur place et de créer des agences sur le territoire indochinois. C'est ce que décida *La Nationale incendie* en 1936, le choix de son premier agent se révélant d'ailleurs malheureux, ainsi que nous le verrons plus loin.

[40] Lettre du Phénix incendie à l'administrateur directeur de L'Union Commerciale Indo-chinoise, Paris, en date du 22 août 1912.

SECTION 3. L'accord entre la *Compagnie d'Assurances générales* et *L'Assurance Franco-Asiatique*

C'est un peu sur le modèle précédent qu'un accord intervint entre *La Compagnie d'Assurances générales accidents* et *L'Assurance Franco-Asiatique*, en 1935. Pour comprendre le sens de cet accord, il convient de dire quelques mots de ces compagnies.

*a. La Compagnie d'Assurances générales accidents*

Cette société, fondée à Paris en 1912, appartenait à l'un des plus anciens groupes français qui, fondé en 1818-1820, pratiquait depuis longtemps plusieurs branches : maritime, incendie, vie, et qui bénéficiait d'une excellente réputation.

*b. L'Assurance Franco-asiatique*

*L'Assurance Franco-Asiatique* naquit à Shanghai en 1919, à l'initiative de René Fano, associé d'un courtier de change, en vue d'assurer contre les risques d'incendie et d'accidents les intérêts français présents en Chine. Elle avait nommé un agent en Indochine en 1920, désigné un inspecteur général en 1922[41] et créé une succursale à Saigon en 1926.

Afin de développer ses activités, *L'Assurance Franco-Asiatique* passa ensuite un accord de représentation avec le groupe des *Compagnies d'Assurances générales* (accidents et incendie) pour la Cochinchine et pour le Tonkin en juillet 1931.

Fervent adepte de ce type de conventions, René Fano souscrivit également en 1935 avec *La Compagnie d'Assurances générales accidents* un accord prenant effet au 1er janvier 1936, et prévoyant que chaque société céderait à l'autre 50% sur toutes les affaires accidents souscrites en Chine, tandis que les frais généraux afférents à ces opérations et engagés par *L'Assurance Franco-Asiatique* qui pilotait l'opération, seraient supportés à égalité.

Cet accord, qui donna d'excellents résultats sur les plans techniques et financiers, bénéficiait aux deux parties : d'une part, le groupe des *Assurances générales* étendait ses opérations à des pays où il n'était pas présent, et d'autre part, *L'Assurance Franco-Asiatique* qui, par ailleurs, avait commencé à travailler en France en 1922 et avait transféré son siège social à

[41] *L'Éveil économique de l'Indochine*, 21 janvier 1923, p. 17.

Paris en 1933, pouvait faire publiquement état de ses relations d'affaires avec l'une des importantes compagnies de la place. En outre, les moyens administratifs étant mis en commun, les frais généraux de fonctionnement se trouvaient sensiblement diminués.

## SECTION 4. Les autres assureurs français

Parmi les autres sociétés françaises non encore évoquées jusque ici, on peut en citer trois installées à Haiphong, et signalées en 1919 :

- *L'Éveil français*, siège à Paris,
- *Paris*, siège à Paris,
- *La Garantie française*, société de réassurance, siège à Lyon.

Ces trois assureurs étaient de taille moyenne, leur capital social n'excédant pas 3 millions F. Ils faisaient également partie de la cohorte des sociétés dont la gestion ne se signalait pas toujours par leur excellence, cet élément expliquant leur faillite, en 1921 pour la première et en 1923 pour la seconde.

## SECTION 5. Le cas de la *Caisse Nationale d'assurances*

La *Caisse Nationale d'assurances en cas de décès* et la *Caisse Nationale d'assurances en cas d'accidents résultant de travaux agricoles ou industriels* furent créées sous le Second Empire par la loi du 11 juillet 1868.

Inscrites dans le contexte d'un régime devenu libéral et social, leur but était « *de secourir* [...], *de moraliser et d'élever les classes laborieuses* »[42].

Mais la souscription était volontaire et soumise à des formalités administratives bien compliquées pour la clientèle concernée, de sorte que les caisses ne connurent qu'un succès très limité durant leurs premières décennies d'existence. Néanmoins ces régimes d'assurance furent étendus à l'Algérie en 1893, à la Tunisie en 1920 et au Maroc en 1927, et le ministère des Colonies en envisagea l'application aux colonies, et donc à l'Indochine.

Dans un courrier du 21 septembre 1931 aux gouverneurs des colonies, le ministre justifiait la limitation géographique jusqu'alors observée par le fait « *de l'insuffisance des données statistiques à la mortalité dans chaque*

---

[42] P.J. Richard, *op. cit.*, p. 66.

*colonie, principalement de la population stable, c'est-à-dire, en fait, des indigènes* »[43].

« *Ces éléments statistiques* [étant] *aujourd'hui moins incertains* », le ministre ajoutait aussitôt : « *Il n'est pas douteux que l'extension aux colonies des opérations de la Caisse nationale puisse être un élément de développement de l'influence française auprès des populations indigènes. Sans doute, celles-ci ne s'habitueront que progressivement à la pratique de l'assurance, mais il est probable que, peu à peu, elles en apprécieront les avantages.* »

Enfin, estimait-on à Paris, « [...] *un autre élément de clientèle peut être immédiatement atteint : ce sont non seulement les fonctionnaires qui bénéficient déjà, jusqu'à un certain point, des combinaisons d'assurance de la Caisse Nationale - puisqu'ils peuvent souscrire des contrats lors de leurs séjours en France - mais, d'une manière générale, tous les Européens résidant aux Colonies.* »

Néanmoins, pour sa concrétisation, un tel projet devait faire l'objet d'une modification de la réglementation, qui intervint par le décret du 21 mars 1935. Toutefois, les souscriptions durent être interrompues quelques années plus tard, en raison de la difficulté des communications entre les préposés de la caisse en Indochine et le siège en métropole. Au secrétaire d'État à la marine et aux colonies qui la priait d'intervenir auprès de la *Caisse nationale d'assurance en cas de décès* pour une reprise des opérations, la direction des assurances répondit le 26 octobre que le siège de la caisse, saisi de cette demande, n'en voyait pas la possibilité « *tant que la liaison avec la France ne pourrait être assurée que par télégrammes* », ajoutant que « *la souscription et l'exécution d'un contrat d'assurance nécessite un échange de lettres et de documents (propositions, rapports médicaux confidentiels, avenants,* [...] *qui ne peut être assurée que par la voie postale ordinaire* »[44].

---

[43] ANV, Fonds de la Résidence supérieure du Tonkin, cote 40 017.
[44] ANOM, FM. AFFECO/I, carton 149.

# Chapitre 4. Les assureurs indochinois

Durant la période coloniale, nous ne relevons la présence que de peu d'assureurs du cru, le marché étant tenu par les sociétés d'autres nationalités. En fait, il semble que le nombre d'entreprises d'assurance, entendues dans le sens moderne du terme, ayant leur siège en Indochine, se limita alors à trois : *L'Indo-Chinoise*, *Kai Yin*, et *La Compagnie annamite d'assurances automobiles*.

Il convient d'y ajouter deux entités d'un caractère plus autochtone et davantage tournées vers l'assistance : *Nghia-Thuong-Hoi* et *Hoi-Hieu*. Enfin, peu avant l'indépendance, en 1952 et en 1953, le marché assista à la naissance de trois entreprises nationales : *Vietnam bao-hiem phat ba*, *Dai-nam bao-hiem cong-ty* et *Hai-ngoai bao-hiem cong-ty*.

## SECTION 1. Les entreprises d'assurance

Des entreprises d'assurance étudiées ci-après, les deux premières sont de caractère résolument occidental et les deux autres davantage asiatiques.

### *a. L'Indo-Chinoise*

L'idée de la création de *L'Indo-Chinoise* par Eugène Le Roy semble remonter à 1895, ce dernier ayant adressé au secrétaire général du gouvernement de l'Indo-Chine, en date du 8 septembre 1895, une « *note sur l'utilité de la création en Indo-Chine d'une compagnie locale d'assurances contre l'incendie à primes fixes* »[45], et terminant son courrier dans ces termes : « *Je viens solliciter votre haute et bienveillante adhésion à notre œuvre* ».

Dans sa note, l'auteur, après avoir souligné que « *de tous les fléaux qui nous menacent, le feu est sans contredit celui dont les ravages sont surtout terribles et fréquents* », ajoutait que, parmi les moyens de s'en protéger, « *au point de vue théorique, l'assurance mutuelle réaliserait l'idéal du genre* [...]

[45] ANV, Fonds de la Résidence supérieure du Tonkin, cote 74 541.

*mais* [que] *chacun connaît l'insuccès auquel aboutissent généralement* » les sociétés la pratiquant, de sorte que le système imaginé et proposé par Le Roy pourrait apporter une solution.

En effet, « *tous les colons susceptibles de contracter des assurances pourront donc, en devenant actionnaires de la société à créer, se procurer tous les avantages de l'assurance mutuelle et profiter en même temps, de ceux qu'offrent à leurs actionnaires les sociétés d'assurances à primes* ».

Eugène Le Roy fonda effectivement *L'Indo-Chinoise* en 1896 et fixa son siège social à Haiphong. C'était une société anonyme d'assurances à primes fixes contre l'incendie, au capital d'un million de F. Moyennant conditions spéciales, c'est-à-dire l'insertion d'une clause *ad hoc* et le paiement d'une prime séparée, pouvaient être également garantis les dommages causés « *par la foudre, l'électricité, ou par l'explosion des gaz de toutes espèces, des appareils à vapeur, de l'air comprimé ou de toutes matières ou substances explosives quelconques* [...] » (art. 4 des statuts).

Quant aux conditions initiales de son financement, la presse a noté à l'époque : « *La Banque de l'Indo-Chine paraît s'être occupée particulièrement de la création de cette Compagnie, dont le capital a été souscrit en majeure partie à Paris.* »[46]

Nous ignorons le détail des résultats commerciaux ou techniques de cette société, mais nous savons qu'elle rencontra quelques avatars, dus notamment à la clôture d'une agence que ses responsables avaient eu la témérité d'ouvrir à Shanghai, et à la concurrence que lui firent, dès 1899, des assureurs nouvellement arrivés, l'*Union incendie* et l'*Urbaine incendie*. De sorte que son encaissement qui, en 1900, s'élevait au montant, d'ailleurs modeste, de 26 000 piastres (52 000 F), était tombé l'année suivante à 17 000 piastres (34 000 F)[47].

La chute ne tarda pas : cinq ans après son lancement, un article de presse[48] nous informait de la convocation de ses actionnaires en assemblée générale extraordinaire avec, à l'ordre du jour, la modification des statuts, et la suppression des fonctions de directeur général !

Et moins de deux ans plus tard, le même journal nous apprenait le décès imminent de la compagnie, les actionnaires étant à nouveau convoqués en assemblée générale extraordinaire pour délibérer et voter sur l'ordre du jour

---

46 *L'Argus*, n° 843, 19 avril 1896, p. 244.
47 *Rapports d'inspection* cités, T. I, pp. 12-13.
48 *L'Argus*, n° 1097, 3 mars 1901, p. 134.

comprenant la dissolution de la société et la nomination de liquidateurs. Le journaliste saluait la disparition de cette entreprise incendie en concluant par un trait d'humour teinté de sarcasme : « *En voici une qui n'aura pas fait long feu.* »[49]

La liquidation du portefeuille de *L'Indo-Chinoise* et la reprise de ses affaires furent dévolues à Marc Dandolo, l'un de ses anciens cadres, devenu agent pour Haiphong d'une société d'assurances représentée sur place, *L'Union incendie*.

### *b. La Compagnie franco-américaine d'assurances*

Comme indiqué plus haut, cette entreprise au capital (3 500 000 F) majoritairement américain, avait été enregistrée en 1931 au consulat français de Shanghai pour des raisons d'opportunité. Après la guerre, « *elle a déplacé son siège social à Saigon et porté par assemblée générale du 12 octobre 1949 son capital à 29 millions de francs, 95% du capital* [étant] *détenu par deux importants "holdings" américains* », et constituait ainsi une sorte de « faux-nez » des intérêts américains en Indochine.

Sur un plan tactique, il apparaissait clairement que son actionnaire majoritaire, C.V. Starr, fondateur du groupe AAU, ayant assisté au naufrage de son empire chinois avec l'arrivée de l'Armée populaire à Shanghai en octobre 1949, avait ainsi aussitôt tenté d'établir non loin de là une tête de pont, afin de repartir à l'attaque pour reprendre possession de ses biens au cas où le régime de Tchang Kai-chek parviendrait à récupérer le pouvoir.

En 1948, la *Compagnie franco-américaine d'assurances* alors dirigée à Saigon par M. Borodaewski pouvait revendiquer d'être l'un des premiers assureurs du marché indochinois, faisant état d'un volume d'émissions annuelles de 11 millions de piastres et cela dans la quasi-totalité des branches pratiquées sur le territoire : incendie, transports, accidents du travail, automobile, risques divers.

### *c. Kai Yin*

La création en 1926 de Kai Yin, société d'assurances maritimes et surtout fluviales au capital de 300 000 piastres fut le fait d'un groupe de Chinois qui élirent domicile à Cholon, dans la banlieue de Saigon. Nous savons, grâce au

---

[49] *L'Argus*, n° 1144, 26 janvier 1902, p. 52.

rapport Mauss[50], que « *cette société a cessé toute activité depuis 1945 sans toutefois avoir définitivement abandonné le désir de reprendre ses opérations. Elle envisage à cet effet de porter son capital à deux millions de piastres.* »[51]

### *d. La Compagnie annamite d'assurances automobiles*

*La Compagnie annamite d'assurances automobiles* (Viêtnam bao hiem cong-ty), société anonyme au capital de 200 000 piastres, était alors la seule entreprise d'assurance entièrement indochinoise, tant par son actionnariat que par le lieu de son siège social.

Elle fut fondée le 12 juillet 1929, sous les auspices de la *Société annamite de crédit* qui possédait 9% des actions. Vingt ans plus tard, en 1948, ses plus importants actionnaires, tous vietnamiens, comprenaient des entrepreneurs et des commerçants représentatifs de la société annamite. Également actionnaire et par ailleurs président du syndicat des commerçants, son directeur, Truong Duong Chuc, apparut à l'administrateur Mauss comme « *techniquement compétent* ».

L'encaissement de cette société, dont l'objet consistait dans l'assurance des risques susceptibles de provenir de l'emploi de « *voitures et camions-automobiles autobus et tous véhicules* » et qui ne pratiquait donc que l'assurance automobile, spécialement des véhicules de transports publics de voyageurs (TPV), était relativement faible, 250 000 piastres, soit 2,5% de la branche automobile au plan domestique.

Ainsi donc, aux lendemains de la guerre, l'assurance indochinoise ne comprenait qu'une seule entreprise authentiquement nationale et celle-ci, limitant pratiquement ses opérations à une seule sous-branche (TPV), ne réalisait qu'une infime partie du chiffre d'affaires du marché.

---

[50] Le rapport Mauss ou « Rapport sur la situation de l'industrie des assurance en Indochine » daté du 12 novembre 1949, est joint à un courrier du haut commissariat de France pour l'Indochine au ministre de la France d'Outre-mer, ANOM, FM-AFFECO/1, carton 509, p. 2.
[51] Rapport cité, p. 2.

## SECTION 2. Deux entités autochtones à vocation d'assistance

Nous traiterons maintenant de projets de société et d'association qui s'inscrivent très normalement dans le contexte sociologique esquissé *supra*. Ces tentatives sont en effet à rapprocher des systèmes collectifs de prévoyance et de secours existant dans beaucoup de pays caractérisés par une économie rurale, en premier lieu la Chine[52], et marqués notamment par l'institution de greniers collectifs ou d'associations de deuil.

### *a. Nghia-Thuong-Hoi*

Cette « société d'assurance », selon la qualification donnée au projet transmis en 1906 à l'administration du protectorat, résultait d'une initiative des « *gradés ainsi que des habitants* »[53] de la localité de Thach An alarmés par les situations de « *disette ou de misère* » résultant de « *sécheresses fréquentes* ».

Le projet prévoyait la construction d'un magasin en briques à Dong-Khé (Cao-Bang) afin d'y entreposer du paddy (riz non décortiqué) apporté par ses sociétaires, chacun fournissant annuellement 100 cân (kilo annamite) pendant 5 ans. La gestion du magasin et l'examen des comptes devaient être assurés au cours d'une réunion des conseillers de canton et de conseillers communaux (un par commune) se tenant deux fois par an.

Les éventualités appelées à donner lieu à garantie étaient de nature fort diverse :

- Sociétaire « *tombant dans la misère* » : indemnité de 500 cân de paddy,
- Incendie : indemnité de 5 piastres,
- Capture d'un sociétaire par des pirates : rachat à concurrence de 30 à 50 piastres,
- Décès des parents d'enfants âgés de sept ans ou moins : prise en charge, jusqu'à l'âge de 12 ans, par le conseiller communal, aux frais de la société,
- Perte de récoltes (motifs non spécifiés) : attribution de 200 cân de paddy.

Le dossier auquel nous avons eu accès ne contient aucune information sur la suite réservée par l'administration à la demande d'autorisation de cette société.

---

[52] Voir J. Charbonnier, *L'assurance en Chine, des origines à Mao* cité, pp. 13 à 19.

[53] ANV, Fonds de la Résidence supérieure du Tonkin, cote 79 879.

### *b. Hoi-Hieu*

En février 1937 un citoyen indochinois, Le Dinh Diem, exerçant la profession de « gargotier », adressait à la résidence supérieure du Tonkin une demande d'autorisation de constitution d'une association « *dont le but est l'assistance mutuelle en cas de décès d'un sociétaire* » ou de certains membres de sa famille : sa femme, ses parents ou ses beaux-parents, et dont le siège, fixé au domicile du président, se trouvait donc appelé à se déplacer à chaque changement de titulaire de cette fonction.

Selon l'article IV des statuts, « *en cas de décès d'un sociétaire (ou d'une des personnes concernées), la famille du défunt en fera immédiatement part au président de l'association, lequel annoncera à son tour la nouvelle aux autres membres* » qui se présenteront aussitôt pour s'acquitter d'une somme de dix cents (cotisation), le total de la somme recueillie servant « *à l'achat d'offrandes à apporter à la famille du défunt* ».

Des obligations s'imposaient aussi aux sociétaires lors de la cérémonie des funérailles : « [...] *les membres se rendront, pieds nus et* [...] *en robe et pantalon blancs, écharpe noire, chapeau annamite en feuilles de "Dun", à la maison mortuaire pour s'occuper de la toilette du défunt, de la mise en bière et ensuite de son enterrement* ».

D'une façon générale le règlement exigeait de tout sociétaire un comportement quotidien d'une grande correction : « *les membres devront tenir une conduite irréprochable et ne commettre aucun acte susceptible de nuire à l'honneur et à la réputation de l'association* » (art. VIII).

Enfin, « *l'association est formée pour une durée indéterminée* », mais comme « *le nombre de membres* [...] *doit être supérieur ou au moins égal à six, au cas où ce nombre serait ramené à cinq l'association serait dissoute* » (art. XI).

Le projet transmis au résident supérieur fut approuvé par ses services le 11 juin 1937 mais nous ignorons si l'association entrât jamais en fonctionnement.

## SECTION 3. Trois jeunes sociétés nationales

Durant les deux ans précédant la conclusion des accords de Genève qui marquèrent l'accession du Viêtnam à l'indépendance, on assista à la naissance de trois sociétés d'assurance « nationales », *Vietnam bao-hiem phat ba* (Viêtnam assurances), qui fut fondée le 20 novembre 1952, *Dai-nam bao-hiem-cong-ty* (Société d'assurance 'Dai-Nam') dont la création remonte au 18 juin 1953, et *Hai-ngoai bao-hiem cong-ty* (Compagnie d'assurances d'outre-mer) qui naquit le 25 août 1953.

Telle fut donc, jusqu'à l'indépendance recouvrée, le panorama d'une assurance, surtout venue d'ailleurs, mais dont quelques sociétés nationales préfiguraient un déploiement plus large qui deviendra manifeste à partir du milieu de la décennie 1950.

# Chapitre 5. La distribution de l'assurance

Les assureurs de tous pays avaient depuis longtemps conscience de la vanité de la distribution directe d'assurance (postulant une relation assureur-assurés sans passer par des intermédiaires), surtout dans les cas d'une grande distance physique entre les contractants. Aussi recouraient-ils à des formules *a priori* plus performantes dès qu'ils s'installaient dans des pays neufs.

## SECTION 1. Typologie de la distribution

Distinguons les maisons de commerce (ou sociétés de négoce), les agents généraux personnes physiques, les succursales, les courtiers, et les sociétés de courtage d'assurances.

### *a. Les maisons de commerce*

Le phénomène des maisons de commerce (ou sociétés de négoce) installées sur place, à Saigon surtout, mais également à Haiphong, à Hanoi, à Tourane, etc., relève aussi bien de l'histoire économique que de celle de l'assurance.

#### 1. Le phénomène des maisons de commerce

« *Dans le contexte indochinois, la maison de commerce était le plus souvent une entreprise commerciale dont le siège était en Indochine ou en métropole et qui disposait de moyens financiers solides. Une telle entreprise avait une double vocation : en premier lieu, importer des marchandises d'Europe pour les distribuer en Indochine, et en second lieu, assurer l'exportation des produits coloniaux à destination de l'Europe et des autres pays de l'Extrême-Orient.* »[54]

Mais les maisons de commerce, qui apparurent vers 1860, ne se limitèrent pas à l'import-export et se livrèrent à nombre d'activités complémentaires, les conduisant rapidement à un rôle économique de premier plan :

---

[54] K. Vorapheth, *Commerce et colonisation en Indochine 1860-1945*, Les Indes Savantes, 2004, p. 23.

« [Les maisons de commerce] *ne sont pas seulement des importateurs et des exportateurs, elles possèdent aussi des intérêts dans les exploitations industrielles et plantations, quelques-unes assument d'elles-mêmes le financement de leurs affaires, d'autres* [...] *sont en étroite relation avec des établissements bancaires* [et] *l'assurance n'a naturellement pas échappé à cette emprise* [...]. [Elles] *disposent chacune d'une section s'occupant d'assurance et représentent quarante des compagnies d'assurance travaillant en Indochine.* »[55]

2. Les maisons de commerce comme agents d'assurances

Concernant les principaux assureurs français opérant en Indochine, voici quelques exemples de mandats confiés à des maisons de commerce :

| Assureurs | Maisons de commerce |
|---|---|
| Abeille incendie | Union commerciale indochinoise et africaine |
| Assurances générales incendie | Union Commerciale Indo-chinoise |
| Concorde | Société havraise |
| Confiance | Denis frères |
| Mutuelle Générale Française | Descours et Cabaud |
| Mutuelles du Mans incendie | Descours et Cabaud |
| Nationale incendie | Union commerciale indochinoise et africaine |
| Paternelle vie | C C N E O |
| Phénix incendie | Union Commerciale Indo-chinoise |
| L'Urbaine et la Seine | Société commerciale française de l'Indochine |

Le système des mandats multiples était la règle pour la plupart des maisons de négoce qui recevaient des pouvoirs de plusieurs sociétés d'assurance. L'exemple de la société Denis frères qui se trouvait titulaire, en 1925, de traités de nomination émanant de compagnies tant françaises qu'étrangères, apparaît caractéristique à cet égard :

[55] Rapport Mauss cité, pp. 4 et 5.

<table>
<tr><th rowspan="2">Sociétés d'assurance</th><th colspan="3">Branches</th></tr>
<tr><th>Incendie</th><th>Maritime</th><th>Automobile</th></tr>
<tr><td rowspan="3">françaises</td><td>Confiance</td><td rowspan="3">Cordialité</td><td rowspan="3">-</td></tr>
<tr><td>Paternelle</td></tr>
<tr><td>Providence</td></tr>
<tr><td rowspan="5">étrangères</td><td>South British</td><td>South British</td><td rowspan="3">General Accident Fire</td></tr>
<tr><td>China Fire</td><td>China Fire</td></tr>
<tr><td>Bankers & Traders</td><td>Bankers & Traders</td></tr>
<tr><td>General Accident Fire</td><td rowspan="2">Royal Exchange-</td><td rowspan="2">Motor Union</td></tr>
<tr><td>Nederland</td></tr>
</table>

Grâce à ce tableau, on voit que ce négociant français, s'il accordait sa confiance à des assureurs de son pays pour le placement de risques incendie, avait en revanche tendance à privilégier les assureurs étrangers lorsqu'il s'agissait de garantir des risques dans les branches maritime et surtout automobile.

Mais se borner à évoquer les maisons de commerce françaises serait manquer à l'objectivité. En effet, parmi les étrangères, il faut citer entre autres les britanniques W.G. Hale & Co ou Littaye and Cox, l'helvétique Diethelm, de Zurich, et les allemandes Engler et surtout Speidel qui « *avec ses 10 compagnies a des moyens d'acceptation énormes et d'autre part sa prépondérance commerciale lui est d'un puissant secours, en lui permettant de fermer aux Chinois qui refuseraient de s'assurer chez elle, le crédit dont ils peuvent avoir besoin pour les grosses affaires* [...] »[56].

[56] *Rapports d'inspection en Extrême-Orient 1902-1910* cités, p. 104.

L'Union commerciale indochinoise et africaine
représentait plusieurs assureurs

Évaluation du rôle des maisons de commerce

Le rôle des maisons de commerce comme agents d'assurances, parfois objet de critiques, a été diversement évalué. En particulier, on leur a fait deux sortes de reproches :

- d'une part : « [...] *étant leur propre courtier, les maisons de commerce ont naturellement cherché à faire bénéficier leur établissement du montant des commissions, et également à obtenir des règlements rapides et libéraux de leurs sinistres* »[57].

[57] Rapport Mauss cité, p. 5.

- d'autre part : en matière de prospection de la clientèle, « *outre leurs commissions d'agence, les représentants des sociétés sont conduits à allouer des commissions de courtage à des compradores chinois, qui eux-mêmes font bénéficier l'assuré de ristournes* » (Mauss), d'où une importance excessive des frais d'acquisition des affaires.

Malgré le nombre de ses mandats d'assurances et ses activités de cabotage, Denis frères réalisait un chiffre d'affaires ne reposant que faiblement sur l'assurance et sur le transport

En tout état de cause, l'assurance représentait pour ces négociants seulement un revenu d'appoint, les commissions reçues des assureurs ne constituant qu'une faible partie de leurs rentrées, comme l'a calculé un spécialiste[58], dans le cas de Denis frères :

[58] K. Vorapheth, *op. cit.*, p. 462.

| Postes | C.A. | % |
|---|---|---|
| Importations de marchandises | 30 | 43 |
| Fournitures pour l'administration | 5 | 7 |
| Assurances maritimes et courtiers | 5 | 7 |
| Exportation de riz | 13,5 | 19,4 |
| Transports fluviaux et cabotages | 5 | 7 |
| Etc. | | |
| TOTAL | 69,5 | 100 |

Estimation de ventes [?] (= du C.A.) de Denis frères d'Indochine en millions de F (1913)

### *b. Les succursales et les agents généraux*

Une succursale d'assurance est l'émanation d'une entreprise d'assurance dans une circonscription, dirigée par un inspecteur et gérée par des salariés, et dont le rôle consiste d'abord à recueillir des souscriptions et à établir des polices, ensuite à veiller à l'encaissement des primes émises au titre des contrats en portefeuille, et enfin à recevoir des déclarations de sinistres et à procéder à leur administration.

Quant aux agents généraux d'assurances, personnes physiques exerçant une profession libérale, ils viennent concurrencer les maisons de commerce dont le mandat, soulignons-le ici, ne comporte aucune clause d'exclusivité territoriale. Lorsque la compagnie qui les a nommés possède une succursale sur place, les agents y sont administrativement rattachés. Sinon, ils relèvent d'une direction d'outre-mer au siège, et bénéficient de l'assistance sporadique d'un inspecteur qui vient, tous les deux ou trois ans, vérifier leurs écritures, établir la balance de leurs comptes, contrôler le bien-fondé de leurs règlements de sinistres, etc.

### *c. Le courtage d'assurances*

Un courtier est un intermédiaire d'assurances inscrit au registre du commerce et dont le rôle consiste à proposer à l'assureur de son choix la garantie des risques de ses clients.

Dans certains territoires d'outre-mer, le courtage peut jouer un rôle parfois important, et il faut distinguer le courtage local, qui est le fait des compradores (ou compradors), et le courtage parisien exercé depuis la métropole.

### 1. Le « courtage » indochinois

Les compradores ne sont pas des courtiers au sens juridique du terme, mais doivent plutôt être considérés comme des apporteurs stipendiés.

Le compradore tient sa dénomination des navigateurs et commerçants portugais[59] qui, les premiers, utilisèrent ses services à leur arrivée en Extrême-Orient, afin de faciliter leurs contacts avec les autochtones. Mettant en œuvre ses relations, et assurant le contact entre son « patron » européen et les professionnels, commerçants ou artisans, en place, le compradore facilite les transactions, moyennant le versement d'une commission versée par l'une ou l'autre des parties, voire par les deux.

Le compradorat, auquel il fut d'abord recouru pour l'exportation et l'importation de marchandises, s'étendit ensuite aux transactions financières. Or le banquier doit, avant de prêter, évaluer son risque client. Aussi « *il lui faut quelqu'un dans la place : un commerçant. Il lui faut quelqu'un qui soit suffisamment intéressé aux affaires de la banque pour lui éviter de formuler de faux conseils ou des appréciations hasardeuses : un compradore.* »[60]

Il en alla de même en matière d'assurances, et le compradore joua très tôt, en Chine d'abord[61], puis en Indochine et dans d'autres pays asiatiques, un rôle identique, en prospectant ses connaissances et en les incitant à souscrire auprès de l'agent ou de la succursale d'assurances qui le rémunérait, allant jusqu'à promettre aux assurables de leur ristourner, en contrepartie du succès de sa démarche, une partie de la commission qu'il recevrait, tout en se portant garant, vis-à-vis de l'assureur, de l'honorabilité des chalands qu'il avait incité à s'assurer.

La rémunération du compradore s'établissait généralement à 10% du montant de la prime.

---

[59] Le mot *comprar* signifie acheter.

[60] A. Clermont, « Le "Compradore" », *Indochine Sud-Est Asiatique*, janvier 1953.

[61] Voir J. Charbonnier, *L'assurance en Chine, des origines à Mao* cité, n° 372 à 404.

### 2. Le courtage parisien

Le phénomène d'un courtage parisien recueillant des souscriptions hors de sa sphère d'action « normale », à savoir la capitale, et prospectant la province voire les territoires d'outre-mer, au détriment des intermédiaires, agents généraux ou courtiers locaux, domiciliés à proximité des risques à garantir, est de tous temps ou presque. Et il a constamment soulevé les protestations des agents, qui y voyaient une atteinte au droit d'exclusivité que leur mandant leur avait explicitement accordé.

C'est donc très logiquement que nous retrouvons ce phénomène en Indochine, dès le début du XX^e siècle. En 1903, l'inspecteur de *L'Union incendie*, se faisant le porte-parole des agents de la colonie, écrivait ainsi : « *La plupart des sociétés industrielles* [opérant au Tonkin] *ont leur siège en France et si on laisse la main libre aux courtiers de Paris, toutes les grosses affaires du pays seront traitées en France au détriment des agents auxquels il ne restera plus que les petites affaires d'une obtention laborieuse et partant assez peu rémunératrices pour eux.* »[62]

### *d. Les sociétés de courtage d'assurances*

Enfin, il convient d'achever le tour d'horizon de la distribution en Indochine en disant quelques mots des sociétés de courtage d'assurances.

Une société de courtage d'assurances est une société commerciale dont le but consiste à représenter ses clients vis-à-vis de sociétés d'assurance et à jouer auprès d'elles le rôle d'un courtier ordinaire. L'existence de telles entités semble se justifier par le fait que, en vertu de certaines exigences administratives, « *aux colonies la profession de courtier n'existe pas* »[63].

La première société de ce genre naquit en février 1931, à Saigon. Créée sous l'égide de la Banque de l'Indochine, dont les dirigeants ne voulurent pas apparaître comme ayant inspiré et soutenu l'idée, *L'Assurance France-Indochine* affichait un capital social de 250 000 F constitué grâce aux apports de plusieurs actionnaires de poids : la Compagnie générale des colonies, la Banque Franco-chinoise, la Société financière d'Indochine, la Foncière d'Indochine, et Eaux et Électricité de l'Indochine.

Ses responsables n'eurent aucun mal à établir des rapports avec plusieurs compagnies d'assurance de Paris, et notamment *La Foncière incendie*, *La*

---

[62] *Rapports d'inspection en Extrême-Orient 1902-1910* cités, Hanoi, p. 20.

[63] AHBNP, dossier « l'Assurance France-Indochine ».

*Compagnie Générale accidents*, *La Compagnie d'Assurances générales vie*, et *La Prévoyance incendie*, qui possédaient, pour la plupart, une succursale à Saigon.

Les dirigeants de *L'Assurance France-Indochine* avaient fait choix de deux sociétés incendie, afin de pouvoir cumuler leurs pleins d'acceptation, ce qui présentait l'avantage, lorsque le risque souscrit se révélait important, d'éviter de solliciter des agents généraux concurrents afin qu'ils acceptent des parts de co-assurance.

L'accomplissement des missions de *L'Assurance France-Indochine* requérait plusieurs sortes de tâches : rédiger les polices d'assurance, faire choix de l'assureur le mieux placé, déterminer la tarification du risque et discuter des conditions avec l'assureur, procéder à l'encaissement des primes émises par l'assureur, verser à ce dernier les paiements effectués par les clients (sous déduction des commissions convenues), maintenir le contact avec la clientèle afin d'apporter aux contrats toutes modifications qui se révèleraient utiles, régler les sinistres en accord avec les assureurs, et délivrer toutes quittances[64].

Enfin, en tout dernier lieu, il faut mentionner le cas de certaines sociétés financières qui avaient créé un département captif au sein de leur organisation, en vue de gérer leur propre programme d'assurances en liaison avec une société de la place : « [...] *des assureurs professionnels ont passé avec des sociétés financières de véritables contrats d'agence. C'est ainsi que OPTORG passe ses affaires à La Compagnie d'Assurances Générales, et la Compagnie fiduciaire représente La Nationale.* »[65]

## SECTION 2. Les conventions liant assureurs et mandataires

La convention liant une société à ses agents mandataires porte le nom de traité de nomination.

[64] AHBNP, « Note sur la création, en Indo-Chine, d'une filiale de la Société "L'Assurance France-Colonies" », octobre 1930.
[65] Rapport Mauss cité, p. 6.

*a. Un exemple de traité de nomination (1912)*

Voici les caractéristiques du traité de nomination délivré en 1912 par *La Cordialité incendie, La Nationale incendie* et *Le Phénix incendie* à *L'Union Commerciale Indo-chinoise de Paris.*

Fonction et mission de la mandataire

La représentation des sociétés est confiée à *L'Union Commerciale Indo-chinoise*, qui reçoit à cet effet un mandat d'agent général et « *s'engage à remplir ses fonctions avec zèle et loyauté* »[66].

La mission impartie consiste essentiellement à « *réaliser des assurances contre l'incendie au moyen de polices dont les conditions générales seront conformes aux prescriptions de la loi française* » ;

Conditions des polices et pleins

Les conditions particulières des contrats et les taux de primes appliqués « *devront être conformes à ceux adoptés par le Comité saïgonnais et l'Association tonkinoise* » (les deux principaux syndicats d'assureurs d'Indochine).

Un tableau des pleins de souscription est annexé au traité, qui précise : « [...] *vous ne devez jamais* [les] *dépasser sans notre autorisation spéciale pour l'assurance des différentes catégories de risques* » ;

Risques interdits de souscription

Les risques dont la souscription est interdite parce que considérés comme intrinsèquement dangereux, sont soigneusement énumérés et nous les détaillons plus loin, à l'occasion de notre présentation de la branche incendie telle qu'elle est pratiquée en Indochine ;

Acceptations en réassurance

Interdiction est faite d'accepter la réassurance de risques garantis par d'autres compagnies ;

---

[66] Lettre du Phénix incendie à l'administrateur directeur de L'Union Commerciale Indochinoise, Paris, en date du 22 août 1912. AHAGF, 2ø05 11093.

Rémunération et cautionnement

La rémunération s'analyse en une commission de 20% sur le montant des primes nettes, outre, en fin d'exercice, un rappel (c'est-à-dire un supplément) de commission de 5 « *si la proportion des sinistres de l'année (y compris les frais d'expertise, d'agence et tous frais de règlement) ne dépasse pas 25% de ces encaissements* ». Par ailleurs, l'agent percevra, pendant ses trois premières années d'exercice, une somme annuelle de 1200 F pour frais de bureau et, pendant les deux premières années, une somme annuelle de 1000 F « *pour faire dans les journaux de Cochinchine et du Tonkin de la publicité dont le texte sera soumis préalablement à l'approbation de la compagnie* ».

Un dépôt de garantie est exigé de l'agent, le montant de ce cautionnement devant « *être fourni dans des conditions à déterminer* » ;

Règlement des sinistres

Le règlement des sinistres relève des prérogatives des sous-agents (Saigon, Hanoi, Haiphong, Tourane), ceux-ci se trouvant localisés à proximité des sinistrés. Ces mandataires pourront régler les sinistres d'un montant inférieur à 1500 F sans avoir eu à faire préalablement procéder à une expertise, celle-ci se révélant indispensable pour les sinistres dont le coût excède cette somme.

Envoi des comptes et des fonds

Dans un domaine aussi délicat, la rigueur est de mise. Aussi le traité précise-t-il : « *La plus grande exactitude* » est exigée « *pour l'envoi de vos comptes trimestriels qui devront nous parvenir régulièrement dans la première quinzaine du troisième mois qui suivra chaque trimestre, ainsi que pour celui de vos fonds en caisse qui devront être versés à notre siège central à Paris* [...] *ou dans les succursales de la Banque de l'Indo-Chine* [...] ».

Sanctions

L'assureur mandant étant souverain en la matière, « *la compagnie se réserve le droit absolu de révocation* ». De plus, et selon le texte du traité, « *en cas de cessation de fonctions, pour quelque cause que ce soit* [...] *il ne sera dû* [...] *aucune indemnité ni aucun dommages-intérêts* [...].

*b. Analyse des conditions d'application des traités de nomination*

Les conditions des traités de nomination concernent la fonction et les missions de l'agent, son statut, sa rémunération, et les sanctions qui le visent.

1. La fonction et les missions de l'agent

Un agent général d'assurances a essentiellement pour fonction de représenter la compagnie mandante dans une circonscription dont les limites géographiques sont précisées dans le traité de nomination[67].

Pour remplir cette fonction, il appartient à l'agent général de se livrer à un certain nombre d'activités, de nature commerciale (prospecter et convaincre les prospects de s'assurer), technique (calculer les primes, déterminer les responsabilités dans les sinistres déclarés), administrative (établir les polices et les avenants, gérer les dossiers de sinistres) et comptable (encaisser les primes, tenir les écritures relatives à toutes les opérations indiquées ci-avant, effectuer les remises en banque et adresser périodiquement au siège les soldes créditeurs).

On doit ajouter à cette énumération l'aspect protocolaire revêtu par la fonction : dans toutes ses activités, l'agent doit s'efforcer d'adopter un comportement correspondant à ce qui est attendu du représentant d'une compagnie, son honnêteté reconnue et sa componction affichée constituant des gages d'honorabilité. Ce dernier point est important, et l'inspecteur de passage s'emploie souvent à le vérifier :

« *Il* [M. Dandolo, agent de *L'Union* à Hanoi] *m'a été donné par la Banque comme étant d'une honorabilité parfaite et tout ce que j'ai pu voir et entendre n'a fait que confirmer cette opinion.* »[68]

Le degré d'honorabilité tient souvent aux croyances et aux pratiques religieuses de l'agent, comme le laisse fort bien entendre l'inspecteur de *L'Union* : « *En parlant des assurances indigènes et chinoises, j'ai omis de dire que ce seraient surtout des catholiques que nous assurerions.*

[67] L'agent, disposant implicitement de la possibilité de réaliser des affaires au-delà de la sphère géographique assignée, bénéficiait souvent d'un droit de territorialité élastique : « *Parmi les Compagnies françaises* [opérant en Chine] *nous pouvons citer la Nationale Incendie qui, tout en travaillant plus spécialement en Indochine, accepte aussi des risques dans les pays limitrophes* » (« L'assurance en Extrême-Orient », *La Semaine*, 8 avril 1928, p. 220).

[68] *Rapports d'inspection en Extrême-Orient* cités, T I., p. 12.

*M. Dandolo qui est catholique très pratiquant se renseignerait par l'intermédiaire des Missions.* »[69]

Ce degré d'honorabilité peut également s'apprécier implicitement par l'accès de l'intéressé à certaines fonctions sociales comme celle de membre de la chambre de commerce locale par exemple, voire techniques, comme son appartenance au bureau d'un des syndicats professionnels d'assureurs, à Saigon ou à Hanoi.

Dans le même ordre d'idées, le fait que le titulaire du mandat gère par ailleurs, à titre principal, une maison de commerce, revêt une grande importance. Le périple de l'inspecteur de *L'Union* le conduisant par exemple à Tourane (Annam), il commence son exposé comme suit : « [...] *le port de Tourane où nous avons comme sous-agents MM. Loubard & Cie, la maison bien connue en France pour ses thés et chocolat.* »[70]

Enfin, il n'est pas douteux que l'ancienneté du séjour des personnes en Indochine, qu'il s'agisse de l'agent ou de ses adjoints, et leurs accointances familiales jouent *a priori* fortement en leur faveur. Lisons à ce sujet les lignes consacrées à l'agence de Saigon, dont le titulaire est M. Berthet :

« *M. Berthet vous est trop connu pour que je m'appesantisse sur sa personnalité. Je dirai toutefois que sa maison est gérée par M. Guarrigue, âgé de 34 ans, qui a 17 ans de colonie, homme sérieux et intelligent, et que le service des assurances est confié plus particulièrement à M. Droubet, jeune homme de 19 ans, fils du maire de Cholon dont les relations dans le monde saïgonnais ne peuvent que nous être utiles.* »[71]

### 2. Le statut de l'agent

Le contour des conditions juridiques dans lesquelles l'agent général exerce en France son activité s'est progressivement défini au fil du temps, de manière empirique, et c'est seulement en 1949 qu'un statut, auquel devaient se rallier toutes les compagnies, a été homologué par décret des pouvoirs publics[72].

L'agent général, à partir de cette époque, est obligatoirement une personne physique, qui exerce une profession libérale, et qui en possède toutes les prérogatives : libre choix de ses clients, organisation de son temps, choix de

---

[69] *Id.*, p. 17.
[70] *Id.*, p. 6.
[71] *Id.*, p. 117.
[72] P.J. Richard, *op. cit.*, pp. 275-276.

ses collaborateurs (mode de sélection), et détermination de leur temps de travail et de leur salaire, etc.

Toutefois, et pour l'Indochine, compte tenu du phénomène des maisons de commerce titulaires de mandats d'agence, celles-ci étant par définition des commerçants, on voit difficilement comment elles pouvaient revendiquer le caractère libéral s'attachant à leur activité d'intermédiaires d'assurances, et on peut penser que des difficultés se sont parfois produites de ce fait.

### 3. La rémunération de l'agent

La rémunération due par l'assureur à son agent s'analyse en une somme calculée en pourcentage de la prime nette de taxes, ce pourcentage variant selon la branche considérée, et s'appliquant sur chaque contrat, qu'il s'agisse d'une affaire qui vient d'être réalisée et régularisée ou d'un renouvellement.

Durant le XIX$^{e}$ siècle, la plupart des compagnies incendie accordaient une commission de l'ordre de 10%, ce qui provoquait parfois des récriminations de la part des intéressés. C'est ainsi que nous savons, par la lecture des minutes du *Fire Committee* (Commission incendie) de Londres, qu'en 1898 la compagnie *Commercial Union* accepta, conformément à leur demande du 18 février 1898 [*in accordance with their request of the 18$^{th}$ February 1898*] d'augmenter de 5 points le taux de la commission allouée à leurs agents de Saigon, MM. Engler & Co, faisant passer celui-ci de 10% à 15%[73].

Le taux de la commission ainsi attribuée est variable selon les compagnies, mais demeure à l'intérieur d'une fourchette allant de 10 à 25%.

Par ailleurs, comme on l'a vu dans le cas de *L'Union Commerciale Indochinoise*, l'assureur consent généralement à verser à son mandataire une somme fixe annuelle, de l'ordre de 800 F à 1200 F, pour l'indemniser de ses frais administratifs de gestion.

### 4. Les sanctions visant l'agent

Selon les circonstances, les sanctions visant l'agent peuvent revêtir un caractère positif ou négatif.

#### À titre positif

A titre *positif*, mentionnons la participation aux bénéfices de l'agence. En cas de bénéfice, cette participation est calculée en pourcentage des primes

[73] *Fire Committee Reports*, Commercial Union, 14th March 1898, vol. 24, p. 266.

encaissées pendant l'exercice et s'établit à quelques points, 5%, par exemple, dans les cas de *La Compagnie d'Assurances générales incendie.*

## À titre négatif

A titre *négatif*, l'intervention de l'assureur mandataire auprès d'un de ses agents peut s'analyser en une simple remontrance mais revêtir également un caractère plus grave et aller jusqu'à la révocation.

- La simple remontrance

La simple remontrance est le moyen utilisé dans l'éventualité d'une négligence ou d'une inattention de l'agent, comme dans le cas d'Édouard Saliège, agent à Saigon de la compagnie anglaise *Commercial Union*, qui, ayant établi un contrat dont le montant couvert excédait le plein autorisé, reçut un courrier daté du 20 mars 1915 rédigé dans les termes suivants :

« *Nous remarquons que vous nous avez engagé pour 75 000 piastres au titre de ce risque situé à Cholon en indiquant la référence 'Limit II.A.3.b', mais si vous vous reportez au tableau vous verrez que tous les risques à Cholon relèvent de la rubrique 10, de sorte que le montant accepté sur ce risque aurait dû être de seulement 35 000 piastres. Nous vous serions donc grandement obligés de prendre toutes dispositions nécessaires pour réduire notre engagement, immédiatement si cela est possible, mais de toute façon à la date de renouvellement.* »

[*"We notice you have interested us for $75,000 on this risk situated in Cholon giving as a reference but if you will refer to the Table you will see that all risks in Cholon come under Item 10 and the amount accepted on the present risk should have been $35,000 only and we shall be much obliged if you will take steps to reduce our commitment at once if possible but at any rate at renewal date."*][74]

- La révocation, dont le motif peut varier, allant de la fraude, jeu d'écritures en vue de dissimuler ce qu'on appelle, en argot d'assurance, un « trou de caisse », juridiquement qualifiable d'abus de confiance, jusqu'à une totale inactivité au plan commercial, se traduisant par l'absence de toute production nouvelle, c'est-à-dire la réalisation de zéro contrat.

On ne pouvait guère reprocher aux maisons de commerce la faiblesse ou l'inexistence de production nouvelle, un tel fait pouvant être attribué à l'existence d'une pluralité de mandats, ou s'expliquer plus simplement par le

[74] Archives Aviva, Norfolk, UK.

manque d'attrait du métier d'agent d'assurances incendie pour des personnes vouées aux opérations d'import-export, voire la tendance de celles-ci à exciper du manque d'intérêt de leur clientèle vis-à-vis de l'assurance pour négliger cet aspect de leurs activités. Ainsi :

« *Le* Sun Fire Office [...] *nomma des agents à Saigon en 1869* [...]. *Certaines de ces agences ne présentaient guère d'utilité. S.H. & Co par exemple, qui représentèrent l'Office à Penang durant toute la période 1869-1914, trouvèrent la communauté chinoise au début peu désireuse de s'assurer* [...]. *Les agents de Saigon* (Kaltenbuch, Engler & Co) [...] *firent la même expérience* ».

"*The Sun Fire Office* [...] *appointed agents at Saigon in 1869* [...]. *Some of these agencies were not of great utility. S.H. & Co, for example, who represented the Office at Penang for the whole of the period 1865-1914, found the Chinese community at first unwilling to insure* [...] *The agents at Saigon (Kaltenbuch, Engler & Co)* [...] *had similar experience* [...]."[75]

Il en allait différemment quand il s'agissait d'agents personnes physiques, n'exerçant pas d'autre profession que celle pour laquelle ils avaient été choisis, et dont la raison d'être première résidait dans la création et l'étoffement d'un portefeuille. Quand l'agent enregistrait une insuffisance voire une absence de résultats en la matière, et une fois les avertissements et les mises en garde prodiguées en vain, ne restait que la solution ultime.

Telle fut la décision extrême à laquelle dut ainsi se résoudre la direction de *La Nationale incendie* en 1938, pour son agent de Hanoi dont le problème se compliquait de difficultés matrimoniales :

« *Le Directeur expose au Conseil que Monsieur N..., Agent Général à Hanoi (Indo-Chine), n'a réalisé, depuis sa nomination le 3 février 1937, aucune production dans sa circonscription et qu'une saisie-arrêt pratiquée à la requête de Madame N..., en instance de divorce, sur les commissions qui peuvent être dues à son mari, met obstacle à la gestion normale et régulière de l'agence. Cette situation causant le plus grave préjudice aux intérêts de la Compagnie, le Directeur propose au Conseil de révoquer Monsieur N...* [...] », extrémité à laquelle, « *après en avoir délibéré* »[76], se résolurent les administrateurs.

---

[75] P.G.M. Dickson, *The SUN INSURANCE OFFICE 1710-1960* cité, pp. 193-194.
[76] P.V. des délibérations du conseil d'administration du 8 juin 1938, AMT, 9 Mi 19.

SECTION 3. Un classement des intermédiaires

En 1948, l'administration établit un classement des intermédiaires d'assurances indochinois en fonction de leurs encaissements de l'année. Nous le reproduisons ci-après, pour les sept premiers du classement.

Sur la cinquantaine d'intermédiaires représentant les 40 sociétés du marché, les écarts d'encaissements se révélaient considérables, un coup d'œil sur ces chiffres montrant que les rapports entre le 1$^{er}$ et le 5$^{e}$ allaient de 4,5 à 1. Par ailleurs, l'encaissement du 15$^{e}$ de la liste, A.B. David, non mentionné ici, ne s'élevait qu'à 159 000 piastres, soit 0, 46% de celui du premier, Ch. David, son homonyme.

Certains agents représentaient un grand nombre de compagnies. Par exemple, la C.C.N.E.O. détenait neuf mandats tandis que la firme Denis frères gérait le portefeuille de huit compagnies. Dans ce dernier cas, il est vrai que le niveau des encaissements était très différent selon les compagnies, Denis frères réalisant 70% de son chiffre d'affaires avec ses deux compagnies les plus importantes !

On peut certes s'interroger sur cette politique de multi-mandats, qui ne manquait pas d'engendrer une certaine lourdeur administrative. En contrepartie, notons qu'il en découlait la possibilité de souscrire des affaires importantes sans recourir à la réassurance. D'autre part, l'agent, disposant de plusieurs fers au feu, se trouvait ainsi en mesure de parer à l'éventuelle et brutale défaillance de sa compagnie principale, pour le plus grand bénéfice de ses assurés, ainsi prémunis de tous risques de découvert.

On voit que jusqu'à l'indépendance, la distribution de l'assurance en Indochine se révélait à la fois très diversifiée (nombreux canaux) et foisonnante (multiples acteurs). En revanche, la qualité professionnelle des personnes en rapport avec la clientèle n'était pas forcément au rendez-vous (cas des compradors), mais il en allait ainsi sur beaucoup d'autres marchés.

| | Nom et ville | Compagnies représentées | Encaissements (P) |
|---|---|---|---|
| 1 | David, Saigon | *Compagnie d'Assurances générales* | 34 323 000 |
| | | *Assurance Franco-Asiatique* | |
| | | *C^ie^ Générale d'assurances* | |
| | | *Security of Canada* | |
| 2 | Denis frères, Saigon | *Confiance* | 12 489 000 |
| | | *Foncière transports* | |
| | | *C^ie^ Générale d'assurances* | |
| | | *Paternelle* | |
| | | *Union* | |
| | | *General accident* | |
| | | *Neufchâteloise* | |
| | | *South British* | |
| 3 | Borodaewski, Saigon | *C^ie^ franco-américaine* | 10 898 000 |
| | | *Asia Life* (en liquidation) | |
| | | *New Hampshire* | |
| 4 | Compagnie de commerce et de navigation d'Extrême-Orient (C.C.N.E.O.), Saigon | *Alliance régionale de France* | 8 966 000 |
| | | *Minerve* | |
| | | *Paternelle vie* | |
| | | *Préservatrice* | |
| | | *Bankers and Traders* | |
| | | *North British* | |
| | | *Phoenix* | |
| | | *Queensland* | |
| | | *Union of Canton* | |
| 5 | Diethelm, Saigon | *Cordialité* | 7 654 000 |
| | | *Brandaris* | |
| | | *Nederland* | |
| | | *New Zealand* | |
| | | *Royal Fire* | |
| | | *La Suisse* | |
| 6 | Union commerciale indochinoise et africaine (U.C.I.A.), Saigon | *Abeille* | 4 629 000 |
| | | *Phénix vie* | |
| | | *Bâloise* | |
| 7 | Guillem, Hanoi | *C^ie^ d'Assurances générales* | 3 750 000 |
| | | *Assurance Franco-Asiatique* | |

# Chapitre 6. L'assurance maritime

L'assurance maritime (ou assurance transports) fut la première forme d'assurance connue, et ses origines remontent au XIV$^{e}$ siècle.

## SECTION 1. Généralités

On distingue traditionnellement deux formes d'assurance maritime : l'assurance du navire lui-même (assurance corps) et celle des marchandises qu'il transporte (assurance facultés).

En décembre 1924 le vapeur « Haiphong » qui transportait 140 passagers, soit 128 annamites et chinois et 12 français entre Quinhon et Tourane, fut victime d'un typhon et fit naufrage, ne laissant aucun survivant (www.frenchlines.com/)

En raison de l'état de beaucoup de navires et de la médiocre qualité de certains officiers, « *peu de compagnies pratiquent l'assurance maritime en Indochine* »[77]. Par ailleurs, l'assurance des facultés (ou marchandises transportées) semble surtout le fait des assureurs anglais qui ont délivré des mandats de représentation à plusieurs maisons de commerce à Saigon et à Haiphong. Il s'agit évidemment, pour ces exportateurs, de délivrer des garanties au départ des ports indochinois, sur « *les marchandises d'exportation : riz, caoutchouc, poisson sec,* [...] *coprah, maïs, poivre* »[78].

Les importations ayant fait l'objet de délivrance de garanties dès leur départ des ports d'origine, européens ou autres, il revient surtout aux agents indochinois de suivre les sinistres (avaries) déclarés sur les marchandises à leur arrivée en Indochine, les opérations d'expertise incombant aux experts agréés par les différents comités des assureurs maritimes (Paris, Bordeaux, Marseille, Le Havre, Anvers, etc.) ou aux agents des Lloyds de Londres présents dans les principaux ports.

Nous venons d'évoquer le cas des transports par voie de mer, mais les transports fluviaux font également l'objet de l'attention des assureurs : « *Le trafic le plus important consiste en transport de paddy des provinces de l'intérieur à Cholon où il est usiné.* »[79]

## SECTION 2. L'assurance maritime pendant la guerre

La mise à l'écart des compagnies britanniques à partir de 1940 a eu des conséquences pour les assureurs français : « *Les échanges commerciaux entre la métropole et la colonie et avec le Japon ayant été importants, les compagnies françaises représentées en Indochine ont eu à couvrir de très gros risques* [...]. »[80]

Vers la fin de la guerre, les évènements se précipitèrent : « *Après le 9 mars 1945, les relations commerciales de la colonie furent pratiquement interrompues et les quelques communications possibles se firent par chemin de fer, par camion, par cabotage entre Saigon, l'Annam et le Tonkin, par chaloupes et par jonques de mer.* »[81]

---

[77] « Les assurances en Cochinchine », *L'Argus*, n° 2764, 4 juin 1933, p. 833.
[78] *Id., ibid.*
[79] *Id., ibid.*
[80] Art. *L'Argus* 1er décembre 1946 cité.
[81] *Id., ibid.*

Port de Haiphong (Tonkin), quai de chargement de Song-Tom-Bac, côté quartier chinois (*belleindochine.free.fr/haiphong.htm)*

Néanmoins, ces péripéties n'empêchèrent pas les assureurs de faire des bénéfices, des surprimes en raison des hostilités[82] ayant été appliquées, ce qu'indique clairement un professionnel, inspecteur de *L'Assurance Franco-Asiatique* : « *Les résultats dans cette branche ont été dans l'ensemble satisfaisants, même pour les risques de guerre.* »[83]

SECTION 3. Les chiffres de l'assurance maritime

Durant toute la période étudiée, l'assurance maritime fut la branche qui collectait la plus grande partie des primes d'assurance.

*a. La position hégémonique de l'assurance transports*

La forte position de l'assurance transports tenait à deux raisons :

- d'une part au fait que les commerçants installés localement considéraient qu'il était important de garantir contre toutes avaries éventuelles les

[82] Les taux pour risques de guerre s'étagèrent alors entre 4 et 14.
[83] Art. *L'Argus* 1er décembre 1946 cité.

marchandises expédiées par voie maritime ou fluviale. Par ailleurs, étant titulaires d'un mandat d'agent d'assurances, ils recevaient des commissions des assureurs avec lesquels ils travaillaient, ce qui augmentait leurs gains ;

- et d'autre part au faible nombre des contrats délivrés dans les autres branches, vie, accidents du travail, automobile, et même incendie.

Notons en outre que le niveau des émissions de l'assurance maritime aurait pu être encore plus élevé, beaucoup de marchandises expédiées à l'étranger échappant aux compagnies installées dans la colonie : « *Quant aux échanges avec l'étranger, ils sont bien souvent garantis à l'étranger en raison des restrictions apportées par l'Office des Changes à leur couverture en devises.* »[84]

### *b. Statistiques de l'assurance transports*

L'assurance des marchandises transportées a d'abord connu un chiffre d'affaires soutenu qui en faisait la première branche mais, dès les débuts du second conflit mondial, les émissions chutèrent fortement pour ne représenter plus que 3,5% des encaissements d'un marché par ailleurs atone.

Le volume des exportations reprenant nettement à partir de 1948, celui des primes de l'assurance maritime retrouva alors son niveau d'avant-guerre.

---

[84] Rapport Mauss cité, p. 7.

| Années | Primes transports des compagnies | | ∑ compagnies (Primes en 1000 P) | Primes transports (% de l'ensemble) |
|---|---|---|---|---|
| | françaises | étrangères | | |
| 1933 | ? | ? | 795 | 36,8 |
| 1934 | ? | ? | 779 | 42,8 |
| 1935 | ? | ? | 771 | 31,3 |
| 1936 | ? | ? | 841 | 30,8 |
| 1937 | 1 638 | 659 | 2 297 | 51,6 |
| 1938 | 1 435 | 400 | 1 835 | 38,7 |
| 1939 | 1 571 | 560 | 2 131 | 34,0 |
| 1940 | 1 395 | 589 | 1 984 | 28,9 |
| 1941 | 1 135 | 299 | 1 434 | 22,0 |
| 1942 | 1 031 | 50 | 1 081 | 19,0 |
| 1943 | 498 | - | 498 | 19,7 |
| 1944 | 374 | - | 374 | 19,4 |
| 1945 | 16 | - | 16 | 3,5 |
| 1946 | 371 | 169 | 540 | 38,3 |
| 1947 | 647 | 1 188 | 1 835 | 35,1 |

# Chapitre 7. L'assurance incendie

Les débuts de l'assurance incendie remontent au XVII$^{e}$ siècle en Angleterre, après le grand incendie de Londres (1666). En France, son apparition date de 1750, avec le lancement d'une association mutuelle contre l'incendie qui succéda aux « bureaux des incendiés », créés à Paris au début du règne de Louis XV et qui avaient pour rôle de venir au secours des personnes dont le logement avait été endommagé par le feu.

Traitant de l'assurance incendie, il nous faut évoquer d'une part l'assurance incendie proprement dite et d'autre part l'assurance contre les évènements naturels, les typhons notamment.

## SECTION 1. L'assurance incendie proprement dite

Disons d'abord quelques mots de l'assurance incendie avant d'en venir à l'étude de ce risque en Indochine.

### *a. Généralités*

L'assurance incendie proprement dite a pour objet essentiel d'indemniser l'assuré des suites des dommages causés par le feu à ses biens désignés au contrat, et de le garantir contre les recours que son locataire éventuel, les voisins ou les tiers, pourraient exercer contre lui.

Au phénomène du feu considéré comme évènement générateur du sinistre, les assureurs ont très tôt assimilé, moyennant surprime ou non, l'action de la foudre et les explosions (de chaudières notamment).

### *b. Les incendies en Indochine*

La gravité des incendies sur le sol de l'Indochine justifiait l'existence de moyens de secours, en fait parfois insuffisants, et l'existence de sociétés d'assurance proposant de solides contrats.

### 1. Fréquence et gravité du phénomène

En Indochine les assureurs considéraient que les incendies étaient peu fréquents, car ils se basaient sur les résultats de leur portefeuille, et négligeaient le fait que les autochtones manifestaient peu d'appétence pour l'assurance : « *Les risques européens sont presque tous assurés mais l'annamite ne semble pas encore avoir saisi toute l'utilité de l'assurance et la majorité des maisons d'occupation indigène ne sont pas assurées ; il est bien certain que, le risque moral excepté, elles offrent souvent à Saigon un danger d'incendie moindre que les maisons en Europe, ne serait-ce que par l'absence de cheminées.* »[85]

Mais la gravité des incendies pouvait se révéler parfois extrême comme en témoigne la lecture d'anciennes chroniques. Un auteur rapporte ainsi que « [...] *les maisons étant accolées et, pour la plupart, faites de bois, de torchis et de chaume, les incendies gagnaient facilement les rues avoisinantes. En 1631, un gigantesque incendie, parti de la porte orientale de la Résidence, embrasa les rues commerçantes puis les palais impériaux d'où le souverain dut s'éloigner durant quatre jours.* »[86]

Par la suite, parmi les nombreux feux qui survinrent, rappelons celui de Hanoi en septembre 1885, rapporté plus haut, et qui détruisit deux cents habitations.

Un peu plus tard, l'incendie du 28 février 1901, survenu au lendemain de la fête du Têt, à Cholon dans la banlieue de Saigon, retint encore davantage l'attention. En ce lieu, en effet, où « *la plupart des maisons* [...] *sont construites en bois et couvertes en paille* [...] *les pertes sont considérables, si l'on considère que tous les immeubles sinistrés étaient remplis du rez-de-chaussée aux combles, de marchandises les plus variées et les plus explosibles, pétroles, huiles minérales, pétards, etc.* »[87], causant ainsi des pertes approximativement évaluées à 200 000 piastres ou 450 000 F.

### 2. Les moyens de secours

Les moyens de l'époque, pompes à vapeur et équipes de pompiers, parfois assistés de militaires ou de marins, n'étaient pas de trop pour intervenir et limiter l'extension des sinistres. L'organisation des secours et l'état du matériel pouvaient parfois laisser à désirer, comme l'a noté, sur un ton

---

[85] « Les assurances en Cochinchine », *L'Argus* 4 juin 1933 cité.

[86] Ph. Papin, *Histoire de Hanoi*, Fayard, 2001, p. 179.

[87] « Un grand incendie à Cholon, dans la banlieue de Saigon », *L'Argus*, n° 1101, 31 mars 1901, pp. 197-198.

sarcastique, un professionnel britannique amené à évaluer la situation pour le compte d'un comité technique rattaché à l'association professionnelle locale. Cette personne parcourut vainement l'agglomération de Saigon pour tenter de découvrir la caserne des pompiers[88], ou s'étonna, lors de la visite d'une rizerie, que la pompe à incendie, enfermée dans un local dont personne ne parvenait à situer la clé, se trouvât hors d'usage depuis deux ans[89], ou encore, dans une autre rizerie, procéda à la vérification de l'état des tuyaux de la pompe extinctrice et nota, dès sa mise en route, que ceux-ci éclatèrent presque aussitôt l'un après l'autre, sous l'effet d'une pression aussi normale qu'inattendue[90]...

De façon plus technique, et sur un ton moins caustique, l'inspecteur de *L'Union* s'attachait à exposer les situations de façon objective et à exprimer des avis plus équilibrés, lors de ses visites tant au Tonkin qu'en Cochinchine.

→ À Hanoi, les moyens en place s'avèrent satisfaisants : « [...] *quant aux bouches d'incendie, on ne les rencontre qu'à de rares intervalles. Jusqu'ici il n'y avait pas de corps de pompiers et on en était réduit à la pompe des troupes mais à l'occasion de l'Exposition*[91] *on a fait venir un capitaine des pompiers de Paris avec un matériel composé de 4 pompes à bras, un chariot, un dévidoir, 5 échelles, 300 seaux et 12 "postes mobiles" (réservoirs de 110 litres sur chariot, avec petite pompe à main) et on a formé une brigade de 40 Annamites* »[92], étant précisé que ces matériels, l'Exposition terminée, seraient affectés à un service municipal d'incendie à créer ;

→ A Saigon, par contraste, la situation se révèle fort médiocre : « *La municipalité possède une pompe à vapeur, mais à la suite du refus des Compagnies d'assurances, il y a quelques années, de contribuer aux frais d'entretien, elle s'est complètement désintéressée du corps de pompiers qui n'existe que de façon sommaire. La pression d'eau dans la canalisation de la ville étant faible, Saigon est très mal équippée* [sic] *pour combattre un incendie.* »[93] ;

→ A Cholon enfin, la situation peut être qualifiée de mitigée : étant admis que, l'extension de certains sinistres n'était pas uniquement due à la nature de la construction des bâtiments mais plutôt attribuable « *en grande partie au défaut de moyens de secours ; lorsque la rue de Gialong fut détruite pour*

---

[88] "Snapshots of Overseas Insurance", Article number 3, *The Policy*, April 25, 1931.
[89] "Snapshots of Overseas Insurance", Article number 4, *The Policy*, May 2, 1931.
[90] "Snapshots of Overseas Insurance", Article number 5, *The Policy*, May 9, 1931.
[91] Il s'agit de l'Exposition universelle qui se tint à Hanoi en 1903.
[92] *Rapports d'inspection en Extrême-Orient* cités, p. 3.
[93] *Id.*, p. 113.

*la 2e fois, les Chinois s'émurent et la congrégation de Canton fit venir d'Angleterre une pompe puissante d'une très bonne marque (Shaw Mason and Co) capable d'alimenter 4 tuyaux de 80 m/m.*, [et] *un corps de pompiers volontaires chinois fut organisé et exercé une fois par mois sous la direction d'un mécanicien français.* » Toutefois, « *comme cette pompe est propriété particulière, elle ne rend des services réels qu'aux membres de la Congrégation de Canton, et lorsqu'un incendie se déclare chez un Chinois d'une autre congrégation, le mécanicien a toutes les peines du monde pour réunir le personnel voulu* [...]. »[94]

Incendie du marché de Saigon en mars 1950
(*saigon.vietnam.free.fr/indochine_7.php*)

3. Évaluation, sélection et surveillance des risques

L'évaluation de la gravité potentielle du risque d'incendie dépendait de plusieurs facteurs, et cela se vérifiait en métropole comme en Indochine :

- Les matériaux ayant servi à la construction : « *Les maisons d'habitation européennes constituent d'excellents risques. Toujours construites en briques, rarement à plus d'un étage, entourées de jardins et avec cuisines et logement des domestiques indigènes (boys) séparés, il n'y a de risques*

[94] *Id.*, pp. 113-114.

*d'incendie que par la foudre, l'éclairage en hiver et le chauffage pendant les deux mois de pluie (crachin)* [en] *janvier et février* »[95] ;

- La nature des activités, spécialement des autochtones : « *Ce qu'il y a de particulier dans les villes purement indigènes c'est que les différents commerces et métiers s'exercent par rue. C'est ainsi qu'à Hanoi on trouve une "Rue de la Soie", une "Rue du Coton", une "Rue du Cuivre"* [...], *etc., ce qui permettrait à un assureur d'éviter facilement le genre de commerce qu'il ne tient pas à assurer* [...]. »[96] ;

Au début du XX$^{e}$ siècle les bâtiments des rizeries (ici à Cholon) étaient implantés au bord de cours d'eaux, afin de faciliter les transports (*etudescoloniales.canalblog.com › 8 - Indochine-*)

- La nature du contenu des bâtiments, en n'attachant pas trop d'importance aux déclarations faites à la souscription : « *Quant à la distinction entre les marchandises hasardeuses et non hasardeuses chez les indigènes, autant n'en pas parler, car tel Chinois ou Annamite qui vend de la poterie aura fort*

[95] *Id.*, p. 5.
[96] *Id.*, p. 8.

*probablement aussi des pétards aux approches du Têt et d'ailleurs il ne se rend jamais bien compte de ses obligations comme assuré.* »[97] ;

- Le risque moral ou « *la moralité des assurés* », spécialement des indochinois ou des chinois, sur lesquels il est souvent difficile de s'informer. « *Mais est-ce à dire qu'ils ne sont pas assurables ? Il y a eu des incendies mais ils ont été peu considérables et peu fréquents. Je crois que ce n'est qu'une question de taux* [de prime] *car il y a des Chinois bien connus, très honorables, beaucoup plus honorables que certains gens d'Europe que l'on rencontre dans ces parages et beaucoup plus riches.* »[98]

### 4. La protection par l'assurance

Un certain nombre de compagnies de toutes nationalités, aussi bien françaises qu'étrangères, opéraient en Indochine. Voici quelques noms :

- Assureurs français : *L'Indo-Chinoise* (jusqu'en 1903), *La Confiance, L'Union, L'Urbaine et la Seine* ;

- Assureurs étrangers : *Commercial Union, China Fire, Hong Kong Fire, Liverpool and London and Globe*, etc.

Ces assureurs étaient partiellement liés par des accords tarifaires et utilisaient peu ou prou les mêmes formules de garantie. Ils ne se faisaient guère de concurrence, une différence pouvant parfois apparaître grâce aux remises plus ou moins fortes consenties par les compradores, qui travaillaient pour le compte des agents et qui sacrifiaient ainsi une partie de leur commission pour emporter l'affaire.

### 5. Les conditions de garantie

Les conditions de garantie soulèvent la question des risques acceptables et celle de la tarification.

#### La question des risques acceptables

Les assureurs ayant généralement horreur de détenir en portefeuille des contrats couvrant des aléas d'une fréquence ou d'un coût élevés, c'est avec beaucoup de soin qu'ils énuméraient, dans les traités délivrés à leurs mandataires ceux des risques auxquels ils leur interdisaient de s'intéresser de

---

[97] *Id.*, p. 16.
[98] *Id.* , p. 7.

POLICE COLONIALE.

F. ENGLER et Cie.,
Agents à SAIGON.

POLICE No.

COMMERCIAL UNION

ASSURANCE COMPANY LIMITED.

COMPAGNIE D'ASSURANCES A PRIMES FIXES,

Siege Social :—LONDRES, 24, 25 & 26, CORNHILL.

**Capital Social, £2,500,000 (Francs 62,500,000).**

Nom de l'Assuré

Somme Assurée - - Fcs.

Prime - - - - - - Fcs.

Effet de l'Assurance

Expiration

CONDITIONS GÉNÉRALES.

ARTICLE PREMIER. La Compagnie assure contre l'incendie et contre le feu du ciel la valeur vénale des propriétés mobilières et immobilières, ainsi que les marchandises.

Elle assure aussi, en cas d'incendie, et quand la stipulation en est faite dans la Police, le risque locatif et le recours des voisins.

L'assurance du risque locatif garantit l'assuré des effets de la responsabilité à laquelle il est soumis comme locataire, aux termes des articles 1733 et 1734 du Code civil.

L'assurance du recours des voisins garantit l'assuré de toute action que ceux-ci pourraient exercer contre lui pour communication d'incendie, en vertu des articles 1382, 1383 et 1384 du Code civil.

Si le feu se communique d'un bâtiment assuré par elle à un autre bâtiment qu'elle aurait également assuré, la Compagnie renonce à exercer son recours contre l'assuré dont le bâtiment aurait communiqué l'incendie.

ART. 2. La Compagnie n'assure pas les fabriques, dépôts et magasins de poudre à tirer, les bijoux, les pierreries, les lingots d'or et d'argent, l'argent monnayé, livres de comptes, contrats de garantie en écrit, lettres de change, obligations, billets et titres de toute nature.

Elle ne répond de l'argenterie, des tulles, des dentelles, des tableaux, des statues, et en général de tous les objets rares ou précieux, que lorsqu'ils sont spécialement désignés dans la Police.

La Compagnie ne répond point des incendies occasionnés par guerre, invasion, émeute, force militaire quelconque, et tremblement de terre.

En cas d'explosion ou de détonation, même du feu du ciel, elle ne répond pas des dégâts qui en résultent ; elle garantit seulement les dommages d'incendie qui en sont la suite. Néanmoins elle répond des dommages autres que ceux d'incendie provenant de l'explosion du gaz, lorsque ce risque est assuré par une clause spéciale de la Police, et moyennant un supplément de prime que paie l'assuré.

ART. 3. La Compagnie n'est engagée que par ses Polices d'Assurances signées par deux des Administrateurs ou par son fondé de pouvoirs.

Elles n'ont d'effet qu'après paiement de la prime.

L'intérêt dans la Police peut se transférer par endossement fait avec le consentement de la Compagnie ou de son Agent, et non autrement.

ART. 4. Les primes d'assurance sont payées d'avance et comptant.

Le premier terme se paie en souscrivant la Police.

Le paiement des autres termes a lieu le jour de l'échéance.

ART. 5. A défaut du paiement de la prime au jour de l'échéance, et sans qu'il soit besoin d'aucune demande, d'aucune mise en demeure, l'assuré n'a droit, en cas d'incendie, à aucune indemnité.

A chaque échéance de la Police, la Compagnie peut aussi bien que l'assuré la résilier par une simple notification.

ART. 6. Si des objets assurés dans un lieu sont transportés dans un autre ;

Si dans des bâtiments assurés ou renfermant des objets assurés, il est fait des changements ou des constructions qui augmentent ou multiplient les chances d'incendie ;

S'il y est établi une fabrique, une usine, une manipulation, ou une profession dangereuse ;

S'il y est introduit des matières, des marchandises, des objets quelconques qui, par leur nature, aggravent évidemment les risques ;

L'assuré est tenu de le déclarer immédiatement à la Compagnie et de payer, s'il y a lieu, une augmentation de prime.

Faute par lui de faire mentionner cette déclaration sur sa Police, il n'a droit, s'il survient un incendie dans l'intervalle, à aucune indemnité.

Dans tous les cas le changement survenu dans la nature du risque donne à la Compagnie le droit de résilier la Police par une simple notification, et les primes payées lui demeurent acquises.

La lecture de l'imprimé d'une « police coloniale » de *Commercial Union* délivrée à Saigon en 1898 et parvenu jusqu'à nous[99], montre la similitude entre les couvertures européennes et locales

[99] Archives Aviva, Norwich, UK.

quelque façon que ce fut. Ainsi, pouvons-nous relever, dans la convention de 1912 évoquée *supra*, passée entre trois assureurs français (Phénix, Nationale, Cordialité) et une maison de commerce, l'UCIC, un paragraphe intitulé « Risques interdits » et dans lequel figurent notamment :

« - *Les forêts d'essences résineuses,*
- *Les bâtiments provisoires [...] servant de restaurants ou de cantines, aux abords de chantiers de construction de routes, chemins de fer, ...*
- *Les fabriques de térébenthine, de vernis et les risques qui leur sont contigus,*
- *Les distilleries ou épurations d'huiles de schiste ou de pétrole,*
- *Les fabriques d'ouate,*
- *Les fabriques de toiles vernies, de linoléum, de cuits vernis et de taffetas gommés,*
- *Les scieries de bois de placage ...,*
- *Les scieries de bois mues par la vapeur,*
- *Les entreprises et magasins de fourrages militaires,*
- *Les récoltes en meules ...*
- *Les magasins de chiffons ...*
- *Les lins et chanvres dans les fours,* »

Etc. etc.

La tarification

Quant à la tarification, fixée par le Comité saigonnais des assureurs contre l'incendie, « *à l'exclusion des scieries mécaniques* [saw mills] *et des rizeries* [rice mills] *qui sont régies par le Fire Office Committee de Londres* »[100], elle se révélait d'un niveau élevé, surtout par rapport à la métropole.

Dans le cas des rizeries, « *toutes les compagnies d'assurance incendie représentées en Cochinchine ont fait un arrangement dit accord des rizeries : un répartiteur distribue l'assurance des rizeries entre tous les assureurs en respectant strictement les tarifs du F.O.C., sans ristourne ou commission. Cet accord était à souhaiter depuis longtemps car les compagnies ont supporté de lourdes pertes en couvrant ces risques, certaines décortiqueries étant assurées pour plusieurs millions, mais maintenant l'incendie d'une rizerie ne peut être une catastrophe car chaque compagnie se trouve être intéressée pour une somme peu importante sur chaque risque.* »[101]

---

[100] « Les Assurances en Cochinchine », *L'Argus* 4 juin 1933 cité.
[101] *Id., ibid.*

Institution assez curieuse, le *Fire Office Committee* ou F.O.C., qui réunissait la plupart des grandes compagnies britanniques, avait pour mission, aux termes d'accords stricts, d'établir des tarifications par classes de risques à partir des statistiques de ses membres, visant en finale à un rapport sinistres/primes de 55%, un pourcentage de 35% permettant de couvrir le chargement (commissions et frais des assureurs), de sorte que le bénéfice technique devait s'établir à 10%[102].

Ce système, qui constituait une sorte de cartel, et qui s'appliquait aussi bien en Grande-Bretagne que sur les marchés extérieurs où opéraient des assureurs britanniques, donnait d'excellents résultats pour les assureurs, qui le justifiaient en soutenant que, préservant la rentabilité de leurs sociétés, il mettait celles-ci à l'abri de tout risque d'insolvabilité susceptible de préjudicier aux intérêts des assurés...

### 6. Les moyens publicitaires

Parcourant les journaux de l'époque coloniale, le lecteur est surpris d'y découvrir relativement peu de publicité. La raison provient du fait que les professionnels, agents et surtout inspecteurs, n'avaient guère foi en ses vertus. Ainsi, l'inspecteur de *L'Union* affirmait-il que « *les frais de publicité sont assez élevés et de peu d'utilité* », ajoutant : « [...] *rien de tel comme réclame que les plaques et il faut avoir soin d'en tenir l'agence bien approvisionnée* »[103].

Précisons qu'une plaque d'assurance incendie est une petite feuille métallique (tôle estampée), de forme rectangulaire, portant l'indication du nom de l'entreprise d'assurance garantissant contre l'incendie un immeuble bâti et jadis apposée sur sa façade, à plusieurs fins : servir de publicité à l'assureur, permettre à l'inspecteur incendie, dont une des missions consiste à vérifier périodiquement le bon entretien du bâtiment, d'identifier aisément l'immeuble à contrôler, voire, dit-on, permettre aux sauveteurs intervenus sur un feu, de solliciter ensuite quelque subside de l'assureur dont ils avaient préservé les intérêts.

### 7. Les résultats commerciaux

Dans l'entre-deux-guerres et jusqu'en 1942, l'assurance incendie se développa lentement, avec une part de marché qui atteignit jusqu'à un tiers

---

[102] O.M. Westall, "David and Goliath: The Fire Offices Committee and non-tariff competition, 1898-1907", *The historian and the business of insurance*, Manchester University Press, 1984, p. 134.
[103] *Rapports d'inspection en Extrême-Orient* cités, p. 16.

du total, mais ensuite évolua peu (entre 14% et 17%) selon les exercices, l'année 1942 se distinguant toutefois par une remontée. Nous avons reproduit en annexe 1 les résultats officiels (en milliers de piastres), disponibles depuis 1933.

Nous notons ici, la diminution, à partir de 1937, de l'ordre de 10 points, de la part de marché de la branche incendie, le phénomène étant dû à une augmentation des encaissements en branche accidents, passés de 618 000 piastres en 1936 à 1 969 000 piastres l'année suivante, des textes ayant rendu obligatoire l'assurance des transports en commun et facilité la mise en cause des employeurs pour les accidents survenant à leurs salariés européens.

A partir de 1943, du fait de la poursuite des hostilités et de l'inflation, on assista à une détérioration considérable des résultats commerciaux de la branche.

## 8. Les résultats techniques

En matière de résultats techniques des assureurs, ceux-ci cédant à une pratique bien connue, ont parfois laissé sourdre quelques gémissements, comme ce commentaire du professionnel britannique cité plus haut : « *Il est possible de faire de l'argent ici, mais en général l'expérience ne s'est pas révélée très satisfaisante. Comme sur les autres marchés d'Extrême-Orient, les rabais illicites ne sont pas inconnus* [et] *les sinistres relevant du risque moral ne sont pas rares.* »[104]

Néanmoins, des résultats chiffrés parvenus jusqu'à nous, il ressort que la plupart des assureurs se trouvaient en mesure de faire état d'excellents bénéfices techniques, comme en témoignent plusieurs exemples :

- En 1913, un agent d'assurances multi-branches, sans doute mandataire de sociétés étrangères, « *fixé en Indo-Chine depuis près de 30 ans* » et « *possédant une solide organisation* », souhaitait « *s'adjoindre* [des] *compagnies françaises de premier ordre pour les branches incendie, bétail, accidents,* [etc.], et indiquait comme *« hautes références »* : « *Pour les risques incendie en Indo-Chine en 7 années d'exercice et pour 10 millions de capitaux de couverts n'a eu que 1 500 francs de sinistre.* »[105]

- En 1902 et en 1903, comme nous le verrons plus loin[106], l'agence de Haiphong de *L'Union incendie* enregistra de confortables bénéfices

---

[104] "Snapshots of Overseas Insurance", Article number 6, *The Policy*, May 23, 1931.
[105] « Indo-Chine », *La Prime*, 1er septembre 1913, p. 207.
[106] V. chapitre 11 *infra*.

techniques, de l'ordre de 70% des primes nettes. Il est toutefois juste d'ajouter que, s'agissant par ailleurs de l'agence de Saigon, si celle-ci bénéficia au début de brillants résultats (aucun sinistre en 1901, 30 piastres de pertes en 1902), en revanche l'exercice 1903 fut nettement moins brillant, avec des sinistres réglés à hauteur de 20 000 piastres, outre 30 000 de suspens, le volume de primes en regard ne se montant qu'à 4 500 piastres[107].

- Entre 1921 et 1936, soit sur une période de 16 ans, l'agence de Saigon de *La Compagnie d'Assurances générales incendie* put faire état d'un bénéfice technique toujours supérieur à 79% et dépassant 84% à trois reprises[108].

## SECTION 2. L'assurance contre les typhons

Un typhon est un cyclone, c'est-à-dire une tempête très violente avec un vent dépassant souvent 120 km/h, qui sévit dans la mer de Chine ou dans l'océan Indien.

Les côtes indochinoises sont fréquemment sujettes à l'action de typhons, dont certains causent d'énormes dégâts, comme en témoigne celui d'octobre 1881 (300 000 morts), puis ceux d'octobre 1887, de septembre 1904, de juillet 1929 et enfin de septembre 1953 (1 000 morts).

De telles catastrophes conduisirent à des tentatives d'établissement de sociétés d'assurance. Ainsi la création d'une « *société mutuelle pour l'assurance contre les phénomènes météorologiques* » fut signalée par la presse en 1904, avec demande d'une subvention auprès du gouvernement « *sous prétexte que cette société serait d'utilité publique* », l'auteur de l'article ajoutant pour sa part : « *Nous estimons qu'il y a lieu de faire toutes réserves sur l'opportunité de cette tentative d'assurances contre les phénomènes météorologiques.* »[109]

Cette initiative fut également critiquée par les assureurs traditionnels, arguant du fait que la loi de la division des risques ne pouvait jouer en l'occurrence, annihilant toute « *possibilité d'établir une moyenne sinon par année, du moins par périodes d'années et de fixer des primes ou cotisations*

---

[107] AHAGF, *Carnets statistiques d'agences*, Saigon, p. 103.
[108] *Id.*
[109] « Société mutuelle d'assurances contre les typhons et autres phénomènes météorologiques », *L'Argus*, n° 1284, 2 octobre 1904, p. 626.

*en rapport avec les dommages normaux* [de sorte que] *l'assurance d'un tel risque parait* [...] *des plus problématiques.* »[110]

Le typhon du 7 juin 1903 causa de sérieux dommages à l'agglomération de Hanoi

Il demeure que le projet mentionné plus haut eut sans doute un début de réalisation, ainsi qu'en atteste l'existence en 1910, mais probablement pour peu de temps, d'une société *Le Typhon (Incendie et Cyclones)*, avec W. Laborde pour agent à Haiphong[111].

Deux décennies plus tard, Paul Dupuy, administrateur, relançait l'idée en soumettant au gouverneur supérieur de l'Annam le projet d'une association mutuelle de bienfaisance et de crédit appelée à « *venir en aide, par des avances remboursables et sans intérêt, aux populations des communes* [...] *dont les récoltes ont été anéanties ou gravement compromises par la sécheresse, les inondations ou les typhons, et, en ce qui concerne les villages maritimes, pour venir en aide aux habitants dont les barques et le matériel de pêche ont été détruits par le typhon.* »[112]

---

[110] « L'assurance contre les typhons », *L'Argus*, n° 1387, 23 septembre 1906, p. 595.
[111] *Annuaire général de l'Indochine 1910*, p. 275.
[112] R. Lays, « A propos d'une Compagnie d'Assurances mutuelles contre les typhons en Annam », *L'Éveil de l'Indochine*, 11 février 1934, p. 3.

Le projet, bien qu'autorisé par le résident supérieur, n'eut pas de suite, mais l'idée fut reprise quelques années plus tard, sous la forme d'un article de presse dont l'auteur, Henri Délène, mettait l'accent sur la fréquence accrue des cyclones et leur coût souvent élevé (jusqu'à un million de piastres, et « *parfois beaucoup plus* »), et déplorait que la seule ressource à laquelle pouvaient prétendre les sinistrés fut celle de secours, insuffisants et aléatoires.

Il ajoutait : « *C'est pourquoi, contre des catastrophes si fréquentes qu'elles deviennent normales, il faut un remède également normal, qui fonctionne immédiatement et automatiquement et qui constitue pour celui qui verse, non pas un acte de charité mais une obligation avec contrepartie éventuelle, et pour celui qui le reçoit, non pas un secours mais un droit strictement déterminé, contrepartie d'une obligation* [cotisation] *dont il s'est régulièrement acquittée.* »[113]

Mais il semble que, pas plus que la précédente, cette idée ne connut le moindre début d'application.

[113] « Pour une Compagnie d'assurances mutuelles contre les typhons en Annam », *L'Éveil de l'Indochine*, 21 janvier 1934, pp. 3-4.

# Chapitre 8. L'assurance vie

L'assurance vie a pour objet de garantir à une personne dénommée bénéficiaire, le versement d'une somme indiquée au contrat, en cas de décès de l'assuré par maladie ou par accident. Elle a longtemps connu des jours difficiles, spécialement en France. Sa proscription par l'ordonnance de Colbert en 1681, les excès résultant des formules de tontines jusqu'en 1914, auxquelles succéda « *l'inflation, ennemie n° 1 de l'épargne et de la prévoyance* »[114], furent autant de phénomènes qui lui portèrent des coups redoutables et qui expliquent aisément sa léthargie durant la période étudiée. Enfin, la question de l'assurabilité des autochtones conférait une dimension supplémentaire à la problématique de la pénétration de l'assurance vie en Indochine.

## SECTION 1. Les commencements de l'assurance vie

Au tout début, les risques étaient souscrits en France et avant leur départ, par des personnes appelées à séjourner en Indochine.

L'exemple le plus connu, parce qu'il fit alors l'objet d'une certaine médiatisation, fut celui de Paul Bert, à la fois scientifique et homme politique, considéré comme le père fondateur de l'école gratuite, laïque et obligatoire.

Nommé résident général en Annam et au Tonkin en janvier 1886 : « [...] *le résident général du Tonkin, M. Paul Bert, aurait contracté, avant de partir,* [...] *une assurance sur la vie de 200 000 F, moyennant une prime annuelle fort élevée. C'est une bonne précaution et l'extra-prime* [sic] *n'aurait rien d'étonnant, vu les dangers du climat et de fonctions que va affronter M. Paul Bert.* »[115]

Cette information nous conduit à mettre l'accent sur deux des points évoqués : les risques courus, la surprime exigée par l'assureur.

---

[114] P.J. Richard, *op. cit.*, p. 31.
[115] « L'assurance de M. Paul Bert », *L'Argus*, n° 312, 14 février 1886, p. 98.

Paul Bert (1833-1886) fut résident général en Annam et au Tonkin
(fr.wikipedia.org/wiki/Paul_Bert)

*a. Les risques courus*

La littérature de l'époque est remplie de descriptions des risques courus par les Européens dans les pays tropicaux, du fait de leur insalubrité et des maladies endémiques en découlant.

A ce sujet, nous ne croyons pas inutile de reproduire une présentation de type assez classique :

« [...] *la péninsule indochinoise était une région très insalubre. Située dans la zone tropicale, chaude, très humide, soumise au régime des alizés, ses populations y subissaient l'atteinte de maladies endémiques ou épidémiques redoutables. En dehors des pathologies courantes également présentes, on peut répartir les principaux fléaux médicaux en trois groupes :*

*- Les maladies spécifiquement "tropicales" : les plus répandues étaient le paludisme, les dysenteries, surtout amibiennes (aussi bacillaires), le pian de bien moindre gravité vitale, tréponématose à détermination cutanée transmise par petites mouches piqueuses, et le trachome dû à un virus atteignant l'œil et aboutissant à la cécité.*

*- Les endémo-épidémies mortelles : la variole extrêmement répandue et dévastatrice en Indochine (comme ailleurs) au milieu du XIX$^e$ siècle, la peste avec des foyers d'endémie et des bouffées épidémiques très graves, enfin les typhus de gravité importante surtout le typhus exanthématique (rickettsiose transmise par les poux).*

*- Les endémies graves : la rage et son évolution suraigüe, la lèpre, fléau chronique d'évolution lente, également très répandue.*

*Ces affections atteignaient en Indochine des populations pauvres, sous-alimentées, à l'hygiène très approximative et décimée, en outre, par des famines saisonnières. D'où une mortalité extrêmement élevée, frappant plus particulièrement les jeunes enfants.* »[116]

Toutefois, quelques commentateurs s'élevaient contre cette vision apocalyptique, du moins pour certaines contrées : « *Le Tonkin est bien loin d'être insalubre, comme on le prétend ; le retour régulier de deux saisons bien tranchées lui assure au contraire un degré de salubrité que ne connaît pas le reste de l'Indo-Chine.* »[117]

Les arguments ne cessaient de s'opposer à ce sujet, et les milieux favorables à la colonisation et à la venue des Européens ne manquaient pas d'utiliser à cette fin tous les éléments possibles.

### *b. L'appréciation des risques par les assureurs*

Face à des considérations aussi pessimistes, que pouvaient faire les assureurs vie ? Deux voies, d'ailleurs complémentaires, s'offraient à eux : d'une part, s'informer sur la façon dont d'autres assureurs de la région tarifaient leurs garanties pour le risque de décès, et d'autre part, jouer la prudence en prévoyant l'application systématique de surprimes.

---

[116] Site internet de l'Association Nationale des Anciens et Amis de l'Indochine (ANAI).

[117] « L'assurance sur la vie au Tonkin », *Le Moniteur des assurances*, n° 220, 15 janvier 1887, p. 43.

1. Quid des autres assureurs ?

Concernant la façon dont les assureurs tentaient de s'informer, la lecture des archives nous révèle un échange de courriers intervenu en 1912 entre le gouverneur général de l'Indochine et le consul de France à Yokohama. Dans se lettre, le gouverneur priait le consul de le renseigner sur le marché japonais et notamment sur « *le fonctionnement des sociétés d'assurances japonaises sur la vie et sur les Associations de mutualité*[118]. »

Il ajoutait :

« *Je serais particulièrement heureux de posséder les tables de mortalité utilisées par les compagnies et des exemplaires de leurs tarifs, échelles de primes, etc…*

« *Ces documents sont nécessaires pour satisfaire aux renseignements qui me sont demandés par des sociétés françaises d'assurances.* »

Dans sa réponse du 20 avril, le consul de France à Yokohama annonçait plusieurs envois :

« 1 ° *L'Annuaire des Assurances, publié par le Ministère de l'Agriculture et du Commerce, à Tokio, renfermant de nombreux tableaux sur le fonctionnement et le développement des compagnies d'assurances, ainsi que des tables de mortalité, le montant des contrats souscrits, etc.* »

« *2° Trois brochures contenant les statuts des 3 principales compagnies d'assurances japonaises sur la vie, (mentionnées à la page 37 de l'Annuaire précité). Aucune de ces compagnies ne publie de statuts en une autre langue que le japonais, et je n'ai pas pu réussir, malgré mes recherches, à me procurer des brochures éditées en anglais ou en français.* »

[118] ANV, Fonds de la Résidence supérieure du Tonkin, cote 8077.

L'échange de lettres s'arrêtant là, nous ignorons si la science actuarielle nippone fut d'un quelconque secours aux assureurs vie opérant ou désireux d'opérer en Indochine.

### 2. La surprime exigée par l'assureur

Mais en dépit des proclamations à tonalité hygiéniste indiquées plus haut, les assureurs jouaient la prudence, sinon la cautèle : « *Le Tonkin a été classé par les compagnies d'assurances sur la vie dans la dernière catégorie, c'est-à-dire dans celle qui paie les primes les plus élevées, avec la Guyane et le Sénégal.* »[119]

Une telle mesure fut justifiée *a posteriori*, et de manière un peu macabre, après le décès inattendu de Paul Bert, dû à une dysenterie et survenu à Hanoi en novembre 1886, par un journaliste d'assurance : « *Demandez à la compagnie qui l'assure si les affirmations de progrès accomplis dans l'assainissement de quelques bourgades la portera à oublier que, pour 5% tarif de l'âge de cet assuré, plus 4% surprime adoptée, soit 9% de 200 000 francs assurés sur sa tête, pour 18 000 francs en un mot, elle a dû payer à Mme veuve Bert la somme de 200 000 francs.* »[120]

### 3. Les premières sociétés d'assurance vie

Sur place, ce sont des noms de sociétés d'assurance étrangères qui apparurent d'abord : les sino-britanniques *Oriental Life* et *China Mutual Life*, l'écossaise *Standard Life*, la canadienne *Sun Life*, et l'américaine *Equitable Life* au début du XX$^{e}$ siècle, *Asia Life* ne s'installant qu'au milieu des années 1920.

## SECTION 2. Les développements de l'assurance vie

C'est au cours des années 1920 - 1930 que l'on peut véritablement parler d'un développement, du reste tout relatif, des garanties personnelles de couverture des risques, et cela, d'une part grâce à l'apparition des sociétés de secours mutuels, et d'autre part en raison des efforts déployés par quelques assureurs étrangers.

---

[119] *Le Moniteur des assurances*, n° 220, cité.
[120] « Surprimes au Tonkin », *L'Argus*, n° 359, 9 janvier 1887, p. 21.

*a. L'apparition des sociétés de secours mutuels*

Les sociétés de secours mutuels (SSM) sont des « *associations de prévoyance qui, en l'échange d'une modeste cotisation, assurent à leurs membres des prestations en cas de maladie (indemnités journalières, remboursements médicaux et pharmaceutiques). Elles prennent aussi en charge leurs obsèques et leur versent une pension de retraite si leurs réserves financières le permettent.* »[121]

Les SSM furent officialisées en France par la loi du 15 juillet 1850. Des associations de ce genre existèrent en Indochine dès la fin du XIX$^{e}$ siècle, mais c'est un texte du 11 novembre 1916 qui a permis leur introduction officielle, un « *décret réglementant en Indochine l'organisation et le fonctionnement des sociétés de secours mutuels* [122] » entraînant par la suite la création de plusieurs SSM, que ce soit sur une base professionnelle (la société des agriculteurs, à Saigon, 1930), ethnique (la société de secours mutuels des Annamites, à Hanoi, 1933), voire religieuse (la société de secours mutuels des catholiques de Can-Tho, 1934).

Il convient d'ajouter que nous ignorons aussi bien le degré de l'expansion de ces sociétés que le nombre de leurs membres et les effets de leur action.

*b. Les efforts des sociétés étrangères d'assurance*

Quant à l'assurance proprement dite, l'absence de motivation de la part de quelques professionnels français titulaires de mandats d'assureurs de la métropole expliquerait la faiblesse des résultats de ces derniers, comme l'expose un journaliste usant d'un style coloré : « [...] *si en Indochine* [...] *l'on voit les Américains damer le pion à nos assurances françaises pour les assurances vie et accidents, c'est* [dû] *en grande partie à l'incroyable paresse de certains agents locaux de ces assurances* »[123].

Et de poursuivre sur un ton sarcastique, en détaillant le parcours du combattant auquel doit se livrer la personne désireuse de souscrire : « *Il vous faudra faire toute une enquête d'abord pour trouver l'assureur, puis beaucoup de patience pour secouer sa torpeur. S'il change de domicile, il ne vous en avisera pas, vous retrouverez difficilement son adresse, ensuite*

[121] P. Toucas-Truyen, « Société de secours mutuel », *in* L'économie sociale de A à Z, *Alternatives Économiques Poche*, n° 22, janvier 2006.
[122] J.O. 25 novembre 1916.
[123] « Entreprises étrangères d'assurance et de capitalisation », *L'Éveil de l'Indochine*, 15 mai 1932.

*l'Agent viendra peut-être vous voir, vous écoutera d'une oreille distraite, puis vous n'en entendrez plus jamais parler et vos lettres resteront sans réponse.* »

Quoi qu'il en soit, l'activité des assureurs vie, français ou étrangers, fut fortement ralentie du fait de la guerre, ainsi que l'indique un inspecteur d'assurance basé à Saigon, dans une note synthétique : « *Cette branche a eu en Indochine une activité assez réduite pendant et après la guerre en raison de l'insécurité des monnaies qui semble constituer pour le moment l'obstacle principal au développement qu'elle aurait dû prendre.* »[124] Une autre limitation au champ d'expansion de l'assurance vie, note ce correspondant, tenait au fait que « *le Chinois, en général, ne s'assure pas sur la vie et que l'annamite ne souscrit encore des contrats que bien timidement.* »

La fin des hostilités n'améliora pas les choses, comme le souligna R. Mauss dans son rapport : « [...] *l'assurance vie s'est davantage effondrée que ne l'accusent les chiffres portés au tableau. L'encaissement est trente fois plus faible qu'en 1938 et ne correspond plus qu'à des contrats anciens. L'assuré se refuse à effectuer en piastres des opérations à long terme* »[125].

## SECTION 3. Les résultats de l'assurance vie

Voyons d'abord les résultats de l'assurance vie en termes d'encaissements, puis raisonnons en considération de la taille du portefeuille.

### *a. Résultats en termes d'encaissements*

Les encaissements des assureurs vie se sont révélé relativement satisfaisants, eu égard à la faiblesse intrinsèque de cette branche, mais ils souffriront énormément à partir de 1943 en raison de la tournure prise par les hostilités.

#### 1. Jusqu'en 1942

Dans l'entre-deux-guerres et jusqu'en 1942, l'assurance vie se développa lentement, avec une part de marché assez forte au début, puis en diminution à partir de 1937, variant ainsi entre 10,8% et 26,9% selon les exercices.

---

[124] A. Mont, « La situation des compagnies d'assurances en Indochine pendant la guerre », *L'Argus*, n° 3396, 1er décembre 1946, p. 638.

[125] Rapport Mauss cité, p. 8.

Voici les résultats officiels (en milliers de piastres), disponibles à partir de 1933 seulement.

| Années | Marché vie des compagnies | | ∑ Primes | Primes vie en % de l'ensemble |
|---|---|---|---|---|
| | françaises | étrangères | | |
| 1933 | ? | ? | 392 | 18,5 |
| 1934 | ? | ? | 499 | 26,9 |
| 1935 | ? | ? | 607 | 24,8 |
| 1936 | ? | ? | 641 | 217 |
| 1937 | 531 | 179 | 710 | 15,8 |
| 1938 | 719 | 183 | 902 | 19,0 |
| 1939 | 737 | 196 | 933 | 14,9 |
| 1940 | 575 | 237 | 812 | 11,8 |
| 1941 | 484 | 222 | 706 | 10,8 |
| 1942 | 491 | 180 | 671 | 11,8 |

2. A partir de 1943

A partir de 1943, en raison de la poursuite des hostilités et d'une forte inflation, les résultats commerciaux se détériorèrent considérablement.

| Années | Marché vie des compagnies | | ∑ Primes | Primes vie en % de l'ensemble |
|---|---|---|---|---|
| | françaises | étrangères | | |
| 1943 | 97 | - | 97 | 3,8 |
| 1944 | 73 | - | 73 | 3,8 |
| 1945 | 24 | - | 24 | 5,3 |
| 1946 | 29 | - | 29 | 2,0 |
| 1947 | 30 | 3 | 33 | 2,8 |

*b. Résultats en termes de taille du portefeuille*

La taille du portefeuille s'exprime en nombre de contrats en vigueur à la fin de l'exercice et en montants de capitaux souscrits :

| ** | Avec participation aux bénéfices | | Sans participation aux bénéfices | | Ensemble | |
|---|---|---|---|---|---|---|
| | Nb. polices | Capitaux* | Nb. polices | Capitaux* | Nb. polices | Capitaux* |
| 1934 | 1402 | 6875 | 1872 | 3185 | 3274 | 10060 |
| 1935 | 1493 | 7471 | 673 | 4385 | 2166 | 11856 |
| 1936 | 1457 | 7307 | 907 | 5920 | 2364 | 13227 |

* En 1000 piastres

** Source : *Annuaire statistique de l'Indochine*, 7e volume, 1936-1937, Imprimerie d'Extrême-Orient, Hanoi, p. 214.

Rapportées à la taille de la population de la colonie, soit 23 millions de personnes, ces données font apparaître un taux de pénétration extrêmement faible. Néanmoins, le résultat se révèle moins médiocre si l'on tient seulement compte des européens résidant en Indochine, qui s'élevait, selon un économiste[126], à 42 000 individus. En effet, nous obtenons alors une personne assurée sur 20 environ.

### c. *Typologie des contrats souscrits*

La lecture des tableaux statistiques établis par l'administration se révèle pleine d'enseignements, notamment en ce qui concerne les types de contrats souscrits. Voici leur nombre et leur répartition en pourcentage, au titre de l'exercice 1936 :

| Vie entière | Mixte | Tempo-raire | Terme fixe | Combi-née | Dotale | Fami-liale | Progres-sive | Capitx. différ. |
|---|---|---|---|---|---|---|---|---|
| 1108 | 10101 | 312 | 200 | 598 | 310 | 72 | 62 | 464 |
| 8,3% | 76% | 2,3% | 1,4% | 4,5% | 2,3% | ε | ε | 3,5% |

Ainsi apparaît une très nette prédominance des assurances mixtes : 72% l'ensemble en 1936 (et 77% l'année précédente). Ceci s'explique par le fait que d'une part les intermédiaires ont toujours poussé à la vente de ce type de contrats, fort rémunérateurs, et d'autre part que les assurés ont l'impression de se trouver gagnants, car l'assureur devra toujours s'acquitter du versement du capital, qu'il y ait décès au terme ou non.

126 Ch. Robequain, *L'évolution économique de l'Indochine française*, Hartmann, 1939, p. 28.

*d. Le cas des assurances de rentes*

Une assurance de rente consiste dans la promesse par l'assureur, moyennant la constitution préalable d'un capital, de verser périodiquement à l'assuré une somme déterminée à partir du terme indiqué au contrat et durant le reste de son existence.

Dans le cas de l'Indochine, le nombre très faible des contrats en cours en 1935 (11) et en 1936 (15) dénote le faible attrait que cette forme d'assurance exerçait sur les assurables.

*e. Le cas de la Caisse nationale d'assurance en cas de décès*

Nous avons vu plus haut, au chapitre traitant des assureurs français, que la *Caisse nationale d'assurance en cas de décès* fut créée pour les classes laborieuses et modestes et rendue applicable à l'Indochine en 1935.

Les statistiques font état des souscriptions suivantes : 13 contrats en 1935, 35 en 1936, et 25 en 1937 (pour, cette année-là, un total de capitaux assurés s'élevant à 218 000 F)[127], de sorte que l'institution ne rencontra en définitive, pas davantage de succès qu'en métropole, du moins au début. Ces maigres résultats démontrent en tout cas une certaine myopie de la part des instigateurs de l'extension de l'activité de la Caisse à la colonie.

SECTION 4. La question de l'assurance des autochtones

Si la faiblesse du nombre de contrats d'assurance vie souscrits par les Européens peut s'expliquer partiellement par le fait qu'un certain nombre de polices étaient émises en métropole (phénomène des contrats de groupe établis à la demande des sièges parisiens des sociétés opérant dans la colonie), il est une autre raison qui tenait à la faible appétence, pour ne pas dire au total désintérêt pour l'assurance dont faisait preuve la population des paysans, des coolies et des petits commerçants ou artisans indochinois.

Le tableau ci-après fournit, au titre de l'année 1937, quelques données relatives à la démographie du pays et aux proportions relevées alors entre la population d'origine européenne et celle des autres éléments[128].

---

[127] *Annuaire statistique de l'Indochine*, 7e volume, 1936-1937, Imprimerie d'Extrême-Orient, Hanoi, p. 213.

[128] Ch. Robequain, *op. cit.*, p. 28.

| Pays | Population totale | Européens et assimilés | Nombre d'habitants pour un européen | Rapport des européens à la population totale (%) |
|---|---|---|---|---|
| Cochinchine | 4 616 000 | 16 084 | 286 | 0,35% |
| Tonkin | 8 700 000 | 18 171 | 478 | 0,21% |
| Annam | 5 656 000 | 4 982 | 1135 | 0,09% |
| Cambodge | 3 046 000 | 2 534 | 1202 | 0,08% |
| Laos | 1 012 000 | 574 | 1763 | 0,06% |
| Total | 23 030 000 | 42 345 | 544 | 0,18% |

Dans la population non européenne, une catégorie d'individus pourrait être concernée par l'assurance, en raison d'un niveau de vie légèrement supérieur à celui du reste de la population : celle des chinois. En effet, « *l'immigration chinoise en Indochine est immémoriale* », et son rythme s'est accru depuis le III$^{e}$ siècle de notre ère, de sorte qu'avant le second conflit mondial, les chinois dominaient certains secteurs de l'économie, le commerce en général et notamment les échanges extérieurs.

En 1935, on comptait ainsi 326 000 sujets chinois en Indochine, soit 1,40% de l'ensemble, surtout localisés en Cochinchine (et au Cambodge). Socialement, les chinois, d'abord connus pour exercer des emplois subalternes, constituèrent ainsi la main d'œuvre préférentielle pour la construction des routes, des voies ferrées et autres infrastructures. Puis ils occupèrent, dans les villes, des métiers tout aussi humbles, devenant apprentis d'artisans ou de commerçants.

Mais, comme l'a exprimé l'un des meilleurs connaisseurs de l'Indochine, Charles Robequain, « [...] *le Chinois peut s'élever au-dessus de ces travaux salariés, jusqu'à la direction même des entreprises, des plus modestes aux plus fructueuses* »[129], générant une richesse vive qu'il saura faire fructifier, autant que possible à l'abri des regards...

Toutefois « *c'est dans le négoce que le Chinois trouve le mieux à exercer ses aptitudes,* [...]. *En effet, il est servi par des qualités qui font généralement défaut à l'indigène : il est prévoyant, persévérant ; il est économe, tout en sachant risquer et dépenser largement quand il le juge profitable. Il ne travaille pas seul, il a un sens remarquable de la solidarité. Les sociétés de*

[129] *Id., ibid.*, p. 45.

*secours mutuels, les syndicats professionnels foisonnent parmi les émigrants chinois.* »[130]

Comment se fait-il alors que, dans la réalité, les chinois se soient révélés aussi rebelles à la souscription d'assurances vie ? On pourrait rapprocher ce comportement de celui adopté en Chine, pays voisin, et peuplé de ces mêmes chinois, confrontés au démarchage d'assureurs vie à Shanghai, Canton, et autre villes.

Dans un ouvrage précédent[131] nous avons analysé ce phénomène et détaillé les obstacles s'opposant à la pénétration de l'assurance vie dans la population chinoise, et qui provenaient aussi bien de facteurs de nature sociologique que des individus eux-mêmes :

- Facteurs de nature sociologique : le respect des devoirs immémoriaux des survivants en cas de décès, un membre de la famille s'occupant de la veuve et de ses enfants, ou lorsque des personnes deviennent âgées, l'obligation d'assistance en vue de satisfaire leurs besoins ;

- Facteurs tenant aux individus : au refus instinctif, d'ailleurs partagé par nombre de représentants d'autres cultures, d'avoir à songer à sa propre disparition, s'ajoutent l'ignorance des mécanismes de l'assurance, le poids représenté par la charge financière des primes demandées, et surtout la méfiance instinctive qu'un peuple envahi et occupé nourrit contre les « longs nez », parfois arrogants et trop sûrs d'eux.

---

[130] *Ibid.*

[131] *L'assurance en Chine, des origines à Mao*, cité, n° 558-565.

# Chapitre 9. L'assurance accidents et risques divers

Les principales branches d'assurance accidents ont nom assurance automobile et assurance accidents du travail.

## SECTION 1. L'assurance automobile

Pendant longtemps, les voies destinées à la circulation furent bien primitives et un réseau routier digne de ce nom ne fut conçu qu'au début du XX$^{e}$ siècle et son exécution engagée à la veille de la Première Guerre mondiale, son résultat final étant alors jugé exemplaire par les spécialistes.

### *a. Les conditions de la circulation terrestre*

Durant tout le XIX$^{e}$ siècle, les voies de circulation se limitaient à quelques routes en terre parcourues par des charrettes, et par des pistes dans les régions boisées ou montagneuses.

« *En 1911 a été lancé un programme routier cohérent, mieux à même, pensait-on, d'accélérer la mise en valeur et de débloquer le Laos et les hauts plateaux vietnamiens, fondé, à partir de 1918, sur la distinction entre routes locales à la charge des différents territoires de l'Union indochinoise, et routes coloniales, à la charge du budget général.* […] *En 1943, avec 32 000 kilomètres empierrés et 5 700 asphaltés, un parc automobile de 18 000 véhicules, un trafic de 40 à 50 millions de voyageurs, l'Indochine dispose de l'un des meilleurs réseaux routiers de l'Asie orientale.* »[132]

Cependant l'augmentation du kilométrage des voies destinées à la circulation automobile n'a pas profité qu'aux chauffeurs de véhicules à moteur.

En effet, « *l'amélioration du réseau routier a multiplié les voitures à traction animale* […] cependant que « *se répand, dans les villes du sud*

---

[132] P. Brocheux et D. Hémery, *Indochine, La colonisation ambiguë*, Éditions La Découverte, 2001, p. 128.

*surtout, et au Laos, le cyclopousse, déjà très employé au Siam »*[133], de sorte que les voies terrestres praticables se couvrent bientôt à toute heure du jour de multiples voyageurs recourant à toutes sortes de moyens de déplacement.

### *b. Le parc automobile*

En 40 ans, de 1903 à 1943, le parc automobile indochinois a lentement crû pour approcher finalement les 20 000 unités.

#### 1. Les débuts

En 1903, la première voiture automobile arrive à Saigon. En 1913, soit dix ans plus tard, on recense environ 350 véhicules automobiles dans toute l'Indochine.

En 1922, les décomptes font apparaître 4 088 automobiles, dont 2 230 en Cochinchine, 1 126 au Tonkin, 308 en Annam et… 21 au Laos.

C'est évidemment dans les agglomérations que l'on recense principalement les véhicules. On en comptait ainsi 883 à Saigon et 236 à Cholon, selon l'annuaire statistique de l'Indochine de 1927, ce qui représentait la moitié du parc de toute la Cochinchine.

#### 2. En 1929

Début 1929, soit six ans plus tard, on comptait 15 340 véhicules à moteur dans toute l'Indochine[134], ce qui constituait une progression remarquable, le parc ayant augmenté de 3,75 fois durant cet intervalle.

*« La plupart sont des voitures de tourisme appartenant à des Européens, à des Chinois, et, pour plus de la moitié, à de riches indigènes. »*[135]

---

[133] Ch. Robequain, *op. cit.*, p. 118.
[134] "The Motor Insurance Field in the Far East", *The Policy*, March 19, 1932, p. 240.
[135] Ch. Robequain, *op. cit.*, p. 119.

Rapports au Conseil de Gouvernement.

**Tableau III.** — *Nombre des automobiles en circulation (1), par pays, au 31 décembre 1922.*

| PAYS | NOMBRE | PAYS | NOMBRE |
|---|---|---|---|
| Annam . . . . . . . . . . . . | 308 | Laos . . . . . . . . . . . . | 21 |
| Cambodge . . . . . . . . . . | 403 | Tonkin . . . . . . . . . . . | 1.126 |
| Cochinchine . . . . . . . . . | 2.230 | Totaux . . . . . . . . | 4.088 |

(1) automobiles de tourisme, de transports publics et camions.

Renseignements fournis par l'Inspection Générale des Travaux Publics.

Les annuaires statistiques publiés par le Gouvernement général sont une mine d'informations

Remarquons néanmoins que le parc indochinois, comparé à celui de pays voisins, se caractérisait alors par une relative éparsité, ainsi qu'en témoigne la statistique comparative suivante[136] :

| Malaisie | Ceylan | Indo-Chine | Siam | Indes néerlandaises |
|---|---|---|---|---|
| 30 896 | 17 139 | 15 340 | 6 850 | 55 823 |

## 3. Durant la guerre

Pendant la Seconde Guerre mondiale, au cours de laquelle, comme indiqué plus haut, leur nombre avait atteint 18 000 unités, « *la circulation des véhicules automobiles a été à peu près normale, l'essence ayant été remplacée par l'alcool indigène* »[137] tandis que « *les transports routiers restaient assurés grâce, notamment, au rechapage mais aussi à la fabrication de pneus locaux sous le contrôle de Michelin* »[138]. Toutefois, « *après le 9 mars 1945, les voitures appartenant aux Européens ont été toutes réquisitionnées et les distilleries d'alcool furent presque totalement mises hors d'usage par suite des bombardements* », de sorte qu' « *il s'ensuivit une chute verticale des portefeuilles d'assurance automobiles* »[139].

[136] Art. *The Policy* 1932 cité.
[137] Art. *L'Argus* 1er décembre 1946 cité, p. 638.
[138] Ph. Grandjean, *L'Indochine face au Japon*, L'Harmattan, 2004, p. 91.
[139] Art. *L'Argus* 1er décembre 1946 cité.

4. Les transports en commun

En 1930, on comptait au Tonkin 268 entreprises privées de transports en commun exploitant 403 véhicules. La population locale prisait fort, dit-on, ce mode de transport, notamment en raison de la modicité des tarifs.

Station des autobus dans le quartier de la gare de Hanoi vers 1930

(*belleindochine.free.fr/hanoi.htm)*

Les exploitants étaient le plus souvent des Indochinois : « *C'est une initiative chère à l'Annamite que d'acheter une voiture d'occasion déjà bien fatiguée, de la réparer tant bien que mal jusqu'à ruine complète, et d'y entasser des clients et leurs ballots jusqu'à refus, au mépris de tous les règlements de police : on compte, sur chaque route à peine ouverte, plusieurs petits entrepreneurs en rivalité acharnée. Ces véhicules de transport en commun avaient reçu, en 1933, 40 à 50 millions de voyageurs.* »[140]

[140] Ch. Robequain, *ibid.*

### *c. L'assurance automobile*

Nous manquons d'information sur la date d'apparition des premiers contrats d'assurance automobile mais nous savons que ceux-ci ne rencontrèrent guère la faveur des autochtones :

« *Depuis la crise*[141]*, beaucoup d'automobiles appartenant à des indigènes, ne sont pas assurées, il en est de même des autocars; cette situation est grave si l'on pense que beaucoup d'automobilistes ne possèdent pour tous biens que leur voiture qui représente souvent une valeur très minime parce que vieille ou mal entretenue ; en supposant qu'ils causent des dommages importants, il est bien certain que la personne lésée n'aurait qu'un recours illusoire, et il y a là un véritable danger qu'il faut dénoncer et il est à souhaiter que le Gouvernement général de l'Indochine prenne des mesures en conséquence* [...]. »[142]

En matière tarifaire, le comité saïgonnais des assureurs automobiles avait prévu une franchise de 5% (minimum 50 à 250 piastres) avec faculté de rachat moyennant une surprime de 50%. Mais cette disposition ayant entraîné de nombreux abus de la part des assurés, elle fut supprimée moyennant un relèvement du niveau des tarifs. En tout état de cause, la plupart des assureurs enregistraient des pertes dans cette branche, à l'exception de quelques compagnies.

Nous verrons plus loin qu'une obligation d'assurance fut décidée par les autorités en ce qui concerne les véhicules de transport en commun, le résident supérieur d'Annam prenant les devants en 1923 au titre de l'assurance des accidents subis par les voyageurs transportés, et le résident général étendant cette obligation à toute l'Indochine en 1935.

## SECTION 2. L'assurance accidents du travail

Nous exposerons ultérieurement la façon dont la législation métropolitaine relative à la réparation des accidents du travail fut étendue à l'Indochine, pour nous borner à indiquer ici combien une telle initiative, longtemps attendue, se révélait indispensable, en raison de la présence de plusieurs dizaines de milliers de travailleurs dans les mines, les rizières, les plantations, les manufactures et usines, et compte tenu de la qualité souvent médiocre de leurs conditions de travail.

---

[141] Il s'agit de la crise économique qui débuta en 1929.

[142] Art. *L'Argus*, 4 juin 1933 cité.

Très tôt, les pouvoirs publics se préoccupèrent donc de réglementer la question, par des textes comme :

- L'arrêté du gouverneur général du 26 août 1899 « *relatif aux conditions des contrats de travail au Tonkin entre patrons européens et asiatiques* »,

- L'arrêté du gouverneur général du 13 avril 1909 « *sur la main d'œuvre indigène dans les exploitations agricoles en Cochinchine* »,

- L'arrêté du gouverneur général de la Cochinchine du 26 juin 1928 réglant dans ce pays de l'Union les détails de l'application de l'arrêté du gouverneur général du 25 octobre 1927 « *sur la protection de la main d'œuvre* ».

Ainsi, en 1936, pour les seules exploitations minières, quasiment toutes situées au Tonkin, furent déclarés 171 accidents corporels au préjudice de 235 salariés (96 tués et 139 blessés)[143].

A partir du 1er janvier 1937, les conséquences des accidents du travail subis par les travailleurs européens et assimilés furent à la charge de leurs employeurs, étant précisé que « *pas plus qu'en France les chefs d'entreprise en Indochine ne sont assujettis à l'obligation de s'assurer ou en cas d'assurance de s'adresser à une assurance d'État. L'assurance est libre.* »[144]

Au-delà des questions d'hygiène et de conditions de travail, se posait la question des maladies et des accidents qui frappaient les travailleurs.

De leur côté et afin de fournir aux victimes toutes garanties nécessaires, les entreprises d'assurance désireuses de délivrer des contrats dans la branche considérée furent soumises à certaines formalités : « [Elles] *ne sont susceptibles de pratiquer l'assurance qu'après y avoir été autorisées sur propositions du Gouverneur Général, par arrêtés du Ministre du Travail et du Ministre des Colonies* »[145], ainsi qu'au contrôle de l'administration.

---

143 *Annuaire statistique de l'Indochine*, 7e volume, 1936-1937, Imprimerie d'Extrême-Orient, Hanoi, p. 209.

144 G. Marcille, *L'extension à l'Indochine de la législation métropolitaine des accidents du travail*, thèse de doctorat, Paris, 1936, p. 137.

145 G. Marcille, thèse citée, p. 138.

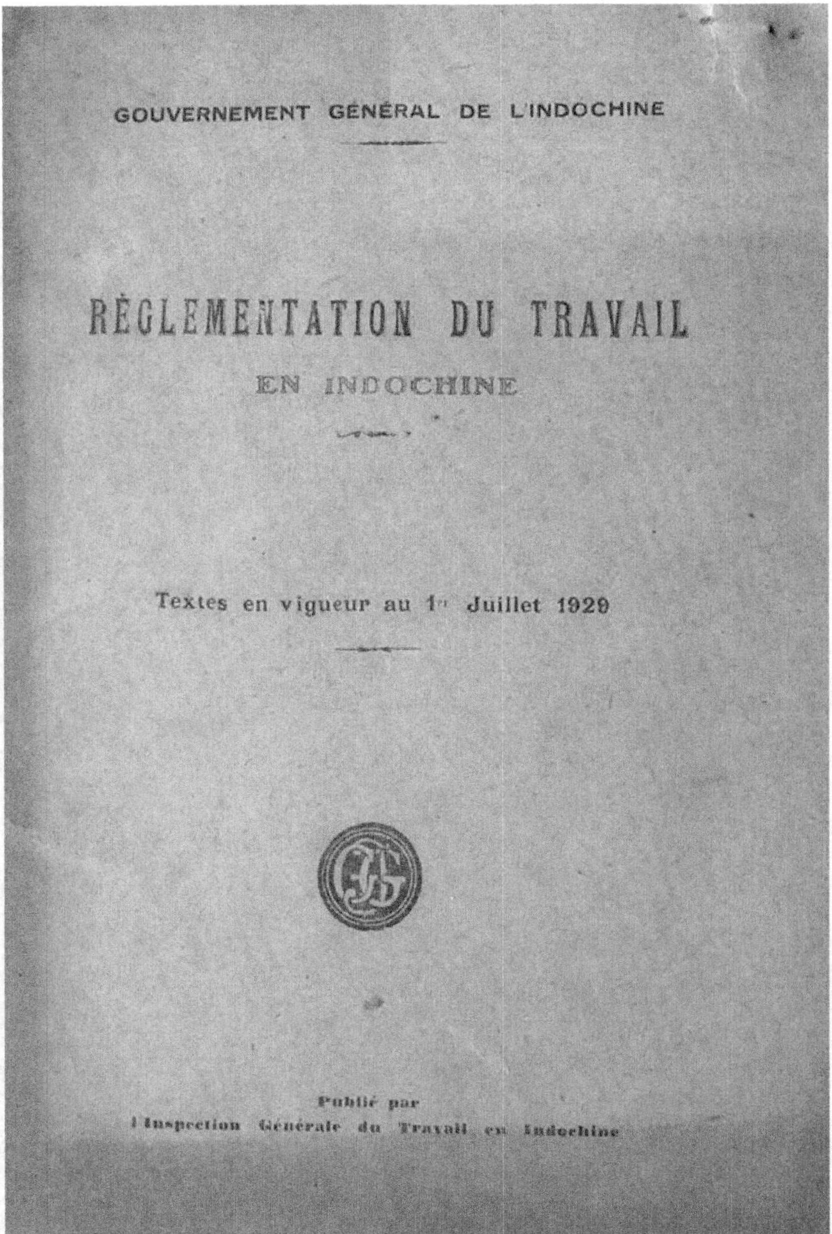

GOUVERNEMENT GÉNÉRAL DE L'INDOCHINE

RÉGLEMENTATION DU TRAVAIL
EN INDOCHINE

Textes en vigueur au 1er Juillet 1929

Publié par
l'Inspection Générale du Travail en Indochine

L'administration se préoccupa assez tôt de réglementer
les questions d'hygiène des travailleurs

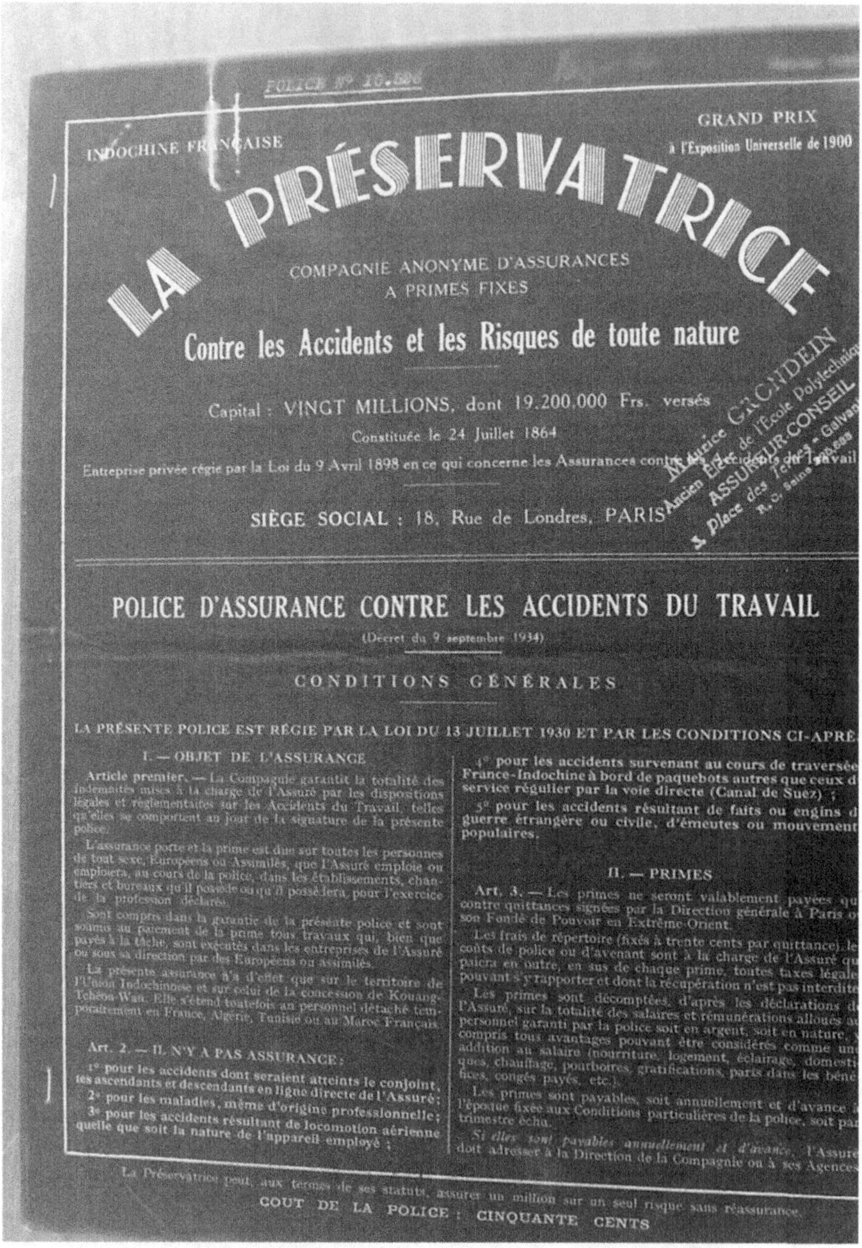

INDOCHINE FRANÇAISE

GRAND PRIX
à l'Exposition Universelle de 1900

LA PRÉSERVATRICE

COMPAGNIE ANONYME D'ASSURANCES
A PRIMES FIXES

Contre les Accidents et les Risques de toute nature

Capital : VINGT MILLIONS, dont 19.200.000 Frs. versés

Constituée le 24 Juillet 1864

Entreprise privée régie par la Loi du 9 Avril 1898 en ce qui concerne les Assurances contre les Accidents du Travail

SIÈGE SOCIAL : 18, Rue de Londres, PARIS

POLICE D'ASSURANCE CONTRE LES ACCIDENTS DU TRAVAIL

(Décret du 9 septembre 1934)

CONDITIONS GÉNÉRALES

LA PRÉSENTE POLICE EST RÉGIE PAR LA LOI DU 13 JUILLET 1930 ET PAR LES CONDITIONS CI-APRÈ[S]

I. — OBJET DE L'ASSURANCE

**Article premier.** — La Compagnie garantit la totalité des indemnités mises à la charge de l'Assuré par les dispositions légales et réglementaires sur les Accidents du Travail, telles qu'elles se comportent au jour de la signature de la présente police.

L'assurance porte et la prime est due sur toutes les personnes de tout sexe, Européens ou Assimilés, que l'Assuré emploie ou emploiera, au cours de la police, dans les établissements, chantiers et bureaux qu'il possède ou qu'il possèdera, pour l'exercice de la profession déclarée.

Sont compris dans la garantie de la présente police et sont soumis au paiement de la prime tous travaux qui, bien que payés à la tâche, sont exécutés dans les entreprises de l'Assuré ou sous sa direction par des Européens ou assimilés.

La présente assurance n'a d'effet que sur le territoire de l'Union Indochinoise et sur celui de la concession de Kouang-Tchéou-Wan. Elle s'étend toutefois au personnel détaché temporairement en France, Algérie, Tunisie ou au Maroc Français.

**Art. 2. — IL N'Y A PAS ASSURANCE :**

1° pour les accidents dont seraient atteints le conjoint, les ascendants et descendants en ligne directe de l'Assuré ;

2° pour les maladies, même d'origine professionnelle ;

3° pour les accidents résultant de locomotion aérienne quelle que soit la nature de l'appareil employé ;

4° pour les accidents survenant au cours de traversée France-Indochine à bord de paquebots autres que ceux d[u] service régulier par la voie directe (Canal de Suez) ;

5° pour les accidents résultant de faits ou engins d[e] guerre étrangère ou civile, d'émeutes ou mouvement[s] populaires.

II. — PRIMES

**Art. 3.** — Les primes ne seront valablement payées qu[e] contre quittances signées par la Direction générale à Paris o[u] son Fondé de Pouvoir en Extrême-Orient.

Les frais de répertoire (fixés à trente cents par quittance), le[s] coûts de police ou d'avenant sont à la charge de l'Assuré qu[i] paiera en outre, en sus de chaque prime, toutes taxes légale[s] pouvant s'y rapporter et dont la récupération n'est pas interdite.

Les primes sont décomptées, d'après les déclarations d[e] l'Assuré, sur la totalité des salaires et rémunérations alloués a[u] personnel garanti par la police soit en argent, soit en nature, [y] compris tous avantages pouvant être considérés comme un[e] addition au salaire (nourriture, logement, éclairage, domesti[ques], chauffage, pourboires, gratifications, parts dans les béné[fices], congés payés, etc.).

Les primes sont payables, soit annuellement et d'avance [à] l'époque fixée aux Conditions particulières de la police, soit pa[r] trimestre échu.

*Si elles sont payables annuellement et d'avance*, l'Assuré doit adresser à la Direction de la Compagnie ou à ses Agences

La Préservatrice peut, aux termes de ses statuts, assurer un million sur un seul risque sans réassurance.

COUT DE LA POLICE : CINQUANTE CENTS

Conditions générales d'un contrat de 1937 garantissant
les accidents du travail en « Indochine française »
ou durant les traversées régulières France-Indochine

Après la guerre, on comptait huit compagnies agréées pratiquant l'assurance de ce risque, pratiquement toutes françaises. En effet, le capital de la *Compagnie franco-américaine*, nominalement française car enregistrée au consulat de France à Shanghai et ayant son siège à Saigon, était détenu à 95% par deux sociétés holding américaines, et ses primes cédées en grande partie en réassurance à la New Hampshire.

Au titre de l'exercice 1948, parmi les principaux assureurs, citons par ordre décroissant *L'Union, Le Secours, La Compagnie d'Assurances générales, La Préservatrice, La Nationale*, et *La Compagnie Générale d'assurances.*

Cette même année, le montant total des primes émises s'éleva à 1 707 000 piastres, ce qui correspondait à 1,8% de l'ensemble du chiffre d'affaires du marché. Les comptes de la branche faisaient apparaître une charge de sinistres de 327 000 piastres et un excellent rapport sinistres à primes de 19%.

# Chapitre 10. Le droit de l'assurance

Comme dans la plupart des pays d'outre-mer, le droit de l'assurance éprouva quelques difficultés pour frayer sa voie en Indochine. Distinguons à cet égard la réglementation relative aux entreprises d'assurance, de celle concernant le contrat d'assurance d'une part, et certaines branches d'autre part. Nous nous interrogerons ensuite sur le caractère effectif de cette réglementation.

## SECTION 1. La réglementation des entreprises d'assurance

Voyons successivement le cas des sociétés d'assurance sur la vie (décret du 12 avril 1916), puis celui des autres entreprises d'assurance (décret du 8 novembre 1922), et enfin celui des sociétés de réassurance.

### *a. Le décret du 12 avril 1916*

Le décret du 12 avril 1916[146] « *relatif au contrôle des sociétés d'assurances sur la vie et des entreprises de capitalisation opérant en Indo-Chine* », et qui fut promulgué par un arrêté du gouverneur général du 7 juin 1916, est une adaptation à ce pays de la loi métropolitaine du 17 mars 1905 qui, en vertu de son article premier, s'appliquait aux « *entreprises françaises ou étrangères de toute nature qui contractent des engagements dont l'exécution dépend de la durée de la vie humaine.* »

La loi de 1905 revêtit en France une grande importance, car elle était source d'innovations constituant autant de garanties pour les assurés : « *Ces garanties sont : la réduction des dépenses de premier établissement, l'existence d'un capital social, la réserve mathématique, la réserve de garantie, le droit aux bénéfices accumulés, le privilège pour les sommes affectées au service des contrats, la solidité des placements.* »[147]

---

[146] J.O. 29 avril 1916.

[147] J. Lefort, cité par P.J. Richard, *op. cit.*, p. 143.

Plusieurs textes, dont certains se bornant à la situation des sociétés étrangères (voir *infra*), ont ensuite apporté quelques modifications au décret original. Pour l'essentiel, ce sont :

- d'une part le décret du 22 octobre 1931[148] fixant à 500 000 F le cautionnement dû par les entreprises françaises d'assurance,

- et d'autre part le décret du 9 janvier 1935[149] qui enjoignait les entreprises d'assurance de faire disparaître de leurs imprimés destinés au public la mention, jusqu'alors obligatoire : « *Entreprise privée assujettie au contrôle du gouverneur général* », et de la remplacer par « *Entreprise privée régie par le décret du ...* » (ici la date du décret de contrôle auquel est soumise l'entreprise), ceci de façon à éviter d'induire le public en erreur[150].

### *b. Le décret du 8 novembre 1922*

Le décret du 8 novembre 1922[151] rendait applicable aux colonies françaises et pays de protectorat dépendant du ministère des colonies (dont l'Annam et le Tonkin) les décrets métropolitains des 8 mars et 27 juillet 1922 sur les sociétés d'assurance.

Les dispositions de ces deux derniers textes, « *comportant une véritable codification des pratiques admises depuis longtemps déjà par les compagnies d'assurances les plus sérieuses* »[152], pouvaient sans difficulté être étendues aux marchés des possessions extérieures de la France, d'autant plus que, comme l'indiquait le rapport précité, « *la plupart des compagnies d'assurances ont aux colonies des agences et doivent se conformer aux dispositions nouvelles édictées en 1922* ».

Selon un historien de l'assurance, le décret métropolitain du 8 mars 1922, traitant de sujets aussi divers que le contrat d'assurance, la réassurance, l'escompte des commissions des intermédiaires, les placements financiers, et même le mode de rémunération des directeurs de sociétés mutuelles, « *a eu une importance considérable sur la gestion des compagnies d'assurance tant anonymes que mutuelles* »[153].

---

[148] J.O. 27 octobre 1931.
[149] J.O. 13 janvier 1935.
[150] Ajoutons à cette courte énumération le décret du 15 février 1927 qui ne traite que d'un aspect mineur de la gestion des entreprises de capitalisation opérant en Indochine.
[151] J.O. 13 novembre 1922.
[152] Rapport du ministère des colonies au Président de la République française, 8 novembre 1922, *in* J.O. 13 novembre 1922.
[153] P.J. Richard, *op. cit.*, p. 200.

Il était donc logique que son extension soit décidée à tous les territoires alors sous domination française, et dans lesquels opéraient les assureurs de la métropole. Cette extension fut décidée très rapidement, soit exactement huit mois plus tard.

### *c. L'arrêté du 24 mars 1947*

Le gouvernement français de la période d'après-guerre, mû par des préoccupations sociales et délibérément hostile à la puissance financière de groupes privés, choisit « *de rendre à l'État la gestion des organismes dont l'importance peut faire échec à l'intérêt général* [...] »[154], ce qui le conduisit à procéder à la nationalisation des groupes bancaires ou d'assurance. Parmi ces derniers, une trentaine de sociétés, relevant de onze groupes (Séquanaise, Union, Urbaine, Aigle, Soleil, Nationale, Phénix, etc.), furent nationalisées par la loi du 25 avril 1946, dont l'article 5 disposait expressément : « *Les entreprises nationalisées conservent le statut des sociétés commerciales et continuent à être soumises à la législation des assurances.* »

C'est en toute logique que ce texte fut appliqué aux possessions françaises d'outre-mer, un arrêté du 24 mars 1947[155] ayant étendu au territoire de la Fédération indochinoise la loi métropolitaine de 1946 « *relative à la nationalisation de certaines sociétés d'assurances.* »

### *d. Les entreprises étrangères d'assurance*

La concurrence faite en Indochine aux assureurs français par les sociétés étrangères d'assurance a été maintes fois soulignée[156], et les responsables des compagnies de la métropole ne manquaient pas d'exposer des griefs largement répercutés par la presse professionnelle : « *La concurrence anglo-américaine* [...] *fait tache d'huile en Indo-Chine* [où] *aucune loi* [ne] *protège les Compagnies françaises. Par contre, les Compagnies chinoises ont la faculté de s'y établir sans dépôt et sans contrôle.* »[157]

Aussi, ne doit pas s'étonner que les pouvoirs publics aient finalement décidé de publier les textes nécessaires pour réglementer tant les garanties dues par les assureurs étrangers que leurs conditions d'installation, et cela en vue de

---

[154] Cité par P.J. Richard, *op. cit.*, p. 273.
[155] J.O. de l'Indochine, 17 avril 1947.
[156] Voir notamment "New Deposit Law in Indo-China", *Post Magazine and Insurance Monitor*, 27th February, 1932, p. 308.
[157] « En Indo-Chine », *La Réassurance*, 20 février 1922, p. 70.

« *remédier à* [une] *situation préjudiciable aux intérêts de l'industrie française des assurances.* »[158]

1. Le cautionnement exigé des entreprises étrangères d'assurance

Un cautionnement est une somme destinée à garantir, vis-à-vis de ses créanciers, la bonne fin des opérations d'assurance auxquelles un assureur désire se livrer, et qui doit, conformément à la loi, être versée à la caisse des dépôts et consignations.

Le décret du 22 octobre 1931 modifiant sur ce point l'article 23 du décret du 12 avril 1916[159], le cautionnement dû par les entreprises étrangères d'assurance sur la vie était fixé à 500 000 F ou un million de F, selon qu'elles étaient déjà enregistrées en France ou non[160].

Par ailleurs, pour les « *entreprises d'assurances étrangères* [...] *autres que celles d'assurance sur la vie* », c'est-à-dire les sociétés IARD, un autre décret, également du 22 octobre 1931[161], portait le minimum du cautionnement à deux millions de F, montant réduit à un million « *pour celles des entreprises qui ont réalisé un cautionnement au titre de leurs opérations en France et en Algérie.* »

Par la suite, le décret du 21 mars 1934[162] ramena à un million de F le cautionnement exigé de toutes les sociétés étrangères IARD, tenant partiellement compte des protestations de plusieurs pays étrangers : « [...] *le ministère des Affaires Étrangères a l'honneur de faire savoir qu'il n'a pas été possible à l'Administration intéressée de dispenser du dépôt de cautionnement en Indochine les Compagnies d'assurances autres que sur la vie* », écrivait ainsi le Quai d'Orsay à l'ambassadeur de Grande-Bretagne à Paris, en date du 4 juillet 1934[163].

---

[158] Rapport au Président de la République française sur le fonctionnement en Indochine des sociétés ou entreprises étrangères d'assurance et de capitalisation, J.O. 27 octobre 1931, p. 11297.
[159] J.O. 27 octobre 1931.
[160] Selon certaines sources, ce décret fut adopté sur la proposition d'André Maginot, ministre de la guerre et, par intérim, ministre des colonies, « afin de tenter carrément d'empêcher les compagnies non françaises d'opérer en Indochine » ("*in a frank attempt to wall out non-French companies from competing in Indochina*"), USNA, Washington, US State Department Central Files b- Indochina. International affairs, 1955-1959, C 0008, Roll 41.
[161] J.O. 27 octobre 1931.
[162] J.O. 24 mars 1934.
[163] Public Record Office, FO 371, 17 667.

Enfin le décret du 23 mars 1934[164] modifia la nature des titres apportés par les assureurs pour réaliser leur dépôt. En vertu du texte de 1916, celui-ci pouvait être constitué « *en effets publics de toute nature français ou étrangers* (souligné par nous), *portés à la cote officielle de la Bourse de Paris* ». Or, comme l'indiqua le ministre du travail pour justifier le nouveau texte, « *la multiplication des effets publics et l'instabilité des devises monétaires rendent cette disposition très difficile à observer quand il s'agit de titres étrangers* [...]. »

Le nouveau décret imposa donc, aux assureurs étrangers comme du reste aux sociétés françaises opérant en Indochine, de constituer leur dépôt « *soit en espèces, soit en valeurs de l'État ou jouissant d'une garantie de l'État* [...], [...] *ou* [...] *en effets publics de toutes nature français, portés à la cote officielle de la Bourse de Paris* » (art. 1er).

2. L'agrément des entreprises d'assurance étrangères

Le décret du 30 juillet 1942[165] apporta plusieurs changements à la situation des assureurs étrangers opérant en Indochine.

Tout d'abord, et d'une façon générale, il les soumit aux dispositions du décret-loi du 30 octobre 1935 « *relatif à l'agrément, au contrôle et à la surveillance des entreprises étrangères d'assurance* » (art. 4).

Puis il conditionna leur agrément à une demande, présentée au gouverneur général, spécifiant les branches d'assurance qu'ils entendaient exploiter, tout en présentant à l'acceptation de l'administration le nom d'un représentant local dans les termes de l'article 2 de la loi de 1917 (v. *infra*), qui soit résident en Indochine « *depuis douze mois au moins* », et en fournissant la liste des agents et une copie des pouvoirs qui leur étaient conférés.

Ensuite obligation était faite de communiquer chaque année au gouverneur général un grand nombre d'informations : montant des primes encaissées et des sinistres payés par branches, montant des réserves pour risques en cours et pour sinistres à payer, éléments d'actifs à la clôture de l'exercice, montant des primes acceptées en réassurance, et des primes rétrocédées, ainsi que la liste des réassureurs et des rétrocessionnaires au titre de chaque année en cours, et un exemplaire des bilans et comptes de profits et pertes.

Enfin « *les conditions générales des polices d'assurances directes de risques concernant une personne, un bien ou une responsabilité en Indochine* » tout

[164] J.O. 27 mars 1934.
[165] J.O. 6 août 1942.

en ayant à se conformer à la loi de 1922 et à celle de 1930, devaient « *stipuler élection de domicile en Indochine et attribution de juridiction aux tribunaux français* » (art. 3, *in fine*).

### *e. Les textes relatifs à la réassurance*

Nous avons noté jadis, à propos de la réassurance, les risques qu'elle est susceptible de faire courir à tout un pays, en raison des informations clés qu'elle peut fournir sur les moyens et la stratégie d'un État[166].

De même, lorsqu'un conflit survient entre pays dont les assureurs et les réassureurs ont antérieurement passé des conventions, la question des opérations de réassurance présente pour les cédantes, les réassureurs et les rétrocessionnaires une singulière importance, et l'on doit admettre que les États puissent alors intervenir, d'où l'apparition, à l'occasion de la Première Guerre mondiale, d'une législation spécifique, la loi du 15 février 1917.

#### 1. La surveillance des opérations de réassurance

Le décret du 14 août 1929 a rendu applicable à l'Indochine la loi du 15 février 1917 « *relative à la surveillance des opérations de réassurances souscrites ou exécutées en France* [...] »[167], l'économie du texte résidant dans l'obligation faite aux entreprises d'assurance et aux intermédiaires de prendre l'engagement, vis-à-vis du ministère de tutelle, « *de ne réassurer aucun risque à des entreprises déterminées ou appartenant à des entreprises déterminées* » (c'est-à-dire ressortissantes d'un pays ennemi) et dont la liste est publiée au Journal officiel.

Après la Seconde Guerre mondiale, il fut question de réglementer les opérations de réassurance en Indochine en recourant aux textes métropolitains, et notamment à la loi du 15 février 1917 : « *A ce sujet, il est à regretter que la circulaire du 8 mai 1946 de la Direction des Assurances traitant de l'application aux Colonies de l'Ordonnance du 29 septembre 1945 complétant le décret du 14 juin 1938 n'a pas été rendue applicable à l'Indochine* »[168], mais un tel projet n'aboutit pas.

---

[166] *Origines et développements des pratiques d'assurance en Afrique du Nord*, Presses Universitaires d'Aix-Marseille, 2007, n° 633-634.
[167] J.O. 19 et 20 août 1929.
[168] Lettre du haut commissariat de France pour l'Indochine au ministre de la France d'Outre-mer, 17 février 1949, ANOM, FM – AFFECO/1, carton 509.

### 2. Les conditions de réassurance légales obligatoires

Un décret du 13 janvier 1947[169] fixa les conditions de réassurance légales obligatoires auprès de la caisse centrale de réassurance. Cet organisme d'État, créé par la loi du 25 avril 1946, était appelé à recevoir de toutes les sociétés du marché une partie de leurs primes de toutes catégories, fixée au début à 4% des émissions, et qui ne pouvait, en tout état de cause, excéder 10%.

Par application de l'arrêté du 24 mars 1947[170] ces dispositions étaient désormais applicables aux sociétés opérant en Indochine.

## SECTION 2. Le contrat d'assurance

Jusqu'en 1930, les conventions d'assurance passées en France entre les assureurs et leurs assurés relevaient largement de la libre volonté des parties, mais l'inégalité des rapports de force entre les deux partenaires rendait parfois précaire la situation des assurés, des bénéficiaires et des tiers, certains assureurs ayant tendance à insérer dans leurs polices des clauses à caractère léonin que leurs contractants pouvaient difficilement décliner au moment de souscrire.

La loi du 13 juillet 1930 « *relative au contrat d'assurance* » a, en matière d'assurances terrestres, permis de remédier à cette situation, le contrat se trouvant désormais, « *dans ses parties principales, déterminé par la loi sans convention contraire possible* »[171]. A titre d'exemples, « *le législateur a imposé la rédaction en caractères apparents de la police et en caractères très apparents de certaines clauses (durée, nullités, déchéances) comme il a imposé que les exclusions de risques soient formelles et limitées* »[172].

Cette loi fondamentale fut par la suite étendue progressivement aux possessions françaises d'outre-mer et, s'agissant de l'objet de cette étude, c'est le décret du 10 novembre 1931[173] qui la rendit applicable à l'Indochine.

---

[169] J.O. 15 janvier 1947.
[170] J.O. Indochine 17 avril 1947.
[171] M. Picard et A. Besson, *Les assurances terrestres en droit français*, LGDJ, T. I, 4e éd., 1975, p. 61.
[172] *Id., ibid.*
[173] J.O. 22 novembre 1931.

Enfin, et par souci d'exhaustivité, mentionnons le décret du 25 juillet 1936[174] qui a étendu à l'Indochine la loi du 3 décembre 1930 sur les polices d'assurance ou de capitalisation égarées, détruites ou volées.

## SECTION 3. Les branches d'assurance

Les domaines d'assurance assujettis à une réglementation particulière sont les accidents du travail et le risque automobile (transports en commun), auquel on peut ajouter certaines matières de circonstance en raison de la situation internationale à partir de 1943.

### *a. L'assurance des accidents du travail*

Les accidents du travail n'étaient pas rares en Indochine et, après la guerre de 1914-1918, leur fréquence eut tendance à augmenter, comme le soulignèrent, dans leur rapport conjoint au Président de la République[175], les quatre ministres (colonies, travail, finances, justice) auteurs d'un projet de texte rendant obligatoire l'assurance de la responsabilité des employeurs : « *En présence du développement industriel de l'Indochine, de l'accroissement de la production mécanique, de la complication de l'outillage moderne et de son utilisation accrue, de l'installation d'usines, de scieries mécaniques et de machines agricoles, il convient d'adapter à notre grande possession d'Extrême-Orient la législation métropolitaine des accidents du travail.* »

Ce n'est pas sans hésitations ni atermoiements que les pouvoirs publics durent se résoudre à sauter le pas. Il s'agissait en effet de tenir compte de la ténacité des préjugés de l'époque relatifs à « *la mentalité des indigènes* », comme le rappelle un universitaire : « [...] *le fonctionnement d'un système de réparation des accidents du travail exige de ses bénéficiaires une certaine aptitude à profiter sans abuser des avantages acquis. On avait dans ces conditions émis la crainte que les indigènes qui n'étaient dans l'ensemble restés encore qu'à un stade de civilisation rudimentaire, ne fussent poussés par leur indolence naturelle, surtout les annamites, à chercher par la fraude le bénéfice de prestations et d'indemnités. On avait sans doute écarté, parfois avec indignation, la crainte de voir des travailleurs se mutiler volontairement pour se placer sous le régime des allocations.* »[176]

---

174 J.O. 29 juillet 1936.
175 J.O. 15 septembre 1934, p. 9503.
176 G. Marcille, thèse citée, p. 60.

Par ailleurs, « *Les victimes, sans même aller jusqu'à se mutiler, ne chercheraient-elles pas à prolonger des invalidités seulement temporaires ?* ». Enfin se posait la question de l'identification des victimes que pouvait rendre difficile l'organisation parfois précaire de l'état-civil des autochtones, ce qui conduisait à s'interroger : « [...] *qui pouvait affirmer que cette organisation était sans fissure et que tous les indigènes sans exception étaient soumis à une identification rigoureuse. Il y avait là un sérieux danger qui* [...] *avait amené les auteurs de réglementations étrangères à instituer pour le prévenir le versement des indemnités sous forme de capital.* »[177]

La législation finalement adoptée se composait des lois du 9 avril 1898 (installations industrielles), du 12 avril 1906 (exploitations forestières), du 15 juillet 1914 (commerces) et du 15 décembre 1922 (agriculture), ainsi étendues, moyennant adaptations, aux accidents, mais non aux maladies professionnelles[178], déclarés en Indochine. Une autre restriction, due sans doute à la prégnance et au poids des préjugés exposés plus haut, limitait le bénéfice du texte, « *tout au moins actuellement* », et pour des raisons d'opportunité, « *aux seuls travailleurs européens et assimilés* »[179], par le décret du 9 septembre 1934[180].

Le décret du 9 septembre 1934 ne reçut pas immédiatement application, des textes supplémentaires devant être préalablement étudiés et publiés par les soins du gouverneur général. Au terme de deux années de préparatifs, celui-ci prit enfin l'arrêté du 11 octobre 1936[181] fixant au 1er janvier 1937 la mise en vigueur des nouvelles dispositions.

### *b. L'obligation d'assurance des véhicules automobiles de transports en commun*

Le développement de la circulation automobile en France au début des années 1930 et la concurrence qui s'exacerba entre les exploitants de transport par rail et ceux se livrant au transport routier, conduisit les pouvoirs

---

[177] G. Marcille, thèse citée, p. 61.

[178] Les auteurs du rapport excipant du fait que « *les maladies d'origine professionnelle* [sont] *rares dans l'état actuel de l'industrie en Indochine et* [leur] *départ* [est], *dans certains cas, difficile à établir avec les maladies endémiques* [...]. »

[179] Toutefois le gouverneur général de l'Indochine établit en décembre 1936 « *un projet de décret réglementant les accidents du travail des indigènes et assimilés* », selon une lettre adressée le 17 mars 1937 par le président du syndicat des compagnies françaises d'assurance pratiquant à l'étranger et dans les colonies des opérations d'assurance contre les accidents, au ministère du travail (CACF, 920 443, art. 6), mais ce projet n'eut apparemment aucune suite.

[180] J.O. 15 septembre 1934.

[181] J.O. Indochine 18 septembre 1935.

publics à mettre au point une réglementation visant, dans le souci d'une amélioration de leur efficacité, à coordonner ces activités.

Les textes[182] ainsi publiés faisaient obligation aux exploitants de transports routiers de contracter une assurance de responsabilité civile auprès d'un assureur agréé afin d'obtenir une autorisation de circulation.

En Indochine, c'est le résident supérieur d'Annam qui fut le premier à se préoccuper du problème en prenant l'arrêté du 12 novembre 1923[183] qui rendait nécessaire la souscription, auprès d'une compagnie agréée, d'une assurance destinée garantir la responsabilité du transporteur routier en cas d'accident subi par les voyageurs transportés ou par les tiers. La production de la police devait accompagner la demande d'autorisation de circuler rendue obligatoire par l'arrêté du 30 octobre 1918 sur « *la circulation des automobiles destinés aux services payants de transports de voyageurs ou de marchandises en Annam.* »

Plus tard, l'arrêté du gouverneur général du 13 septembre 1935[184] s'inspirait étroitement de ces dispositions et rendait obligatoire l'assurance de la responsabilité civile des exploitants de transports en commun de voyageurs ou de marchandises au moyen de véhicules automobiles, pour un minimum de 500 piastres par place offerte (garantie des voyageurs transportés) et de 10 000 piastres par véhicule (garantie des tiers non transportés).

Pour garantir ces risques, les entreprises d'assurance françaises ou étrangères avaient pour obligation d'obtenir un agrément de l'administration et se soumettre à certaines formalités :

- l'accréditation d'un agent général préposé aux opérations concernées,
- la fourniture de tous documents, polices et tarifs relatifs à la branche,
- la présentation annuelle de listes des polices souscrites, des primes émises, des sinistres déclarés, et des règlements opérés,
- le dépôt d'un cautionnement de 2 500 piastres augmenté d'un certain pourcentage en fonction des primes émises (sans pouvoir dépasser le chiffre de 20 000 piastres),
- la constitution et la représentation des réserves techniques prévues par la réglementation.

---

[182] Décret du 25 février pour les entreprises de transports de voyageurs, et décret du 13 juillet 1935 pour les entreprises de transports de marchandises.
[183] *Bulletin administratif de l'Annam*, 1923, n° 21, p. 1351.
[184] J.O. Indochine 18 septembre 1935.

De leur côté, les entreprises étrangères d'assurance devaient faire élection de domicile en Indochine en établissant un siège spécial, et fournir un certificat attestant qu'elles fonctionnaient en conformité des lois de leur pays d'origine.

### *c. Les divers textes de circonstance*

Tout conflit d'une certaine envergure provoquant des dysfonctionnements dans les circuits de l'économie, les périodes de guerre et d'après-guerre ont conduit les pouvoirs publics à prendre des textes de circonstance, dont certains touchaient l'assurance. Parmi ceux-ci, il convient surtout de mentionner l'arrêté concernant le régime des assurances pour les biens réquisitionnés et l'ordonnance relative à la garantie des stocks nécessaires à la vie du territoire.

#### 1. Le régime des assurances pour les biens réquisitionnés

L'arrêté pris le 11 août 1943[185] par le gouverneur général permit d'appliquer à l'Indochine le décret du 15 juillet 1943 relatif au régime des assurances pour les biens réquisitionnés.

Aux termes de l'article 1 de ce texte, « *la réquisition de la propriété, en Indochine, de tout ou partie d'une chose, entraîne de plein droit, dans la mesure même de la réquisition, résiliation, au jour du transfert de propriété, de l'assurance relative à cette chose* [...] ». Il est en outre précisé que « *l'assureur doit* [...] *restituer à l'assuré la portion de prime payée d'avance et afférente au temps où le risque n'est plus couru.* »

Par ailleurs, selon l'article 2 du même décret, si l'administration se borne à réquisitionner l'usage du bien, l'assurance est seulement suspendue.

Enfin, dans un cas comme dans l'autre, il revient à l'assuré d'informer son assureur de la situation nouvelle qui lui est créée. Faute d'accomplissement de cette formalité, l'assureur a droit, à titre de dommages-intérêts, à la portion de prime correspondant au temps écoulé entre la date de la réquisition et celle du jour où il en aura eu connaissance.

#### 2. La garantie des stocks nécessaires à la vie du territoire

Les conditions économiques dans lesquelles se trouvait l'Indochine à la fin de la Seconde Guerre mondiale imposaient que soient au maximum

[185] J.O. Indochine 11 août 1943.

préservés de tous aléas, notamment des destructions susceptibles d'être provoquées par les auteurs de troubles ou émeutes de caractère nationaliste (Viêt-Minh), les biens et marchandises de première nécessité, mais les circonstances politiques incitaient les assureurs à se montrer prudents et à n'accorder leurs garanties, contre l'incendie notamment, que de façon parcimonieuse.

Les pouvoirs publics se virent donc contraints d'intervenir et l'ordonnance fédérale du 19 février 1947[186] institua « *une assurance spéciale des stocks de marchandises nécessaires à la vie économique de l'Indochine* »[187] ayant pour objet de couvrir les « *dommages exclus de leur garantie par les conditions générales des polices françaises d'assurances contre l'incendie, en raison de leur origine et en vertu de l'article 34 de la loi du 13 juillet 1930* »[188].

Les difficultés juridiques auxquelles donna lieu le règlement de certains sinistres d'origine inconnue conduisit le haut-commissaire à publier l'arrêté du 18 octobre 1949[189] qui institua un nouveau régime prévoyant « *une large extension de la garantie de l'assurance spéciale, l'aggravation des charges incombant de ce fait au Trésor étant compensée en partie par un relèvement du taux de la prime* »[190].

### 3. La garantie terrorisme et sabotage

Les pouvoirs publics étant intervenus en matière de biens réquisitionnés et de stocks nécessaires à la vie du territoire, on pouvait penser qu'ils se seraient également inquiétés des conséquences dommageables des actes de terrorisme et de sabotage. Mais c'est aux assureurs eux-mêmes qu'ils laissèrent le soin d'agir et, bien que nous ne traitions dans ce chapitre que de sujets liés à la réglementation, il faut en dire ici quelques mots.

En 1951, la fréquence des actes de sabotage ayant augmenté sur le territoire, des assureurs tentèrent de répondre à la demande de leurs assurés. Ainsi la compagnie *L'Aigle incendie* étant parvenue à souscrire auprès des Lloyd's de Londres un traité de réassurance qui garantissait les conséquences d'actes de terrorisme et de sabotage en Indochine, s'empressa d'en informer les acteurs du marché, suscitant une grande nervosité. Nous pouvons lire par

---

[186] J.O. Indochine 27 février 1947.

[187] V. l'instruction d'application n° 1119 CE/CAT du 15 mars 1947 du haut commissariat de France pour l'Indochine, ANOM, FM. AFFECO/1, carton 509.

[188] L'article 34 de la loi de 1930 accordait aux assureurs la possibilité d'exclure de leurs contrats la garantie des dommages causés par la guerre civile ou étrangère.

[189] J.O. Indochine 20 octobre 1949.

[190] Note du haut commissaire de France en Indochine au ministre de la France d'Outre-mer, 30 novembre 1949, ANOM, FM. AFFECO/1, carton 509.

exemple dans le compte rendu d'une réunion tenue au siège de *L'Assurance Franco-Asiatique* : « [...] *la compagnie L'Aigle* [...] *propose sa garantie à nos plus gros et fidèles clients par le truchement de la société DENIS Frères, agent de l'Union.* »[191]

Un attentat à Saigon en 1952 (*saigon.vietnam.free.fr/histoire.php*)

SECTION 4. Évaluation de la réglementation indochinoise d'assurance

Pour qualifier et tenter d'évaluer la réglementation indochinoise d'assurance, il convient de noter l'attachement des autorités réglementaires au modèle français et la complexité des textes pouvant expliquer leurs difficultés d'application.

*a. L'attachement au modèle français*

L'analyse des textes promulgués en matière d'assurance en Indochine révèle aisément leur filiation. Du reste, il était proclamé dès l'origine que les

[191] Comité d'études, huitième séance - Mardi 26 juin 1951, Archives AFA.

décrets pris par le ministère des colonies (puis, ultérieurement, le ministère du travail) visaient à l'adaptation, et parfois à l'application pure et simple de la réglementation métropolitaine en la matière. C'est ainsi que dans son rapport au Président de la République du 12 avril 1916, le ministre note que le décret qui sera pris ce même jour a pour origine un projet « *adaptant aux conditions spéciales de l'Indo-Chine la loi du 17 mars 1905 sur les sociétés d'assurance sur la vie* [...] »[192].

Dans le même ordre d'idées, de nombreux textes métropolitains furent déclarés purement et simplement applicables à l'Indochine. Il en fut ainsi du décret du 8 novembre 1922 « *rendant applicable aux colonies françaises et pays de protectorat dépendant du ministère des colonies les dispositions des décrets des 8 mars et 27 juillet 1922 sur les sociétés d'assurances* », ou le décret du 14 août 1929 « *rendant applicable en Indochine la loi du 15 février 1917 relative à la surveillance des opérations de réassurances souscrites ou exécutées en France ou en Algérie.* »

*b. La complexité des textes et leurs difficultés d'application*

La variété et la lourdeur des formalités exigées des assureurs et spécialement des étrangers, étaient telles que leur respect se révéla difficile, sinon impossible.

Dans son rapport déjà cité, l'administrateur civil René Mauss note en 1949 que, à l'exception des dispositions relatives à la nationalisation des sociétés d'assurance et à la caisse centrale de réassurance (textes de 1947), « *aucune réglementation s'inspirant de la législation des assurances, instituée en France depuis le 14 juin 1938, n'est actuellement en vigueur dans ce territoire* », et d'ajouter : « *Le contrôle des assurances est essentiellement fragmentaire, c'est-à-dire différent, incomplet, voire même inexistant, suivant les branches.* »

Pour plus de précisions, le rapporteur apporte une distinction selon qu'il s'agit de la réglementation générale ou des réglementations particulières.

1. La réglementation générale

Distinguons selon qu'il s'agit des entreprises étrangères ou des entreprises françaises.

---

[192] J.O. 28 avril 1916, p. 5683.

- Pour les entreprises étrangères, « *sauf les formalités d'agrément, toutes les obligations imposées à ces sociétés sont peu à peu tombées en désuétude* », qu'il s'agisse de la présentation du bilan de leurs opérations (décret du 14 août 1929, art. 2), ou de la communication annuelle des éléments significatifs de leur gestion, tant en matière d'assurance directe que de réassurance (décret du 30 juillet 1942, art. 2) ;

- Pour les sociétés françaises, les problèmes se révèlent moins aigus et moins nombreux. En effet, outre le fait que deux des branches qu'elles pratiquent sont soumises à des réglementations particulières (voir *infra*), « *le contrôle* [...] *est pratiquement déjà réalisé en France pour les sociétés françaises, qui doivent nécessairement centraliser à leur siège l'ensemble de leurs opérations.* »

2. Les réglementations particulières

Les réglementations particulières concernent la branche accidents du travail et la branche transports automobiles en commun, à propos desquelles il est noté que « *l'Administration n'exerce aucun contrôle sur place* ».

La branche accidents du travail

Autant la situation des sociétés de nationalité française ne paraît pas soulever de difficultés, puisque leurs opérations indochinoises font l'objet d'une centralisation dans leurs comptes métropolitains, autant la réglementation du contrôle des assureurs étrangers appelés à pratiquer la branche d'assurance accidents du travail semble « *juridiquement précaire* », les garanties (cautionnement, réserves) exigées par le décret de février 1899 n'ayant pas fait l'objet d'une extension à l'Indochine.

La branche transports automobiles en commun

La réglementation relative à l'actualisation des cautionnements (en fonction de l'augmentation du chiffre d'affaires) et à la représentation des réserves ne paraît guère respectée : « *Il ne semble pas que les sociétés ou du moins les représentants* [de celles-ci] *puissent justifier de la représentation de leurs réserves. Les cautionnements ne donnent pas lieu aux rajustements prévus par la loi* », et d'ajouter aussitôt : « *Il est vrai que leur montant est, comme celui des sociétés étrangères, sans aucun rapport avec le pouvoir d'achat actuel de la monnaie.* »

*c. Les conditions du contrôle de l'assurance*

Dans son rapport, l'administrateur Mauss examine les conditions dans lesquelles le contrôle de l'industrie de l'assurance en Indochine pourrait désormais s'effectuer, notamment en s'inspirant de dispositions déjà étendues à d'autres territoires d'outre-mer et spécialement au protectorat tunisien (décret du 15 août 1945).

Selon R. Mauss, les dispositions en question auraient particulièrement trait aux points suivants :

- La forme des sociétés et les garanties demandées lors de leur constitution,
- Le calcul des réserves et leur représentation (effectuée pour partie en valeurs indochinoises),
- Une comptabilité simplifiée,
- « *Certaines règles d'organisation professionnelle* » en matière de transfert de portefeuille, de fixation de certains tarifs ou de « *moralisation de la profession.* »

Dans la réalité, les préconisations présentées par R. Mauss en 1949 ne semblaient pas avoir reçu la moindre application six ans plus tard, un rapport de la direction des assurances au ministère des finances, Paris, indiquant alors : « *Il appartient actuellement au Haut-Commissaire de France en Indochine* [...], *d'agréer les entreprises tant françaises qu'étrangères qui désirent opérer sur le territoire de la Fédération* [...] et ajoutait aussitôt : « *Là semble se borner pour le moment le contrôle de ce haut fonctionnaire dans ce domaine.* »[193]

L'explication de cette inertie tient au fait que la diplomatie ayant voix au chapitre, par application des accords du 8 mars 1949, les autorités françaises n'étaient plus seules à décider et les membres de la partie vietnamienne avaient leur mot à dire. Or, en l'occurrence, et reprenant les termes litotiques du haut-commissaire : « [...] *nos interlocuteurs* [...] *ont en effet tendance à s'opposer à l'institution sur leur territoire de tout organisme ayant de près ou de loin le caractère d'émanation d'un département ministériel français et je ne pense pas à cet égard que le Viêtnam serait disposé à accepter la création d'un service commun au fonctionnement duquel la Direction des Assurances à Paris serait appelée à participer de façon active.* »[194]

---

[193] « Contrôle des opérations pratiquées par les entreprises d'assurances dans les territoires français d'outre-mer », Direction des assurances, Paris, 1955, p. 15.
[194] Lettre du haut commissaire de France au ministre de la France d'Outre-mer, 30 novembre 1949, ANOM, FM AFFECO/1, 509.

*d. Les dérives*

Les difficultés susceptibles de se produire dans l'application de la réglementation de l'assurance en Indochine pouvaient provenir de plusieurs raisons : l'éloignement géographique des autorités françaises de tutelle, la longueur des communications, et la faiblesse des moyens mis à la disposition des services du gouverneur général à Hanoi.

Pour illustrer ce dernier point, nous pouvons consulter les échanges épistolaires[195] entre la résidence générale en Indochine et le résident supérieur au Tonkin à propos des modalités d'application à la colonie de la loi du 15 février 1917, le second ne pouvant que constater l'inopportunité de consulter les chambres de commerce sur des « *questions d'une technicité et d'une complexité pareilles* », voire les représentants des assureurs se trouvant sur place dont il serait vain d'attendre un avis impartial, et se résoudre à répondre : « [...] *à défaut d'un actuaire attaché à l'administration et qui aurait été tout spécialement qualifié en la matière, la question en suspens* [...] *pourrait sans inconvénient* [...] *être directement mise au point par une étude simultanée à la Direction des Finances, à la Direction des affaires judiciaires* [...] *et au Contrôle du travail* », ce qui revient à essayer de gagner du temps.

Il s'ensuit que certaines dérives ne pouvaient manquer de se produire, conduisant à des dysfonctionnements dans plusieurs domaines : d'abord, de la part des assureurs, le non accomplissement des formalités exigées ou l'apparition de sociétés occultes car non déclarées, et ensuite, de la part d'assurables ou d'assurés, le non-respect des obligations d'assurance imparties par la réglementation.

1. Les dysfonctionnements provenant du fait des assureurs

Les dysfonctionnements dont l'administration pouvait faire reproche aux assureurs étaient de divers ordres, le non accomplissement de certaines formalités exigées par la réglementation, par exemple, ou encore la constitution d'entreprises occultes.

- Non accomplissement de certaines formalités. Du fait que l'administration, faute de moyens, n'effectuait pas de contrôle sur place, les cautionnements exigés n'étaient pas réajustés, et la représentation des réserves, surtout s'agissant des sociétés étrangères, était largement problématique, rendant ainsi précaire la situation des assurés ou des tiers en cas de sinistres importants.

---

[195] ANV, Fonds de la Résidence supérieure du Tonkin, cote 41 629.

- Apparition de sociétés occultes. Les sociétés occultes sont des entités dont les dirigeants souhaitent demeurer dissimulés, à l'abri des inquisitions des pouvoirs publics.

Dans le domaine étudié, il s'agissait d'entreprises d'assurance ou de capitalisation dont les dirigeants s'étaient gardé de se conformer à la loi, et n'avaient pas obtenu, ni même sollicité l'agrément requis.

Un exemple de telles entités nous est fourni par « Tieng Long Thuong Doan », société de capitalisation de fait, fondée par le sieur Tran Quang Doan, poursuivi devant le tribunal correctionnel de Hanoi et condamné pour avoir omis de solliciter au préalable, du gouverneur général, l'enregistrement de sa société. Mais ayant été saisie d'un appel, la cour relaxa l'appelant en raison du fait que « *les poursuites étaient mal fondées, motif pris de ce que la société était une société indigène annamite à laquelle ne s'appliquait pas le décret du 16 avril 1916, celui-ci ne concernant que les sociétés françaises ou étrangères, mais non les sociétés indigènes* »[196].

Sur pourvoi du procureur général, la cour de cassation rendit un arrêt par lequel, adoptant le point de vue de l'administration, elle déclarait que le terme « entreprises étrangères » devait être entendu dans le sens « *toutes (les) entreprises commerciales* [...] *qui ne sont pas françaises* », ajoutant : « *les dispositions* [du décret] *s'appliquent à toutes les entreprises de cette catégorie, qu'elle soit leur catégorie,* [...] [et] *il en est ainsi notamment des entreprises commerciales indigènes pour ce motif que les Annamites, protégés français, conservent leur nationalité étrangère au regard de la loi française* ».

### 2. Les dysfonctionnements provenant du fait des assurables ou des assurés

Les dysfonctionnements des systèmes d'assurance imputables aux assurables ou aux assurés ont surtout pour origine le non-respect de l'obligation d'assurance impartie aux entrepreneurs de transports automobiles en commun par l'arrêté du gouverneur général du 13 septembre 1935, sur le modèle de l'arrêté pris pour le seul Annam, par son gouverneur supérieur, en novembre 1923.

Or, dans la réalité, les transporteurs, et surtout les autochtones qui pratiquaient les transports avec un ou deux véhicules de faible poids total, ne s'assuraient pas ou se bornaient à souscrire des assurances incomplètes,

---

[196] « Colonies. Entreprise de Capitalisation non enregistrée », *L'Argus*, n° 2694, 31 janvier 1932, p. 167.

garantissant les tiers mais non les voyageurs, ou inversement, ainsi qu'en fait foi le cas suivant :

« [...] *la dame G. ayant pris place dans un autocar exploité par un Annamite, le sieur N., a été victime d'un accident grave qui a nécessité une amputation. Elle a demandé une indemnité au transporteur, mais celui-ci était insolvable. S'étant dès lors retournée contre la Compagnie d'assurances, la dame G. découvrit que la police ne concernait que les tiers, à l'exclusion formelle des personnes transportées* [...]. »[197]

En résumé, le droit de l'assurance en Indochine cumulait les défauts et les imperfections. Issu d'un droit métropolitain façonné par et pour des français, transposé sans guère de précautions dans un pays dont la majorité des habitants avaient leur mode de pensée et leurs coutumes, et entendaient s'y tenir, ces textes ne pouvaient concerner qu'une petite minorité d'usagers, dont la plupart, venus (circonstance aggravante) de différents pays (Royaume-Uni et son Commonwealth, États-Unis, etc.), et donc familiers de règles juridiques différentes, se trouvaient quelque peu déroutés par la réglementation qui leur était imposée.

[197] « Transports publics par autocar, infraction aux prescriptions réglementaires », *L'Argus*, n° 2766, 18 juin 1933, p. 891.

# Chapitre 11. Bilan de l'assurance en Indochine

Au total, le bilan de l'assurance en Indochine durant la période considérée peut s'apprécier en considérant d'abord l'action des assureurs, puis celle des intermédiaires, et enfin le développement des branches pratiquées et de leurs encaissements respectifs.

### *a. Les assureurs*

Pour la période précédant la Seconde Guerre mondiale, en l'absence d'une quelconque consolidation des données relatives au marché, nous ne disposons que de résultats fragmentaires, au titre de rares assureurs, et ne portant parfois que sur deux ou trois exercices.

Les données exploitables parvenues jusqu'à nous se limitent à deux compagnies françaises : *L'Union incendie* et *La Compagnie d'Assurances générales incendie.*

#### *1. L'Union incendie*

Quelque données relatives à *L'Union incendie* nous sont accessibles. Il s'agit des résultats de l'agence de Haiphong[198], englobant la sous-agence de Hanoi au début du siècle :

| Exercices | Encaissements | Commissions | | Sinistres | | Frais généraux | | Bénéfice technique | |
|---|---|---|---|---|---|---|---|---|---|
| | | F | % | F | % | F | % | F | % |
| 1902 | 22362 | 3768 | 16,8 | 1870 | 8,36 | 1337 | 6 | 16367 | 73,2 |
| 1903 | 24101 | 4524 | 18,8 | 1821 | 7,55 | 1340 | 6,8 | 16416 | 68,2 |

#### *2. La Compagnie d'Assurances générales incendie*

Quant à *La Compagnie d'Assurances générales incendie*, voici les résultats de son agence de Saigon portant sur seize exercices[199] :

[198] *Rapports d'inspection en Extrême-Orient 1902-1910* cités, p. 23.
[199] AHAGF, Carnets statistiques d'agences, Saigon, 1920-1936.

| Exer-cices | Encais-sements | Commissions | | Sinistres | | Frais généraux | | Bénéf. technique | |
|---|---|---|---|---|---|---|---|---|---|
| | | F | % | F | % | F | % | F | % |
| 1921 | 26560 | 3984 | | - | | 64 | 0,24 | 22513 | 84,8 |
| 1922 | 28024 | 4203 | | - | | 64 | 0,24 | 23756 | 84,8 |
| 1923 | 34175 | 5491 | | - | | 69 | | 30437 | 83,0 |
| 1924 | 64677 | 9700 | | - | | 133 | 0,19 | 54193 | 83,8 |
| 1925 | 42273 | 6341 | 15 | 745 | 1,75 | 149 | | 34829 | 82,4 |
| 1926 | 106943 | 16041 | | 745 | | 174 | 0,10 | 89022 | 83,2 |
| 1927 | 54087 | 8100 | | 745 | | 43 | | 45617 | 84,3 |
| 1926 | 161028 | 24150 | | 745 | | 219 | 0,03 | 134639 | 83,6 |
| 1929 | 59248 | 11829 | | 46 | 0,07 | 101 | | 46954 | 79,2 |
| 1930 | 220272 | 37979 | | 791 | | 320 | 0,17 | 181593 | 82,4 |
| 1931 | 62040 | 9671 | | 405 | 0,64 | 112 | | 52858 | 83,6 |
| 1932 | 283524 | 45650 | | 1196 | | 432 | 0,18 | 234446 | 82,7 |
| 1933 | 84084 | 16881 | | - | | 121 | | 66P31 | 79,6 |
| 1934 | 368042 | 62531 | | 1196 | | 553 | 0,10 | 301427 | 81,9 |
| 1935 | 359684 | 92230 | | 407 | 0,10 | 597 | | 265447 | 73,8 |
| 1936 | 232760 | 54785 | | 1522 | 0,65 | 2104 | 0,20 | 173366 | 74,5 |

On voit que, dans le cas de *L'Union* comme dans celui des *Assurances générales*, en raison du faible coût des sinistres et de taux tarifaires élevés, le bénéfice technique n'était jamais inférieur à 50% des encaissements et avoisinait le plus souvent 75 ou 85% des encaissements, de sorte que les résultats pouvaient être qualifiés d'excellents et que les dirigeants des sociétés et leurs actionnaires avaient tout lieu de se proclamer entièrement satisfaits.

### *b. Le chiffre d'affaires par branches d'assurance*

D'abord assez frustes, peu avant la Seconde Guerre mondiale, les chiffres se sont ensuite affinés, permettant ainsi de visualiser correctement les évolutions.

#### 1. Avant la Seconde Guerre mondiale

De 1933 à 1936, les encaissements globaux des assureurs, détaillés par principale branche, se présentaient ainsi (Primes en milliers de piastres)[200] :

200 *Annuaire statistique de l'Indochine*, 7e volume 1936-1937 cité, p. 215.

Chose normale pour un pays soumis à la colonisation et dans lequel l'assurance n'est guère connue que des européens, la première branche, par le chiffre d'affaires, est celle de l'assurance transports, qui garantit l'arrivée à bon port des marchandises et sécurise financièrement les expéditions quittant le pays.

2. Avant, pendant et après la Seconde Guerre mondiale

Grâce au rapport Mauss déjà cité, nous disposons de quelques informations sur le marché indochinois à partir de 1937, notamment en termes d'encaissements de primes (en 1000 piastres, valeur 1938) par branches :

| | Vie | | Accidents | | Maritime | | Incendie | | Σ |
|---|---|---|---|---|---|---|---|---|---|
| | franç. | étrang. | franç. | étrang. | franç. | étrang. | franç. | étrang. | |
| 1937 | 531 | 179 | 1 658 | 331 | 659 | 467 | 474 | 168 | 4 447 |
| 1938 | 719 | 183 | 1 435 | 400 | 665 | 556 | 585 | 201 | 4 744 |
| 1939 | 737 | 196 | 1 571 | 560 | 1 085 | 1 029 | 780 | 312 | 6 270 |
| 1940 | 575 | 237 | 1 395 | 589 | 865 | 2 088 | 715 | 402 | 6 866 |
| 1941 | 484 | 222 | 1 135 | 299 | 2 094 | 1 189 | 815 | 284 | 6 522 |
| 1942 | 491 | 180 | 1 051 | 50 | 2 381 | 256 | 1 111 | 191 | 5 691 |
| 1943 | 97 | - | 498 | 212 | 1 487 | - | 2 6 | 31 | 2 531 |
| 1944 | 73 | - | 374 | 108 | 1 310 | - | 133 | 30 | 1 928 |
| 1945 | 24 | - | 16 | 38 | 230 | - | 133 | 13 | 454 |
| 1946 | 29 | - | 371 | 53 | 90 | 169 | 168 | 29 | 1 409 |
| 1948 | 30 | 3 | 647 | 107 | 2 847 | 1 188 | 389 | 11 | 5 222 |

En adoptant une présentation différente, les parts de marché respectives du chiffre d'affaires (en 1000 piastres et en %) des assureurs français et étrangers font apparaître une évolution très significative, d'où ressort une prééminence des français, fort nette à l'exception de l'année 1940 :

| Années | Chiffre d'affaires | | % | |
|---|---|---|---|---|
| | Françaises | Étrangères | Françaises | Étrangères |
| 1937 | 3302 | 1145 | 74 | 26 |
| 1938 | 3404 | 1340 | 78 | 22 |
| 1939 | 4173 | 2097 | 66,5 | 33,5 |
| 1940 | 3550 | 3316 | 51,7 | 48,3 |
| 1941 | 4528 | 1994 | 69,4 | 30,6 |
| 1942 | 5014 | 677 | 88 | 12 |
| 1943 | 2266 | 243 | 90 | 10 |
| 1944 | 1790 | 138 | 93 | 7 |
| 1945 | 403 | 51 | 89 | 11 |
| 1946 | 1158 | 251 | 82 | 18 |
| 1947 | - | - | - | - |
| 1948 | 3913 | 1309 | 75 | 25 |

### 3. Un bilan assez mitigé

Le second conflit mondial terminé, comment s'analysait globalement la situation ? Le bilan des assureurs se révélait alors finalement assez médiocre en termes de chiffre d'affaires, mais affichait de bien meilleurs résultats au plan des rendements.

S'agissant des encaissements de primes et ayant une fois encore recours au rapport Mauss de fin 1949, nous lisons : « *Le montant des opérations d'assurance effectuées en Indochine* [...] *s'élève pour 1949 très sensiblement à 95 millions de Piastres, soit environ Un Milliard Cinq Cent Mille francs. Il atteint donc à peine le soixantième des affaires réalisées par les Compagnies Françaises* [tous territoires et toutes branches confondues] *et correspond à l'encaissement d'une grosse Société d'Assurances.* »[201]

Mais le ton change dès qu'il s'agit de résultats techniques ou financiers : « *Le rapport des sinistres aux primes caractérise la valeur du risque* [...]. *Dans leur ensemble les risques apparaissent bons. Le rapport des sinistres aux primes n'atteint 55% qu'en assurances Automobiles, ne dépassant pas 45% pour l'assurance des véhicules de Transport en commun. Il est de 40% des primes émises et approchait vraisemblablement 50% des primes acquises*[202] *en Transport maritime et terrestre. La branche incendie ne*

[201] Rapport Mauss cité, p. 6.

[202] On appelle « prime acquise » la partie de la prime d'assurance courant sur la période allant de la date d'échéance annuelle à la date d'inventaire (généralement le 31 décembre).

*compte pas 35% de sinistres et les risques Accidents du Travail, assurance Individuelle et Responsabilité Civile sont excellents.* »[203]

4. L'évolution du marché jusqu'en 1954

En 1952, selon une information de nature diplomatique[204], le chiffre d'affaires IARD s'élevait à 65 millions de piastres, soit une nette diminution par rapport à 1949 (95 millions, vie incluse).

*c. Les intermédiaires d'assurances*

Plus que jamais nécessaires, compte tenu de l'époque et du pays, les intermédiaires ont joué un rôle généralement actif mais leurs résultats ne furent pas toujours à la hauteur des espérances que les assureurs mettaient en eux. Distinguons les maisons de négoce, auxquelles il convient d'ajouter quelques sociétés financières, et les agents mandatés à titre individuel.

1. Les sociétés de négoce

Les négociants qui exerçaient le métier d'agents à titre complémentaire de leur activité principale, se sont généralement contenté de la souscription et de l'administration de contrats liés à leur domaine d'excellence : l'importation et l'exportation, ne se souciant guère de proposer à leurs clients les garanties qui pouvaient se révéler nécessaires dans les autres domaines : incendie, vie, accidents, et se contentant de satisfaire leurs besoins à la demande.

2. Les sociétés financières

Comme leur nom l'indique, ces sociétés avaient pour rôle de prêter des capitaux en vue d'aider des entreprises de tous ordres dans leurs investissements destinés au développement économique du territoire.

Moins nombreuses que les maisons de commerce mais souvent tout aussi puissantes, elles recevaient parfois un ou plusieurs mandats d'agences d'assurances : « [...] *des assureurs professionnels ont passé avec des Sociétés Financières de véritables contrats d'agences. C'est ainsi que OPTORG passe ses affaires à la COMPAGNIE D'ASSURANCES*

---

[203] *Op. cit.*, pp. 10-11.
[204] USNA, US State Department Central Files – Indo-China – Internal Affairs – 1955-1959, C 0008, Roll 41.

*GÉNÉRALES et la COMPAGNIE FIDUCIAIRE représente la NATIONALE.* »[205]

En l'occurrence il s'agit quasiment de mandats exclusifs, la Compagnie Fiduciaire, par exemple, ne travaillant, en dehors de *La Nationale*, qu'avec de petites compagnies, *La Société nantaise*, *La Compagnie Française d'assurances* ou *La Paix*, et encore ne s'agit-il que de participations dans des pools transports, de sorte que leur chiffre d'affaires dans le secteur de l'assurance se révèle proportionnellement très faible.

### 3. Les agents généraux

Venus spécialement de la métropole ou exerçant déjà sur place un autre métier, les personnes nommées agents généraux en vue d'opérer sur le territoire indochinois ne disposaient pas toujours des qualifications requises, et leurs motivations et leur ardeur étaient parfois sujettes à caution, de sorte que, sauf exception, leurs résultats se révélaient faibles ou mitigés, et ne pouvaient guère combler les espoirs que les assureurs avaient mis en eux.

Il convient de mentionner à part des personnes comme David ou Borodaewsky, par exemple. En effet, si ces professionnels possédaient bien juridiquement la qualité d'agents généraux, ils dirigeaient des sortes de succursales, nommant et contrôlant plusieurs sous-agents qui disposaient eux-mêmes des services de compradores, et réalisaient de ce fait un chiffre d'affaires relativement élevé.

---

[205] Rapport Mauss cité, p. 8.

# Deuxième partie

# Le Viêtnam divisé (de 1954 à 1975)

## Chapitre 1. Le contexte

La période allant de 1954 à 1975 marque la transition entre une Indochine coloniale et un État socialiste.

### SECTION 1. Le contexte politique

A la suite de la défaite militaire de Dien-Bien-Phu en mai 1954, l'armée française dut s'incliner devant la poussée du Viet-Minh, et les traités du 4 juin 1954, abrogeant les accords antérieurs, reconnurent la pleine souveraineté du Viêtnam. Puis les accords de Genève conclus à l'issue d'une conférence internationale entérinèrent en juillet 1954 la partition du pays, à hauteur du 17$^{e}$ parallèle, en deux zones : au nord, une « république démocratique » socialiste, dirigée par un parti communiste bénéficiant de l'aide de la Chine et de l'URSS, et présidée par Ho Chi Minh, et au sud une république plus libérale et de type présidentiel, soutenue par les nations occidentales et demeurant soumise à l'influence française, avec le président Ngo Dinh Diem à sa tête.

Sous l'égide du Front national de libération du Sud-Vietnam constitué à Hanoi en 1959, commença une invasion feutrée de la partie méridionale du pays et des escarmouches de plus en plus nombreuses opposèrent les partisans du Viet-Minh (Vietcong) et l'armée de Diem. Après l'assassinat de ce dernier, victime d'un coup d'état militaire en 1963, les attentats et la violence s'étendirent à tout le pays, tandis que les États-Unis procuraient au nouveau régime une aide croissante, intervenant directement par des bombardements au nord et l'envoi de troupes au sud.

Au terme d'une décennie d'hostilités, les américains ayant accepté de se retirer (accords de Paris, 1973), le Vietcong l'emporta finalement en 1975, la prise de Saigon signant sa victoire définitive.

## Section 2. Le contexte économique et financier

Au nord, des mesures ayant été décidées durant les dernières années de la présence française : terres non exploitées attribuées aux paysans combattants (1949-1949), auxquels fut ensuite concédée l'abolition des dettes « usuraires » qu'ils avaient dû contracter (1949-1953), le nouveau régime lança fin 1953 une réforme agraire au bénéfice des salariés agricoles et des paysans « pauvres » qui élargit considérablement les effectifs de propriétaires terriens et qui favorisa la production agricole.

Par ailleurs, un mouvement se développa en faveur de coopératives de production, de sorte qu'en 1960 plus de 80% des exploitations relevaient de la collectivisation. Simultanément, le régime déployait des efforts pour décentraliser sa politique industrielle et régionaliser la fabrication d'un certain nombre de produits, décision d'autant plus justifiée qu'il fallait impérativement soustraire le maximum d'activités industrielles aux effets des bombardements.

Quant à la moitié sud du pays, le choix d'une économie de marché et le renforcement de la présence américaine à partir de 1961 entraînèrent une relative prospérité. Grâce à l'aide des États-Unis, l'accroissement du volume des investissements permit un certain développement industriel et agricole. C'est ainsi que « *la production industrielle s'est traduite par une augmentation de 6,9% par an en moyenne* [tandis que] *la production d'électricité est multipliée par quatorze entre 1954 et 1973.* »[206] Et, durant la même période, la production de riz à l'hectare fit plus que doubler, passant de 1,06 à 2,48 tonnes.

## Section 3. Le contexte juridique

Au cours des années 1950, la discipline de la législation coloniale céda le pas à celle du droit d'outre-mer, marquant ainsi la fin du lien de dépendance unissant certains États industrialisés à des pays « en voie de développement », et amorçant l'apparition de systèmes juridiques particuliers « *unissant les mœurs et coutumes locales à certains principes métropolitains* »[207].

---

[206] Kim Youngmin, *The South Vietnamese Economy during the Vietnam War, 1954-1975*, Research Paper, AP European History Class, Korean Minjok Leadership Academy International Program, December 2007.
[207] F. Luchaire, *Droit d'outre-mer*, PUF, 1959, p. 3.

En vertu de la constitution promulguée en octobre 1956, les citoyens élisent un président pour cinq ans, au suffrage universel et direct. Le président, qui dispose de pouvoirs considérables, dirige les services publics, nommant et révoquant les membres du gouvernement, ainsi que tous les fonctionnaires.

L'Assemblée nationale, élue pour trois ans au suffrage direct, vote les lois dont les projets sont initiés par le président ou par les députés. Entre les deux sessions annuelles, d'une durée maxima de trois mois, le président a la possibilité de prendre des décrets-lois dont l'exécution est immédiate et qui ne peuvent être repoussés qu'à l'occasion de la session suivante de l'Assemblée.

La constitution du 1er avril 1967 introduisit une dose de libéralisme dans la vie politique. Ainsi, l'Assemblée nationale disposait-elle désormais, par un vote à la majorité des trois quarts, de la possibilité de contraindre le chef de l'État à changer de ministres. En outre, le président ne pouvait plus dissoudre la représentation nationale.

## Chapitre 2. Le marché sud-vietnamien de l'assurance

Durant toute cette période, le marché sud-vietnamien de l'assurance se composait d'entreprises d'assurance, vietnamiennes ou étrangères, et de réseaux de distribution formés d'agents et de courtiers.

Toutefois, une petite révolution se produisit en 1968-1970, à l'instigation des pouvoirs publics, avec le départ d'un grand nombre de compagnies étrangères : de 26 en 1961, leur nombre se réduisit à 17 en 1968 et à 8 fin 1970. De nombreuses sociétés nationales comblèrent l'espace ainsi libéré, de sorte qu'en 1970 le marché comprenait 42 assureurs, contre 22 en 1968. Enfin, en 1975, au moment de la chute du régime, ce nombre était passé à 48 : 40 vietnamiens et 8 étrangers (dont 5 français).

### Section 1. Les entreprises d'assurance vietnamiennes

En 1965, le marché des entreprises d'assurance vietnamiennes se composait de huit sociétés, dont trois fondées avant l'indépendance, et se présentait comme suit :

| Nom | Date de création | Forme juridique | Capital social en VN |
|---|---|---|---|
| *Cong-ty bao-hiem tai-bao-hien* (Société vietnamienne d'assurance et de réassurance) | 1960 | SA | 40 000 000 |
| *Dai-nam bao-hiem- cong-ty* (Société d'assurance Dai-Nam) | 1953 | SA | 3 000 000 |
| *Hai-ngoai bao-hiem cong-ty* (Compagnie d'assurances d'outre-mer) | 1953 | SA | 6 000 000 |
| *Vietnam bao-hiem phat ba* (Viêtnam assurances) | 1952 | SA | 6 000 000 |

| | | | |
|---|---|---|---|
| *Hoi van-tai bao-hiem* (Assurances transport) | 1956 | Mutuelle | ? |
| *Lien doan ho-tuong bao-hiem* (Société mutuelle des transporteurs) | 1955 | Mutuelle | ? |
| *Lien-hiep bao-hiem cong-ty* (Société mutuelle d'assurance des cyclomoteurs taxis) | 1955 | Mutuelle | ? |
| *Vietnam bao-hiem cong-ty* (Société d'assurance du Viêtnam) | ? | ? | ? |

Source : Comité des sociétés d'assurances, Saigon, 20 juillet 1965

### *a. Cong-ty bao-hiem tai-bao-hien*

Disposant d'un capital social de 40 000 000 VN (piastres, ou dong), *Cong-ty bao-hiem tai-bao-hiem* ou *Société vietnamienne d'assurances et de réassurances* (VAR), appelée à occuper la première place du marché, naquit dans des circonstances particulières, à un moment où les compagnies nationales, qui réalisaient un quart des émissions, ne parvenaient pas à s'imposer face aux étrangères.

En 1960, la presse professionnelle[208] nous apprenait l'initiative d'une banque d'affaires, Le Crédit Commercial du Viêtnam (CCV), « *qui a des liens étroits avec la Banque Nationale* », de créer une société d'assurances dont le capital serait réparti entre le CCV (51%), un groupe français (19%), un groupe suisse (10%), et des intérêts financiers américains (20%).

Un protocole avait été signé en mars entre les différents partenaires et le commencement des opérations était prévu pour la fin du second trimestre, des accords de gestion ayant été passés avec les groupes étrangers appelés à fournir « *le personnel technique nécessaire pour son démarrage.* »

S'agissait-il d'évincer à terme les compagnies étrangères opérant au Viêtnam ? Tel n'était pas le but des dirigeants de cette société et des rumeurs allant dans ce sens furent bientôt démenties, car « *son activité se portera notamment sur l'assurance des risques de l'Administration civile et militaire*

[208] « Une nouvelle société d'Assurances est née à Saigon », *La Réassurance*, avril 1960, p. 212 ; « Une nouvelle société d'Assurances est née à Saigon », *L'Argus*, 3 avril 1960, p. 330 ; "Viêtnam. New Company", *The Review*, April 15, 1960, p. 362.

*des Régies et Organismes publics, dont un bon nombre n'était pas assuré* » ou insuffisamment assuré, déclarait-on en haut lieu.

Du reste, appelée à garantir des risques importants et ayant fixé des pleins de souscription et de conservation en conséquence, la société qui avait prévu d' « *en conserver une part appréciable* », [...] « *fera* [...] *appel à la co-assurance en intéressant les Sociétés d'Assurances installées en Vietnam, sur les risques dépassant ses facultés de souscription* ». Quant à la réassurance, « *les traités* [...] *seront placés par le canal des participants étrangers auprès des grands réassureurs internationaux.* »

De son côté, le dirigeant de *L'Assurance Franco-Asiatique*, P. Fano, confirmait quelques années plus tard ces informations, ajoutant que le « groupe français » évoqué dans les communiqués était composé de sa propre société et du groupe *Assurances générales* :

« *Vers 1959* [...] *nous apprenons les intentions du Gouvernement de Saigon de créer une Compagnie Nationale Vietnamienne. Avec les Assurances Générales, nous préférons nous associer à cette création et en 1960, la Société Vietnamienne d'Assurances et de Réassurances est créée. Nous bénéficions de sa réassurance et fournissons à cette jeune Société, un Conseiller technique. Le développement de cette Société a été foudroyant sans nuire pour autant au développement des affaires de notre Succursale.* »[209]

*b. Les autres assureurs vietnamiens*

En 1974, et si nous faisons abstraction de la VAR, le panorama des plus importantes compagnies nationales se présentait ainsi :

| Sociétés | Émissions annuelles | | Bénéfice (en 1000 VN) |
|---|---|---|---|
| | 1000 VN | % | |
| Boan-Cau | 795 200 | 10,3 | 47 240 |
| Ky-Thuong | 297 200 | 3,8 | 75 398 |
| The Gioi | 290 300 | 3,7 | 36 707 |

[209] « Cinquantenaire de l'Assurance Franco-Asiatique (1918-1968) », *L'Observateur*, 29 avril 1968, p. 475.

| | | | |
|---|---|---|---|
| Vien Dong | 210 900 | 2,7 | 10 173 |
| Hung-Viet | 200 000 | 2,5 | 33 470 |
| Dai Nam | 181 000 | 2,3 | 49 399 |
| Dong-Phuong | 139 400 | 1,8 | 11 491 |

*c. Le réassureur Quy Tai Bao Hiem Viêtnam*

*Quy Tai Bao Hiem Viêtnam*, ou *Caisse de réassurance du Viêtnam* (Carevinam), fut créée en 1970 avec un capital social de 200 millions de piastres, réparti entre des actionnaires vietnamiens (84%) et étrangers (16%) dont français (8%) comprenant la *Mutuelle Générale Française Accidents*. Son ambition proclamée était d'attirer 10 à 15% des cessions du marché au terme de sa première année d'existence. Notons à ce sujet qu'aucune obligation légale de cession ne s'imposait alors aux sociétés d'assurance directe.

SECTION 2. Les sociétés d'assurance françaises

Au nombre d'une quarantaine, les entreprises françaises d'assurance étaient les plus nombreuses avant l'indépendance. Mais, après avoir tenté de subsister plus ou moins longtemps, beaucoup d'entre elles décidèrent de plier bagages. Tel fut le cas de *L'Abeille*, de *La Concorde*, de *La Confiance*, de *La Cordialité*, de *La Flandre*, des *Foncière* (incendie, transports), de *La France*, de *La Minerve*, du *Monde*, des *Nationale* (vie, incendie, accidents), de *La Paix*, de *La Paternelle*, du *Patrimoine*, des *Phénix* (vie, incendie), de *La Prévoyance*, et de *La Providence*.

En effet, à l'instar des dirigeants de *L'Assurance Franco-Asiatique*, qui se livrèrent à une analyse lucide de la situation, ceux de la grande généralité des compagnies estimaient que leur avenir n'était plus dans la moitié nord du pays :

« *En vertu des accords de Genève, il y a transfert de souveraineté au Nord Viêtnam au bénéfice de la République Populaire Nord Viêtnam. L'expérience de la Chine ne pouvait* [...] *encourager les Sociétés françaises à se maintenir sur place dans cette partie de l'Indochine* [...] *La situation est toute autre dans le Sud Viêtnam. En vertu des mêmes accords de Genève* [...] *la France est appelée à exercer vraisemblablement pendant plusieurs années encore, son influence dans ce pays et y commercer librement* [...]. »[210]

En tout état de cause, le champ d'action des assureurs demeurés sur place se limitait désormais à la moitié sud du Viêtnam et, dès la conclusion des accords de Genève en 1954, un repli s'amorça vers ce havre.

En 1965, le nombre des sociétés en place s'élevait à seize, et comprenait aussi bien des assureurs opérant déjà avant l'indépendance que des sociétés établies plus récemment[211]. Pour faciliter la présentation, séparons les entreprises formant des groupes de celles opérant à titre individuel.

### *a. Le groupe des Assurances générales*[212]

Le groupe de *La Compagnie d'Assurances générales* comprenait trois sociétés : accidents, incendie, vie, et opérait sous la forme d'une délégation, toujours en association avec *L'Assurance Franco-Asiatique* conformément à l'accord conclu en 1935 et tacitement renouvelé.

### *b. Le groupe des Urbaine*

Nous avons vu plus haut que le groupe des Urbaine résultait du rapprochement de deux sociétés, *L'Urbaine incendie*, née en 1838, et *L'Urbaine et la Seine* (accidents) constituée en 1881. Tout en conservant leur autonomie juridique, ces deux entreprises fonctionnèrent en parallèle sur leurs marchés. C'est ainsi qu'en 1927 *L'Urbaine et la Seine* étendit ses opérations à l'Indochine où elle retrouva *L'Urbaine incendie*, revenue depuis dix ans sur le marché.

---

[210] Comité d'études, 22e séance du 15 octobre 1954, Archives AFA.

[211] Ajoutons qu'en 1971, seules restaient cinq sociétés françaises, outre une américaine et deux chinoises (Taiwan).

[212] En dépit de leur quasi homonymie, il ne faut pas confondre la *Compagnie d'Assurances générales* et la *Compagnie Générale d'assurances* (citée plus loin). Afin d'éviter toute méprise, les professionnels de l'époque, parlant de la première, disaient : « La grande Générale », et de la seconde : « La petite Générale ».

### *c. Le groupe des Mutuelles du Mans*

Deux sociétés d'assurance à forme mutuelle composaient le groupe des Mutuelles du Mans : *La Mutuelle du Mans* (incendie) et *La Mutuelle Générale Française Accidents* (MGFA). Leur installation à Saigon en 1953 se fit sous la forme d'une succursale gérée par J. Miller, directeur de la firme Descours et Cabaud, dans les années 1960, et qui se spécialisa dans l'assurance automobile (hors TPV ou TPM) et l'assurance individuelle accidents. Quelques années plus tard, la direction fut confiée à un cadre venu du Mans, R. Seillier.

### *d. Le groupe Drouot*

Ce groupe naquit en 1949 de la fusion de trois compagnies d'assurance, dont *La Compagnie générale d'assurances* et *L'Industrielle du nord*, toutes deux appelées à opérer au Viêtnam du Sud. A partir de 1960, la deuxième nommée ayant cessé ses activités au Viêtnam, seule subsista *La Compagnie générale d'assurances*, qui demeura à Saigon jusqu'en 1975.

### *e. Les autres sociétés*

Distinguons celles qui opéraient déjà sur le marché avant l'indépendance, et les nouvelles.

#### 1. Les anciennes sociétés

Parmi les anciennes sociétés il faut mentionner particulièrement *Le Secours*, *La Préservatrice*, et *L'Union*, en précisant que cette dernière, fusionnée en France avec *L'Urbaine* (et les *Séquanaise*) en 1968, formant ainsi le groupe *Union des Assurances de Paris* (UAP), fut désormais connue sous cette nouvelle dénomination à Saigon.

#### 2. Les sociétés récentes

Parmi les sociétés plus récentes mentionnons *Le Continent*, *La CAMAT*, et *Le Nord*.

En tout état de cause, quels qu'étaient leur degré d'ancienneté et leur taille, le nombre des sociétés françaises décrut singulièrement durant les années 1960, du fait d'un phénomène d'attrition déjà relevé, et seules subsistaient à partir de 1970 les cinq suivantes (par ordre décroissant d'importance) : *L'Union des Assurances de Paris* (UAP), *La Mutuelle Générale Française*

*Accidents* (MGFA), *La Préservatrice*, *La Compagnie Générale d'Assurances* (CGA) et *La Compagnie d'Assurance Maritime Aérienne et Terrestre* (CAMAT).

## SECTION 3. Les sociétés d'assurance étrangères (non françaises)

Au début de la période considérée, le marché vietnamien comptait 7 sociétés d'assurance étrangères et n'ayant pas leur maison mère en France, soit 3 compagnies suisses, 2 américaines et 2 chinoises (république de Taiwan).

### *a. Les compagnies suisses*

Les compagnies suisses étaient au nombre de trois : *La Bâloise transports*, *Helvetia transports*, et *La Neufchâteloise.*

#### 1. La Bâloise transports

La *société bâloise d'assurance transports* - Basler Transportversicherung Gesellschaft a son siège à Bâle. Elle fut créée en 1864, un an après sa sœur, la société d'assurance Bâloise incendie.

#### 2. Helvetia

La *société générale d'assurance Helvetia transports* fut fondée à Saint-Gall en 1858, et en 1861 apparut *Helvetia feuer, société suisse d'assurance contre l'incendie.*

#### 3. La Neufchâteloise

La *Neuchâteloise Assurances* (assurance de transports), créée en 1871, avait son siège à Neufchatel et fit son apparition à Saigon à une date non connue, mais probablement entre les deux guerres mondiales.

### *b. Les compagnies américaines*

Les compagnies américaines actives dans le pays étaient la *Compagnie américaine d'assurances* et *New Hampshire Insurance Company.*

Notre commission 15 %

CO - ASSURANCES :

L'UNION - Police N°UCN/267/67 ..........20.%.VN$.3.000.000.-
Prime ( $.3.200.000 x 0,27%: $. 8.640.-
"1.000.000 x 0,10%: " 1.000.-
Taxes & Frais($.437+88+250) : " 775.-

---

C. A. G. - Police N° .........25.% VN$.3.750.000.-
Prime ( $.4.000.000 x 0,27%: $.10.800.-
" 1.250.000 x 0,10%: " 1.250.-
Taxes ($.545 + 109 ).....: " 654.-

---

M.G.F.A. - Police N° ......... 9 % VN$.1.350.000.-
Prime ( $.1.440.000 x 0,27%: $. 3.888.-
" 450.000 x 0,10%: " 450.-
Taxes ($.198 + 40 )......: " 238.-

---

LA PRESERVATRICE-Police N° .........10 % VN$.1.500.000.-
Prime ( $.1.600.000 x 0,27%: $. 4.320.-
" 500.000 x 0,10%: " 500.-
Taxes ($.221 + 45 )......: 266.-

---

V. A. R. - Police N° ......... 5 % VN$. 750.000.-
Prime ( $. 800.000 x 0,27%: $. 2.160.-
" 250.000 x 0,10%: 250.-
Taxes ($.113 + 23 )......: 136.-

---

VIET-NAM ASSURANCES- Police N° .... 7 % VN$.1.000.000.-
Prime ( $.1.070.000 x 0,27%: $. 2.889.-
" 350.000 x 0,10%: " 350.-
Taxes ($.149 + 30 )......: " 179.-

---

LE SECOURS - Police N° ......... 5 % VN$. 750.000.-
Prime ( $. 800.000 x 0,27%: $. 2.160.-
" 250.000 x 0,10%: " 250.-
Taxes ($.113 + 23 ).....: 136.-

---

DAI-NAM BAO-HIEM CONG TY-Police N° 10%VN$.1.500.000.-
Prime ( $.1.600.000 x 0,27%: $. 4.320.-
" 500.000 x 0,10%: " 500.-
Taxes ($.221 + 45 )......: 266.-

---

A. I. U. - Police N° .........9 % VN$.1.400.000.-
Prime ( $.1.490.000 x 0,27%: $. 4.023.-
" 450.000 x 0,10%: " 450.-
Taxes ($.203 + 41 ) .....: " 244.-

---

Ce feuillet de répartition de co-assurance établi en 1967 et garantissant un ponton-grue, illustre les rapports de coopération entre 9 sociétés de 3 nationalités, soit 5 françaises (dont L'Union, apéritrice), 3 vietnamiennes et un groupe américain (AIU)

1. La *Compagnie américaine d'assurances*

D'abord connue sous la dénomination de Compagnie franco-américaine d'assurances[213], cette société, soupçonnée de servir de plaque tournante à une évasion de capitaux entre la Chine et les États-Unis[214], éprouva quelque désagrément avec les pouvoirs publics en 1950. Aussi, les têtes pensantes du groupe lui substituèrent la *Compagnie américaine d'assurances* qui avait son siège à Casablanca, Maroc, et qui faisait dès l'origine partie de l'empire de C.V. Starr. Agréée pour opérer au Viêtnam, et son agent étant celui de *New Hampshire*, elle s'installa tout naturellement à l'adresse de cette dernière. Néanmoins, et pour des raisons mal éclaircies, elle cessa sa production dans le cours des années 1960, au bénéfice de la New Hampshire qui, de ce fait, devint la première société du marché.

2. *New Hampshire Insurance Company*

*New Hampshire*, siège à Manchester (USA), qui fut représentée à Shanghai jusqu'en 1947 par *Asiatic American Underwriters* (AAU) de C.V. Starr, avait obtenu de l'administration de Hanoi, un agrément pour opérer en Indochine dans les branches incendie et RD.

A l'indépendance, et désormais coupé de sa base chinoise, Starr prit la décision de se maintenir en Indochine. Grâce à une direction locale dynamique et à un réseau très étoffé, cette société devint numéro deux, son chiffre d'affaires atteignant 667 millions P, et n'étant dépassé que par la société gouvernementale VAR.

*c. Les compagnies chinoises*

*China Insurance Company* et *Tai Ping* avaient toutes deux leur siège social à Taiwan.

- *China Insurance Company.* Fondée en 1931 sous les auspices de la *Bank of China,* cette entreprise multi-branches survécut à l'arrivée de la République populaire et dut même se résigner à une collaboration avec la *People's Insurance Company* (PICC) créée par le régime, mais elle décida finalement de transférer son siège social à Taiwan. Son étiquette non communiste permit ainsi à *China Insurance Company* de se faire agréer au Viêtnam du Sud.

---

213 Voir *supra* p. 45 (1e partie, chap. 4, section 1, § 2).

214 Voir CADN, 589 PO/1, vol. 12, n° 368, Saigon Sécurité 1947-1956, « Transferts illégaux de fonds à Saigon-Cholon ».

- *Tai Ping*. « Vieille » société créée en Chine en 1929 avec l'appui de plusieurs banques importantes, *Tai Ping* fut victime du mouvement de concentration de l'industrie de l'assurance qui s'amorça dès 1949 dans l'Empire du Milieu, et soumise comme ses consœurs à des mesures contraignantes, d'ordre fiscal notamment, elle préféra quitter le continent et se réfugier à Taiwan pour repartir sur de nouvelles bases.

## SECTION 4. Les résultats globaux du marché

Une synthèse des résultats du marché étant présentée en annexe sous forme de tableau, nous nous bornerons ici à mettre l'accent sur quelques points : l'évolution des parts de marché entre sociétés nationales et sociétés étrangères, l'évolution du chiffre d'affaires et les résultats techniques.

### *a. Sociétés nationales et sociétés étrangères*

Les sociétés nationales eurent d'abord du mal à lutter contre les sociétés étrangères : les données indiquées *infra* en parts de marché montrent en effet que leurs émissions ne représentaient au début qu'environ 30% de l'ensemble. Cette proportion se modifia ensuite en faveur des compagnies nationales, du fait de la multiplication de leur nombre et de l'attrition de celui des assureurs français. Il résulta de cette évolution qu'en 1974, quelques mois avant la chute de Saigon, leur part de marché dépassait les 2/3 de l'ensemble.

### *b. L'évolution des chiffres d'affaires*

On notera que le chiffre d'affaires du marché s'élevait à 225 millions en 1958, et qu'il était passé à 7 milliards 700 millions en 1974, soit 16 ans plus tard, une augmentation aussi spectaculaire étant évidemment due à l'inflation qui sévit durant toute cette période (v. *infra*).

En effet, procédant à une analyse détaillée, observons que le saut du chiffre d'affaires relevé en 1966 s'explique par le changement de la parité de la piastre vietnamienne par rapport aux grandes monnaies étrangères : avant juin 1966, 1 $ US = 73, 50 VN. A partir de cette date, 1 $ US = 118 VN. Un phénomène identique se produisit en octobre 1970, le dollar US égalant alors 275 VN.

*c. Les résultats techniques du marché*

Au plan des résultats techniques, les sociétés du marché enregistraient de bons résultats (le S/P ci-après étant la moyenne 1956-1969) :

| Branches | Mari-time | Auto-mobile | Incen-die | A.T. | R.D. | Σ |
|---|---|---|---|---|---|---|
| Émissions 1969 | 2 058 | 436 | 103 | 64 | 65 | 2 726 |
| Moyenne S/P | 32 | 35 | 44 | 33 | 20 | - |

Source : « Développement de l'assurance au Sud-Vietnam », *La Réassurance*, n° 638, juillet 1971.

De tels résultats, de caractère strictement technique, ne pouvaient qu'entraîner un bilan financier d'ensemble très favorable, pour chaque catégorie de sociétés, et cela tout au long de la période analysée.

*d. Les résultats d'ensemble du marché*

Voici, résumés à partir de données d'archives[215], les montants d'émissions et les bénéfices comptables enregistrés en 1974, par chaque catégorie de sociétés : françaises, autres étrangères, vietnamiennes.

| Sociétés | Émissions | | Résultats* | |
|---|---|---|---|---|
| | En 1000 VN | % | En 1000 VN | % |
| Françaises (5) | 896 700 | 11,6 | 310 190 | 34,6 |
| Autres étrangères (3) | 1 528 500 | 19,8 | 372 020 | 24,3 |
| Vietnamiennes (39) | 5 279 000 | 68,5 | 1 635 907 | 31,0 |
| Ensemble (47) | 7 704 200 | 100 | 2 317 907 | 30,0 |

* Cumul des résultats de chaque groupe calculés par rapport au chiffre d'affaires

À partir de cette mini-synthèse, il peut se révéler intéressant d'examiner de près les chiffres des sociétés françaises. Renvoyant le lecteur à l'annexe 3

215 CADN, Fonds 590 PO/3, vol. 20, Banques et questions financières.

pour les résultats année par année, nous indiquons ici seulement la synthèse des émissions et bénéfices de 1969 à 1974 :

| Σ des assureurs français | Émissions | Bénéfice | % Bénéfice/ Émissions |
|---|---|---|---|
| 1969 | 417 058 | 81 638 | 19,57 |
| 1970 | 366 260 | 64 966 | 17,73 |
| 1971 | 643 686 | 104 147 | 16,18 |
| 1972 | 1 099 789 | 194 388 | 17,67 |
| 1973 | 1 234 142 | 413 071 | 33,47 |
| 1974 | 1 006 522 | 396 123 | 39,35 |
| 1975 | 605 624 | ? | ? |

Le lecteur pourra noter d'une part l'intéressante progression des émissions, malgré une décrue légère en 1974, et d'autre part l'excellence du rapport entre le bénéfice comptable et les émissions, jamais inférieur à 16%, et frôlant même 40% en 1974, alors que sonnait l'hallali politique du régime.

## SECTION 5. La distribution de l'assurance

La distribution de l'assurance s'effectue alors principalement selon deux modes : soit par agents généraux, soit par délégations ou succursales.

### *a. La distribution par agents généraux*

Le système des agents généraux représentait le choix d'une dizaine de compagnies, tant françaises que d'autres pays, et les titulaires des mandats étaient soit des maisons de commerce soit des personnes physiques :

- Des maisons de commerce, telles que la Société commerciale française d'Indochine (SCFI) qui avait reçu des mandats du groupe des *Urbaine*, du *Nord* ou de *La CAMAT*, ou Biedermann et Cie, agent de *La Neufchâteloise* ou encore l'Union commerciale indochinoise et africaine (UCIA) qui représentait *La Bâloise transports* ;

- Des personnes physiques, peu nombreuses, se voyaient accorder des mandats. Ainsi, M. Chamaillard disposait de deux mandats délivrés par *Le Continent* et par *Helvetia.*

*b. La distribution par délégations ou succursales*

Peu répandu avant l'indépendance, ce mode présentait l'avantage pour les assureurs de se trouver en prise directe sur le marché et de voir correctement appliquées leurs directives. En effet, les titulaires de ces entités étaient des salariés, disposant de peu d'autonomie et tenus d'appliquer rigoureusement les consignes de leur siège. En outre, étant une émanation de celui-ci, il était hors de question qu'un directeur de délégation ou de succursale représente une autre compagnie.

Les assureurs qui avaient opté pour cette formule étaient souvent de grandes compagnies : *La Compagnie d'Assurances générales*, le groupe des *Mutuelles du Mans*, *L'Union* (devenue UAP en 1968), etc., et parfois des sociétés de taille plus moyenne, comme *L'Assurance Franco-Asiatique, La Préservatrice* ou *Le Secours.*

## Chapitre 3. Les branches d'assurance

Héritées de l'époque de la colonisation, les différentes branches d'assurance, transports, incendie, automobile, accidents du travail et autres, continuèrent à se développer au Viêtnam du Sud mais à des degrés différents.

### SECTION 1. L'assurance transports

Les transports maritimes et fluviaux représentaient toujours une source d'activité indispensable à la vie économique du pays. Néanmoins, la fréquence des sinistres ne diminua guère, tandis que le chiffre d'affaires de la branche augmentait régulièrement, de façon parfois sensible.

#### *a. Fréquence et gravité des sinistres*

Durant la période concernée, les armateurs continuèrent de déclarer nombre de sinistres, spécialement en matière d'avaries communes. Dans le tableau ci-après, nous résumons la situation des versements opérés sur quatre ans. Il faut toutefois souligner à quel point la fréquence d'ensemble entraînait malgré tout de faibles conséquences financières, le rapport sinistres/primes n'étant en moyenne que de 28% pour les années considérées.

| Années | Corps | | | Facultés (avaries communes) | |
|---|---|---|---|---|---|
| | Primes* | Sinistres* | % S/P | Nombre de bateaux | Montant annuel* |
| 1970 | 13 205 | 1 940 | 14,6 | 9 | 45 594 |
| 1971 | 30 702 | 804 | 30,7 | 5 | 280 949 |
| 1972 | 50 455 | ...244 | 5,0 | 5 | 186 424 |
| 1973 | 52 791 | ...781 | 14,7 | 5 | 203 548 |
| Source : *The Review*, Aug. 30th 1974, p. 907 | | | | | |

*Millions VN

### *b. Importance de la part des sociétés étrangères*

En matière d'assurance transports, la part des sociétés étrangères se révéla toujours prépondérante.

Ceci s'explique par le fait que, d'une part de nombreuses opérations d'importation étant conclues FOB (*free on board* = libre d'assurance), il revenait aux importateurs de se préoccuper de conclure des contrats sur les marchandises commandées, et cela auprès d'assureurs (étrangers) dont ils détenaient des mandats, tandis que, d'autre part, pour l'expédition vers l'étranger, la formule CAF (coût-assurance-frais) étant généralement adoptée, c'était des contrats d'assurance souscrits auprès des compagnies nationales qui devaient couvrir les marchandises durant leur voyage.

| | | Sociétés nationales | | Sociétés étrangères | | Total | |
|---|---|---|---|---|---|---|---|
| | | C.A. | Évolution | C.A. | Évolution | C.A. | Évolution |
| 1958 | Émissions nettes* | 4 416 | - | 62 312 | - | 66 728 | - |
| | % marché | 6,05 | | 39,60 | | 29,50 | |
| 1959 | Émissions nettes* | 4 338 | - 1,7 | 71 748 | + 15,1 | 76 086 | + 14 |
| | % marché | 7,03 | | 45,60 | | 33,40 | |
| 1960 | Émissions nettes* | 6 801 | + 56,7 | 98 024 | + 3,7 | 104 825 | + 37,8 |
| | % marché | 8,40 | | 47,30 | | 36,40 | |
| 1961 | Émissions nettes* | 19 040 | + 180 | 97 366 | - 0,67 | 116 406 | + 11 |
| | % marché | 22,70 | | 45,60 | | 39,10 | |
| 1965 | Émissions nettes* | | | | | 248 000 | - |
| | % marché | | | | | | |

| | | | | | | | |
|---|---|---|---|---|---|---|---|
| 1966 | Émissions nettes* | | | | | 894 000 | + 260 |
| | % marché | | | | | | |
| 1967 | Émissions nettes* | | | | | 1 628 000 | + 82 |
| | % marché | | | | | | |
| 1968 | Émissions nettes* | | | | | 1 858 000 | + 14 |
| | % marché | | | | | | |
| 1969 | Émissions nettes* | | | | | 2 058 000 | + 10,8 |
| | % marché | | | | | | |

* En 100 Piastres VN

Toutefois, la sous-branche « corps de navire » faisait également l'objet de l'émission de contrats comme le montre le spécimen de contrat ci-après.

**LES ASSURANCES GÉNÉRALES**

INCENDIE – ACCIDENTS – RÉASSURANCES – TRANSPORTS

"TỔNG BẢO-HIỂM"

Capital de 50.000.000 de Francs (entièrement versés)

Số vốn : 50.000.000 quan (nạp tất)

SIÈGE SOCIAL / HỘI SỞ | 87, Rue de Richelieu – PARIS

Số Quốc-Gia Danh-Bộ : 56 - 560 - 21 - 002

**ASSURANCE FRANCO-ASIATIQUE**

SOCIÉTÉ ANONYME FRANÇAISE D'ASSURANCES ET DE RÉASSURANCES

"PHÁP-Á BẢO-HIỂM"

Capital de 2.926.000 de Francs (entièrement versés)

Số vốn : 2.926.000 quan (nạp tất)

SIÈGE SOCIAL / HỘI SỞ | 85, Rue Saint-Lazare – PARIS

Số Quốc-Gia Danh-Bộ : 56 - 560 - 21 - 001

**CHI NHÁNH TẠI SAIGON**

SUCCURSALE DE SAIGON

Số 26, Tôn-thất-Đạm — ĐT. (Tél.) : 91.253 - 91.255

PHẦN CỦA MỖI HÃNG : 50 %

PART DE CHAQUE COMPAGNIE

# BẢO-KHOÁN BẢO-HIỂM THÂN TÀU THUYỀN HÀNG-HÀ

POLICE D'ASSURANCE SUR CORPS DE NAVIRES FLUVIAUX

Bảo-khoán số : H-70.317
Police No

Bảo-phí : $.7.495,-
Prime

**ĐƠN-VỊ ĐƯỢC BẢO-HIỂM**
UNITÉ ASSURÉE

Thời-hạn : Ba thang
Durée
Có hiệu-lực ngày : 10/11/67-12gio
Date d'effet
Mãn-hạn ngày : 10/2/68-12gio
Date d'expiration

| LOẠI<br>Type | TÊN VÀ SỐ HIỆU<br>Nom et Numéro | VẬT-LIỆU TẠO-TÁC<br>Construction | SỬ-DỤNG<br>Usage |
|---|---|---|---|
| CHALAND | CA-80 | sat | Cho nhiên liêu |

Do hợp-đồng này, Công-Ty bảo-đảm, y theo các Điều-khoản tổng-quát của "Bảo-khoán bảo-hiểm thân tàu thuyền Hàng-Hà" đính-kèm, và các Điều-khoản riêng-biệt sau đây :
Par la présente police, les Compagnies garantisent, aux Condition Générales de la "police d'assurance sur corps de navires fluviaux" jointes, et aux Conditions Particulières qui suivent :

Ông HUYNH KIM LAI p/c Port de Commerce – 77 Pasteur SAIGON
M

về những rủi-ro ghi ở Điều I của Điều-khoản tổng-quát, và đến mức những số tiền chỉ-định dưới đây, và bằng những bảo-phí tương-đương :
contre les risques décrits à l'Article 1er des Conditions Générales, et ce, jusqu'à concurrence des sommes indiquées ci-après, et moyennant les primes correspondantes :

| RỦI-RO ĐƯỢC BẢO-HIỂM<br>Risques garantis<br>(Xem Điều 1 Điều-khoản tổng-quát)<br>(Voir Art.1 des Conditions Générales) | SỐ TIỀN BẢO-HIỂM<br>Montant des garanties | BẢO-PHÍ<br>Prime |
|---|---|---|
| ĐOẠN I (Section I) | ($.100.000,00) MOT TRAM NGAN DONG... | 975,- |
| ĐOẠN II ( » II) | (" 100.000,00) MOT TRAM NGAN DONG... | 525,- |
| ~~ĐOẠN III ( » III)~~ | Phu bao phí luu thông gia trong .... | 6.000,- |
| ĐOẠN IV ( » IV) | không bao hiểm | |
| ĐOẠN V ( » V) | " | |
| ĐOẠN VI ( » VI) | " | |

**ĐIỀU-KHOẢN RIÊNG-BIỆT** CONDITIONS PARTICULIÈRES

Y theo Phụ-Bản đính kèm (Suivant Annexes jointes)

số :
Nos. không co

| | |
|---|---|
| Bảo-phí chung<br>Prime totale | 7.495,- |
| Phí bảo-khoán.<br>Coût de Police | 200,- |
| Thuế . . . . . . .<br>Taxe | 406,- |
| TỔNG CỘNG.<br>TOTAL | 8.101,- |

(Để chấp-thuận những Điều-khoản tổng-quát đính-kèm và những Điều-khoản riêng-biệt hiện-hữu)
(Pour approbation des Conditions Générales ci-jointes et des présentes Conditions Particulières)

*Người vào bảo hiểm,* *L'Assuré.*

Làm tại SAIGON, ngày 10 Novembre 1967

T. M. Công-Ty,
*Giám-Đốc Chi-Nhánh*
Pour les Compagnies
*Le Directeur de la Succursale,*

Reproduction des conditions particulières d'un contrat « corps de navires fluviaux » établi en 1967 par la délégation Assurances générales-Assurance Franco-Asiatique de Saigon

SECTION 2. L'assurance incendie

L'assurance incendie ne bénéficiait pas d'une grande faveur de la part des assurables. En effet, on estimait en 1962 qu'en milieu urbain seulement un logement sur cinq était garanti[216].

En outre, les sociétés étrangères dominant fortement le marché, la création en 1960 de l'assureur national VAR signalée *supra* avait manifestement pour but de parvenir à une répartition plus satisfaisante.

| | | Sociétés nationales | | Sociétés étrangères | | Total | |
|---|---|---|---|---|---|---|---|
| | | C.A. | Évo-lution | C.A. | Évo-lution | C.A. | Évo-lution |
| 1958 | Émissions nettes* | 2 037 | ? | 18 290 | ? | 20 327 | ? |
| | % | 10 | - | 90 | - | 100 | |
| 1959 | Émissions nettes* | 1 640 | - 19,5 | 15 626 | - 14,5 | 17 266 | - 15 |
| | % | 9,5 | | 89,5 | | 100 | |
| 1960 | Émissions nettes* | 2 449 | + 29 | 23 266 | +48,9 | 25 715 | + 48,9 |
| | % | 9,5 | | 89,5 | | 100 | |
| 1961 | Émissions nettes* | 3 588 | +31,7 | 24 445 | + 5 | 28 033 | + 9 |
| | % | 12,8 | | 87,2 | | 100 | |

* En 100 Piastres VN

[216] Bui Kien Thanh, "Summary of the Insurance Profession in Viet Nam", First General Meeting of the East Asian Insurance Congress, Tokyo, 18th & 19th October 1962.

SECTION 3. L'assurance automobile

Cette branche, qui représentait le premier poste des émissions IARD, était pratiquée par 24 entreprises, et constituait l'exclusivité de leur chiffre d'affaires pour 4 d'entre elles, toutes nationales. Cette particularité tenait au fait que, s'agissant du moins des véhicules de transport pour compte de tiers (TPV, TPM), l'article 5 de l'arrêté 22 décembre 1965 réservait l'agrément administratif aux seuls assureurs vietnamiens, c'est-à-dire aux sociétés « *créées conformément au régime du code de commerce du Viêtnam et ayant leur siège au Viêtnam.* »

Ce sont donc ces dernières, toutes à forme mutuelle, qui fournissaient pratiquement la moitié du chiffre d'affaires de la branche. Quant aux autres sociétés, et notamment les entreprises étrangères, elles se désintéressaient de ce risque, qui présentait l'inconvénient de requérir nombre de tâches administratives, tant en matière d'encaissements que de traitement des sinistres.

L'analyse des résultats en termes d'émissions montre un fléchissement net de la branche à partir de 1965, en dépit de l'augmentation du chiffre d'affaires. En effet, sa part relative de marché ne pouvait que diminuer face à l'énorme accroissement des émissions en branche transports qui se produisit à partir du milieu de la décennie 1960.

| | | Sociétés nationales | | Sociétés étrangères | | Total | |
|---|---|---|---|---|---|---|---|
| | | C.A. | Évolution | C.A. | Évolution | C.A. | Évolution |
| 1958 | Émissions nettes* | 58 035 | - | 57 353 | - | 115 388 | - |
| | % | 50,30 | ? | 49,70 | ? | 100 | ? |
| 1959 | Émissions nettes* | 54 597 | | 51 462 | | 106 059 | |
| | % | 51,7 | - 5, 9 | 48,3 | - 10,3 | 100 | - 8,1 |
| 1960 | Émissions nettes* | 67 351 | | 62 489 | | 129 840 | |
| | % | 51,9 | +23,4 | 48,1 | +21,4 | 100 | + 22,4 |
| 1961 | Émissions nettes* | 59 586 | | 68 893 | | 128 479 | |

| | | | | | | | |
|---|---|---|---|---|---|---|---|
| | % | 46,4 | - 11,5 | 53,6 | +10,4 | 100 | - 1, 04 |
| 1965 | Émissions nettes* | 144 689 | ? | 335 496 | ? | 480 185 | ? |
| | % | 30,1 | | 69,9 | | 100 | |
| 1966 | Émissions nettes* | 230 071 | | 1 008424 | | 1 238495 | |
| | % | 18,6 | + 59 | 81,4 | + 200 | 100 | + 158 |
| 1967 | Émissions nettes* | 320 615 | | 1 848880 | | 2 169495 | |
| | % | 14,8 | +39,4 | 85,2 | +83,3 | 100 | + 53 |
| 1968 | Émissions nettes* | 338 544 | | 1 946255 | | 2 284799 | |
| | % | 14,8 | + 5, 6 | 85,2 | + 5,3 | 100 | + 5,3 |
| 1969 | Émissions nettes* | 435 884 | | 2 289710 | | 2 725594 | |
| | % | 16 | + 29 | 84 | +17,6 | 100 | + 19,3 |

* En 100 Piastres VN

SECTION 4. L'assurance accidents du travail

L'assurance accidents du travail était peu répandue. Ceci s'explique notamment par le fait qu'aucune obligation légale n'existait en la matière, de sorte qu'on évaluait en 1962 à 8% la proportion des chefs d'entreprises titulaires d'une police d'assurance[217].

Voici le montant des émissions réalisées de 1958 à 1961 :

[217] Bui Kien Thanh, "Summary of the Insurance Profession in Viet Nam" cité.

| En 100 Piastres VN | | Sociétés nationales | | Sociétés étrangères | | Total | |
|---|---|---|---|---|---|---|---|
| | | C.A. | Évo-lution | C.A. | Évo-lution | C.A. | Évo-lution |
| 1958 | Émissions nettes | 2 762 | ? | 12 093 | ? | 14 855 | ? |
| | % | 18,6 | | 81,4 | | 100 | |
| 1959 | Émissions nettes | 246 | - 911 | 11 722 | - 3 | 11 968 | -19,4 |
| | % | 2 | | 98 | | 100 | |
| 1960 | Émissions nettes | 3 095 | +1160 | 13 163 | + 12,3 | 16 258 | + 36 |
| | % | 19 | | 81 | | 100 | |
| 1961 | Émissions nettes | 209 | - 934 | 11 763 | - 6,4 | 11 972 | -26,3 |
| | % | 1,7 | | 98,3 | | 100 | |

## SECTION 5. Les autres branches d'assurance dommages

Les autres branches d'assurance dommages comprenaient l'assurance individuelle accidents et l'assurance des risques divers (RD).

### *a. L'assurance individuelle accidents*

L'assurance individuelle accidents prévoit, en cas de décès, d'incapacité permanente ou d'incapacité temporaire, consécutifs à un accident corporel frappant l'assuré, le paiement d'un capital ou d'indemnités journalières, ainsi que le remboursement des frais médicaux. Seuls quelques assureurs étrangers, dont la MGF Accidents, se consacraient vraiment à sa diffusion.

### *b. L'assurance des risques divers*

Pour l'essentiel, la branche des risques divers comprend la responsabilité civile, le vol, les dégâts des eaux, et le bris des glaces.

### *c. Les résultats de l'assurance des risques divers*

| En 100 Piastres VN | | Sociétés nationales | | Sociétés étrangères | | Total | |
|---|---|---|---|---|---|---|---|
| | | C.A. | Évolution | C.A. | Évolution | C.A. | Évolution |
| 1958 | Émissions nettes* | 1 046 | - | 7 180 | - | 8 66 | - |
| | % | 12,7 | | 87, 3 | | 100 | |
| 1959 | Émissions nettes* | 877 | - 16,1 | 11 312 | + 57,5 | 12 189 | + 47,5 |
| | % | 7,2 | | 92, 8 | | 100 | |
| 1960 | Émissions nettes* | 1 051 | + 19,8 | 9 557 | - 15,5 | 10 608 | - 13 |
| | % | 9,9 | | 90, 1 | | 100 | |
| 1961 | Émissions nettes* | 1 548 | + 47,3 | 10 658 | + 10,4 | 12 206 | + 15 |
| | % | 12,7 | | 87, 3 | | 100 | |

* En 100 piastres VN

En sus de ces résultats, il faut noter la faible proportion que ces risques divers, entendus *lato sensu*, représentaient pour les assureurs : à peine 4% de leurs émissions en 1961.

## SECTION 6. L'assurance vie

Dans la somme que la Compagnie suisse de réassurances a consacré aux marchés nationaux de l'assurance, M. Nguyen Huy Thanh, auteur de la contribution sur le marché vietnamien, use d'un euphémisme pour évoquer la place de l'assurance vie : « *L'assurance vie ne jouit pas d'une grande faveur auprès du public.* »[218]

De fait, symbolisant le désintérêt que les vietnamiens éprouvaient alors pour cette forme d'assurance, on constate que durant les premières années de l'indépendance, elle ne fut pratiquée que par une seule société, étrangère de surcroît, et que ses émissions représentaient seulement 0,13% à 0,115% de l'ensemble.

| | 1958 | 1959 | | 1960 | | 1961 | |
|---|---|---|---|---|---|---|---|
| | Primes | Primes | Évol. (%) | Primes | Évol. (%) | Primes | Évol. (%) |
| Émissions* | 292 | 286 | - 2 | 333 | + 16,4 | 344 | + 3 |
| % du marché | 0,13 | 0, 12 | - | 0,125 | - | 0,115 | - |

* En 100 piastres VN

Cette faible diffusion de l'assurance vie incita les pouvoirs publics à prévoir à titre temporaire, dans le décret-loi n° 15/65 du 17 septembre 1965, une disposition aux termes de laquelle une société IARD pourrait obtenir un agrément vie et pratiquer cette branche jusqu'en 1975, délai au terme duquel, en cas de poursuite de cette activité, l'assureur aurait l'obligation de créer une filiale spécialisée.

Les dirigeants d'une société, *Hung-Viet Bao-Diem Cong-Ty*, décidèrent de mettre à profit cette opportunité et se lancèrent dans l'assurance vie à la mi-1970. Nous possédons quelques informations sur cette expérience grâce à un article rédigé en 1974 par le président du comité des assureurs du Viêtnam[219], présentant les produits proposés par cette société ainsi que la difficulté de leur pénétration sur le marché.

### *a. Les formules d'assurance vie*

La gamme des produits vie proposés par *Hung-Viet Bao-Diem Cong-Ty* se révélait assez diversifiée, avec sept formules recouvrant les différentes catégories techniques : assurance temporaire, vie entière, mixte, et offrant la

---

[218] Compagnie suisse de réassurances, « Viêtnam (sud) », *Les marchés de l'assurance dans le monde*, Zurich, 1962, p. 521.

[219] Phan Van Xuan, "Life insurance in Vietnam", *Insurance ASIA*, n° 3, 1974, pp. 29-30.

possibilité de variation du capital, de participation aux bénéfices, et de contre-assurance.

1. Assurance avec capital liée aux cours de la Bourse

C'est à la fois une assurance en cas de décès et un plan d'épargne, d'une durée de 5 ans, de 10 ans ou de 15 ans, des intérêts s'accumulant pendant la vie du contrat et étant versés au terme. La prime est payable en une seule fois ou par annuités. Cette formule d'assurance s'est révélé la plus populaire.

2. Assurance vie « ordinaire »

L'assurance vie dite « ordinaire » est une assurance vie entière, avec prime payable jusqu'au terme, c'est-à-dire quand l'assuré atteint l'âge de 85 ans. Le capital revient à l'assuré au terme, ou au bénéficiaire en cas de décès avant le terme. Au titre de la participation aux bénéfices, des dividendes sont attribués à partir de la seconde année du contrat, sous forme de diminution de la prime.

3. Assurance Vie « en vingt paiements »

L'assurance vie « en vingt paiements » ressemble en tous points à la précédente, avec cette différence que la prime est payable en vingt ans.

4. Plan H-V (*Hung-Viet*) spécial n° I

Le plan H-V est une formule avec participation aux bénéfices, d'une durée de vingt ans. 20% du capital sont versés à l'assuré au bout de 5 ans, puis autant 5 ans plus tard, et le solde au terme de 20 ans. Les primes sont assez élevées, en raison du fait que pour un capital d'un million $ VN à la souscription, l'assuré reçoit 1 600 000 $ VN, plus des dividendes annuels dès la seconde année.

5. Plan H-V spécial n° II

Le schéma du plan H-V n° II est identique au cas précédent, avec la différence que c'est seulement à la fin de la dixième année que sont versés les premiers 20%, les 20% suivants étant attribués à la fin de la quinzième année.

Dans les deux cas, le bénéficiaire reçoit le capital prévu en cas de décès de l'assuré avant le terme.

6. Mixte vingt ans

Une mixte vingt ans est une assurance mixte classique, comportant une clause de participation aux bénéfices, et prévoyant le paiement du capital à l'assuré en cas de survie au terme, ou sinon au bénéficiaire.

7. Assurance pour jeunes gens

Cette forme d'assurance est réservée aux jeunes gens ayant 18 à 22 ans au maximum. Le capital souscrit leur est versé lorsqu'ils atteignent cet âge. Si le souscripteur décède avant le 18ᵉ (ou le 22ᵉ) anniversaire de l'assuré, la famille est dispensée du versement des primes venant à échéance. Si l'assuré décède avant le terme, les primes sont remboursées au souscripteur.

8. Assurance groupe

L'assurance groupe couvre un ensemble de personnes, tels que le personnel d'une entreprise ou d'une entité du même ordre, et comprenant un minimum de vingt-cinq individus.

*b. La diffusion de l'assurance vie*

La distribution de l'assurance vie, qui se heurtait à de nombreuses difficultés, s'effectuait par le canal d'agents, soutenus par un certain nombre d'aides à la vente.

1. Les difficultés de la vente d'assurance vie

Les premiers obstacles résultaient de la conjoncture et tenaient à la période que traversa le pays sur le plan politique : la guerre, et le caractère inflationniste de son économie.

En outre, il existait une difficulté aux racines plus profondes : les personnes âgées, assurées ou bénéficiaires, ne voulaient pas entendre prononcer le mot « mort » : « *Beaucoup de nos assurés résilient leurs polices parce que leurs parents n'aiment pas bénéficier éventuellement d'un décès* ».

Néanmoins, l'assurance vie était mieux acceptée par les représentants des classes moyennes et par les travailleurs, assez disposés à consacrer ainsi de petites sommes d'argent à leur épargne.

## 2. La distribution par agents

C'est le canal des agents qui était utilisé pour la distribution de l'assurance vie. La compagnie organisait des stages de formation plusieurs fois par an, avec une moyenne de 40 à 50 personnes par stage. Sur chaque promotion, seulement 2 à 6 personnes parvenaient à vendre réellement.

Les meilleurs vendeurs réalisaient mensuellement jusqu'à 70 ventes, alors que la production de la moyenne des agents ne s'élevait chaque mois qu'à 5 contrats souvent d'un faible montant.

Les vendeurs étaient aidés par des campagnes publicitaires dans les journaux et par la distribution de tracts. Toutefois, l'auteur ne fournit aucune donnée sur le montant des primes émises chaque année ou sur le nombre de contrats en portefeuille à la fin de chaque exercice.

# Chapitre 4. Le droit de l'assurance

L'indépendance acquise, les autorités gouvernant la République du Viêtnam (du Sud) se soucièrent d'abord du cas des entreprises d'assurance étrangères. C'est seulement dix ans plus tard qu'intervint une réglementation relative à l'ensemble de l'industrie, cependant que des textes plus limités traitèrent de certaines matières, et notamment de deux obligations d'assurance à partir de 1960.

## SECTION 1. Le cas des entreprises étrangères d'assurances

C'est le décret du 5 août 1955[220], qui a imposé une lourde obligation de cautionnement aux assureurs étrangers. Son article premier dit en effet : « [...] *les entreprises étrangères d'assurances autres que celles d'assurances sur la vie à primes fixes ou mutuelles, sont tenues, avant d'opérer au Vietnam, de constituer à la Caisse des dépôts et consignations un cautionnement de deux millions de piastres. Ce cautionnement sera toutefois réduit à un million de piastres pour celles des entreprises qui ont déposé un cautionnement au titre de leurs opérations en France.* »

Le caractère discriminatoire du texte provoqua des commentaires amers du président d'AIU, South East Asia : il estima alors que, sur les 17 assureurs étrangers assujettis au décret, environ dix préféreraient quitter le Viêtnam plutôt que d'effectuer le dépôt requis[221].

Par la suite, la loi 81/59 du 26 juin 1959 vint durcir les contraintes et détermina les minima suivants en matière de dépôt au Trésor public[222] :

- les entreprises d'assurance IARD doivent désormais effectuer un dépôt de 500 000 VN,

[220] JORV, août 1955.

[221] Despatch from Embassy Saigon to the Department of State, Washington, November 9, 1955, USNA, US State Department Central Files – Indo-China – Internal Affairs – 1955-1959, C 0008, Roll 41.

[222] Malgré la prédiction du représentant d'AIU, le nombre des assureurs étrangers ne diminua pas, mais augmenta : de 17 en 1955, il était passé à 23 en 1962.

- les assureurs transports terrestres ou fluviaux doivent procéder à un dépôt minimum de 100 000 VN, celui-ci pouvant aller jusqu'à 500 000 VN en fonction de l'encaissement,
- pour les assureurs vie, le dépôt est fixé au minimum : 100 000 VN.

## SECTION 2. La réglementation générale de 1965

Pour fixer un nouveau cadre et traiter des principaux aspects de l'industrie, une réglementation générale de l'assurance, comprenant un décret-loi et des textes d'application, intervint en 1965.

### *a. Le décret-loi du 17 septembre 1965*

Long de 219 articles, le décret-loi n° 015/65 du 17 septembre 1965[223] « fixant le régime des assurances » abordait successivement le sujet des sociétés d'assurance, puis celui du contrat d'assurance et enfin celui du contrôle de l'État.

Nous n'analyserons pas en détail les dispositions de ce texte, qui s'inspirent beaucoup de la réglementation française d'alors, et nous nous bornerons à indiquer ci-après quelques-unes de ses particularités.

#### 1. Les entreprises d'assurance

Seules deux formes d'entreprises sont prévues : la société anonyme et la société à forme mutuelle.

Ces deux formes présentent certains points communs. En particulier, une société IARD ne peut pratiquer l'assurance vie, et inversement.

Toutefois, l'article 4 prévoit qu'à titre provisoire, et jusqu'en 1975, « *les sociétés d'assurances peuvent être autorisées à pratiquer les opérations d'assurances sur la vie en même temps que les autres opérations d'assurances* [...] », sous réserve du respect de certaines prescriptions : comptabilité séparée des opérations vie, fonds et biens IARD et vie objets d'une nette séparation, « *interdiction absolue d'utiliser les fonds et biens relatifs à l'assurance vie à d'autres buts* [...] », etc.

---

[223] JORV 9 octobre 1965.

Décret-loi du 17 septembre 1965

1e partie. Constitution et fonctionnement des sociétés d'assurance

Titre premier. Sociétés anonymes : art. 6 à 10

Titre II. Sociétés à forme mutuelle : art. 11 à 54

2e partie. Polices d'Assurances

Titre I. Des Assurances en général : art. 56 à 85

Titre II. Assurances de dommages : art. 86 à 106

Titre III. Assurances des personnes : art. 107 à 145

3e partie. Contrôle des Sociétés d'assurance

Titre I. L'agrément des Sociétés d'assurance : art. 147 à 151

Titre II. Les réserves de garantie, les réserves techniques : art. 152 à 159

Titre III. Les privilèges : art. 160

Titre IV. L'exécution du contrôle : art. 161 à 169

Titre V. La dissolution des Sociétés : art. 170 à 181

Titre VI. Liquidation de société : art. 182 à 193

Titre VII. Les Agents et Courtiers d'Assurances : art. 194 à 204

Titre VIII. Des pénalités : art. 205 à 208

Titre IX. Des sociétés étrangères : art. 209 à 218

Le capital de la société anonyme est fixé par l'autorité de tutelle, mais « *ne pourra être inférieur à six millions de piastres* »[224] (art. 7). La moitié de ce capital doit être versée avant la constitution de la société, et le reste dans les cinq ans.

Des conditions spéciales gouvernent la désignation des dirigeants et des administrateurs, qui ne doivent « *prendre ou* [...] *conserver (aucun) intérêt direct ou indirect dans une entreprise, un marché ou une opération commerciale ou financière faits avec la Société* [...] » (art. 9).

La société à forme mutuelle doit compter un nombre minimum de membres : 500 (art. 12). Des exigences draconiennes sont imposées aux fondateurs, dont le montant de la rémunération éventuelle doit être inscrit dans l'acte d'adhésion initial (art. 16).

Toute société doit obtenir l'agrément du ministère des finances, qui décide au vu d'un dossier de candidature. Ce document doit contenir un grand nombre d'informations : statuts, liste des branches, conditions générales des polices et tarifs de chaque catégorie, bases techniques des opérations envisagées, et même la liste des sociétés de réassurance et de co-assurance, ainsi que le « *casier judiciaire et (le) certificat de bonnes vies et mœurs des membres du conseil d'administration* » (art. 148).

La constitution des réserves de garantie et des réserves techniques obéit à des règles précises. Les premières notamment, qui doivent égaler 20% du capital social, sont constituées au moyen d'un prélèvement de 1% des primes IARD émises, nettes de taxes et de la réassurance.

Le contrôle ses sociétés s'effectue sur pièces, un compte rendu étant adressé par les sociétés au titre de l'exercice annuel, pour chaque catégorie d'assurance, le bilan étant par ailleurs publié dans deux journaux de langue vietnamienne (art. 161).

Les pouvoirs publics semblent avoir particulièrement redouté l'éventualité de la défaillance d'assureurs : les dispositions relatives à la liquidation des sociétés d'assurance sont détaillées sur plusieurs pages et occupent douze articles (182 à 193) très étoffés.

---

[224] Soit 82 000 $ US de l'époque, 1 $ US équivalant alors à 73 piastres.

2. Le cas des entreprises étrangères

Les sociétés étrangères bénéficient de dispositions particulières touchant la demande d'agrément de leur représentant au Viêtnam, la justification des connaissances de celui-ci en matière d'assurance, une attestation (avec traduction en vietnamien) émanant des autorités du pays d'origine établissant que la société a été constituée et opère conformément aux lois et règlements dudit pays, etc.

Ces entreprises sont tenues au versement d'un cautionnement minimum d'un million de piastres, l'autorité de tutelle pouvant augmenter cette somme « *selon* [son] *appréciation sur la situation de l'entreprise* » (art.214), outre le cautionnement spécial prévu pour chaque catégorie d'assurance.

L'éventualité d'entreprises étrangères se livrant à des opérations de façon occulte a été prévue. Si une personne servait d'intermédiaire à cette fin, par exemple en émettant des polices d'assurance ou en effectuant des encaissements, elle serait justiciable de poursuites et de pénalités (art. 216), en l'occurrence une amende de 10 000 piastres maximum.

3. Les intermédiaires d'assurances

Agents et courtiers d'assurances constituent les seuls canaux reconnus.

Les agents, personnes « *ayant des connaissances techniques en assurance* » (art. 194), sont choisis par les sociétés. Leurs « *conditions d'exercice sont fixées dans un contrat d'agence* [...] » et ils sont tenus à une exclusivité de représentation (art. 195), sauf dérogation accordée par la société mandante.

L'exercice de la profession d'agent est subordonné à certaines conditions : nationalité vietnamienne (depuis cinq ans au moins), « *être de bonne vie et mœurs* », « *être en règle au point de vue du service militaire* », et avoir reçu un agrément du secrétaire d'État aux finances.

Quant aux courtiers d'assurances, ils doivent remplir les mêmes conditions. Notons toutefois l'ambigüité de la définition de leur rôle: « [...] *personnes physiques ou morales servant d'intermédiaires aux entreprises d'assurances pour chercher des clients à présenter aux entreprises et qui sont rémunérées sous forme de commission ou de somme fixe* » (art. 197).

En effet, une telle définition, qui ne leur accorde pas la qualité de mandataire de l'assuré, les assimile davantage aux compradores d'antan qu'aux courtiers entendus dans le sens actuel du terme.

#### 4. Le contrat d'assurance

La plupart des articles traitant du contrat, qu'il s'agisse de sa conclusion, de sa durée, de sa résiliation, de la rédaction des polices ou du paiement des primes, ou encore de la prescription de l'action, sont des copies conformes ou quasi-conformes de la loi française du 13 juillet 1930.

Il en va de même pour les dispositions particulières relatives au contrat d'assurance de dommages en général (art. 86 à 97), du contrat d'assurance incendie (art. 98 à 102), du contrat d'assurance de responsabilité (art. 103 à 106), ou du contrat d'assurance de personnes (art. 107 à 145).

Notons un détail sur les contrats pour l'exécution desquels il a été nécessaire de recourir aux tribunaux : « *Dans le cas où un arrêt ou un jugement fixant le montant des indemnités est devenu définitif et que personne n'en demande l'exécution, le montant des indemnités sera attribué au budget national à l'expiration d'un délai de 30 ans* » (art. 72, al. 4).

### *b. Les textes d'application*

Les textes d'application se limitent à l'arrêté du 13 octobre 1965 relatif aux cautionnements et aux réserves techniques, et à deux autres arrêtés concernant les réserves de garantie et le comité consultatif des assurances.

#### 1. L'arrêté du 13 octobre 1965

L'arrêté du 13 octobre 1965 a pour objet de préciser les modalités de calcul des cautionnements exigés, et de la constitution des réserves pour risques en cours et des sinistres restant à régler.

En ce qui concerne le capital minimum des sociétés d'assurance (ou le fonds d'établissement des sociétés à forme mutuelle), celui-ci évolue en fonction de la longueur prévisible des engagements des sociétés. Il va ainsi de 6 millions de piastres pour les branches 4 (accidents du travail) et 6 (risques divers), à 15 millions pour les sociétés pratiquant les branches 1, 2, 3, 4 et 6 (incendie, transports, véhicules à moteur, accidents du travail et risques divers) (art. 1).

Dans le même ordre d'idées, le capital des sociétés d'assurance sur la vie (catégorie 5) est fixé à 15 millions également.

Quant aux réserves techniques, leur représentation peut s'effectuer sans limitation en espèces ou en valeurs de l'État vietnamien, et à concurrence de 50% en immeubles urbains (art. 4).

Mais le cas des sociétés étrangères n'est évidemment pas esquivé : conformément à l'article 9, leur cautionnement principal est compris entre un million et deux millions de piastres, selon la proportion de devises apportées pour la constitution du capital. Par ailleurs, leur cautionnement supplémentaire est appelé à évoluer de 500 000 à 2 millions de piastres, selon la moyenne du montant global des primes émises au cours des trois derniers exercices.

Les entreprises pratiquant la branche automobile doivent en outre constituer un cautionnement spécial de 500 000 piastres et le déposer avant de commencer leurs opérations (art. 2).

### 2. Les autres textes d'application

Parmi les autres textes d'application évoquons ceux relatifs aux réserves des entreprises et au comité consultatif des assurances.

#### Les réserves de garantie et les provisions techniques

Conformément à l'article 159 du décret de septembre 1965, un arrêté fixe le niveau minimum des réserves et des provisions techniques que les entreprises d'assurance doivent constituer en garantie de leurs engagements.

#### Le comité consultatif des assurances

C'est conformément à l'article 169 du décret de septembre 1965 qu'un texte ministériel détermine la composition et précise le fonctionnement du comité consultatif des assurances, dont le rôle consiste à fournir des avis sur toutes questions relatives aux assurances.

## SECTION 3. Des textes particuliers

Ces textes concernent essentiellement l'assurance automobile et l'assurance transports.

*a. L'assurance automobile*

Reprenant une disposition vieille de trente ans, l'arrêté du 22 décembre 1965 imposa aux propriétaires de véhicules automobiles de transport en commun de personnes ou de marchandises l'obligation d'assurer leur responsabilité civile à l'égard des passagers et des tiers. L'article 5 de l'arrêté précise que cette catégorie d'assurance ne peut être pratiquée que par des sociétés de nationalité vietnamienne, à l'exclusion des sociétés étrangères.

*b. L'assurance transports*

Dans l'esprit d'une résolution de la Conférence des Nations unies pour le commerce, les échanges et le développement (Cnuced) de 1972, le Viêtnam a suivi la recommandation « *invitant les pays en voie de développement à prendre des mesures pour que leurs marchés nationaux d'assurances soient à même de couvrir les opérations d'assurances requises pour les activités économiques, y compris leur commerce extérieur.* »

Un décret obligea donc les importateurs réalisant des opérations sur devises vietnamiennes à s'assurer sur le marché national auprès d'une compagnie agréée. Toutefois, par la suite, les importations réalisées « sur l'aide américaine », c'est-à-dire grâce à des subventions accordées par les États-Unis, purent être assurées CAF, et garanties à l'initiative des expéditeurs.

# Troisième partie

# Le Viêtnam réunifié

# (de 1975 à nos jours)

# Chapitre 1. Le contexte

À partir de 1975 le Viêtnam présente toutes les caractéristiques d'un pays en développement, que ce soit en matière politique (parti unique), économique (démographie galopante, médiocre niveau du PIB calculé par habitant) ou financière (forte inflation, faiblesse du taux de change de la monnaie par rapport aux autres devises).

## SECTION 1. Le contexte politique

Politiquement, le Viêtnam demeure un pays socialiste dirigé par le parti communiste, sur une base de collégialité, et les dirigeants s'attachent à respecter les principes posés par Ho Chi-Minh et résumés par le triptyque « *Le parti dirige, l'État gère, le peuple est maître collectif* ».

Embarqués dans une tentative de collectivisation de l'économie, sur le modèle soviétique de jadis, avec l'adoption du Plan 1976-1981, afin d'imposer un modèle de développement à finalité sociale, les dirigeants du parti doivent admettre leur échec et, à l'occasion du VIe Congrès en 1986, accepter l'idée de « *changer notre mode de penser et de travailler* » (Truong Chinh).

La nécessité d'adopter un ensemble de mesures se rapprochant de l'économie de marché est officialisée au moyen de nombreux amendements à la constitution (1992) dont l'article 15 du chapitre II dispose que désormais « *L'État développe une économie marchande à plusieurs composantes suivant le mécanisme géré par l'État, selon une orientation socialiste* ».

Ainsi naît l'ère dite du « *doi moi* » (renouveau) qui sera caractérisée par l'avènement d'une économie pluraliste (cohabitation de plusieurs formes : étatique, mixte, privée) et d'une décollectivisation des terres, ainsi que par l'acceptation de la venue de capitaux étrangers et par le développement des échanges avec les pays de la région.

## SECTION 2. Le contexte économique et financier

En la matière, il faut distinguer le contexte purement national et le contexte international.

### *a. Le contexte purement national*

Dans un pays partiellement détruit par la guerre, il importait de donner la priorité à une politique de reconstruction : remise en état des infrastructures et construction de nouvelles routes, voies ferrées, installations portuaires, etc.

Les efforts de la reconstruction, liés à la croissance démographique et aux choix politiques, n'ont permis qu'une croissance limitée du produit intérieur brut par habitant : 100 $ US au début, augmentant insensiblement pour atteindre 250 $ vingt ans plus tard, puis 700 $ en 2005 et 1 400 $ en 2012.

L'économie repose sur le secteur agricole qui emploie la moitié de la population active. Sa productivité est relativement faible, mais elle permet néanmoins d'exporter une partie de la production, et notamment du riz et du café.

L'inflation est élevée et son taux oscille de façon importante[225], selon les années, entre 7% en 2006 et 23% en 2008, ce qui a entraîné à plusieurs reprises, dans un passé récent (2009, 2010), la décision de dévaluer la monnaie nationale, le dong. C'est ainsi qu'en septembre 2012, 1 $ US valait 20 835 dong.

### *b. Le contexte international*

En matière économique et commerciale, les dirigeants du Viêtnam ont ressenti le besoin de se rapprocher des autres pays de leur région, voire de l'ensemble des États et, dans ce but, ont rejoint plusieurs associations ou organisations.

[225] Il fut considérablement plus élevé auparavant, notamment durant les années 1990 : 67,5% en 1991, par exemple.

1. L'Association des nations de l'Asie du Sud-Est (ASEAN)

L'Association des nations de l'Asie du Sud-Est (ASEAN) est une organisation politique, économique et culturelle regroupant dix pays d'Asie du Sud-Est, dont l'Indonésie, les Philippines, Singapour, la Thaïlande et le Viêtnam. Elle fut fondée en 1967 dans le but d'accélérer la croissance de ses membres et d'assurer le développement et la stabilité dans la région, grâce au renforcement de leur coopération et de l'assistance mutuelle entre ses participants, notamment en permettant de régler les différends régionaux et d'offrir un front commun dans les instances internationales.

Le Viêtnam a adhéré à l'ASEAN en 1995.

2. Le Forum de coopération économique de l'Asie-Pacifique (APEC)

Le Forum de coopération économique de l'Asie-Pacifique (APEC) est un lieu de rencontres et d'échanges entre les dirigeants politiques des pays de la région Asie-Pacifique, en vue de faciliter leurs échanges pour permettre leur croissance économique, grâce aux mesures décidées en commun (réduction de tarifs, suppression d'entraves, etc.) afin d'améliorer leur coopération, de favoriser leurs investissements réciproques et d'augmenter le volume de leurs exportations.

Le Viêtnam est membre de l'APEC depuis 1998.

3. L'Organisation mondiale du commerce (OMC)

Partie de l'idée que les rapports internationaux « *dans le domaine commercial et économique devraient être orientés vers le relèvement des niveaux de vie, la réalisation du plein emploi et d'un niveau élevé et toujours croissant du revenu réel et de la demande effective, et l'accroissement de la production et du commerce de marchandises et de services, tout en permettant l'utilisation optimale des ressources mondiales conformément à l'objectif de développement durable* » (Accord de Marrakech), l'Organisation mondiale du commerce (OMC) a été créée en 1995 avec pour objectif d'assurer et de maintenir, dans l'intérêt commun, la transparence des pratiques et la loyauté (fair-play) de tous dans les échanges commerciaux.

L'OMC offre donc un forum pour la négociation d'accords « *destinés à réduire les obstacles au commerce international, à garantir des conditions égales pour tous et à contribuer ainsi à la croissance économique et au développement* », [et] « *elle offre également un cadre juridique et institutionnel pour la mise en œuvre et le suivi de ces accords et pour le règlement des différends pouvant découler de leur interprétation et de leur application* » (Déclaration du directeur général de l'OMC).

Le Viêtnam est devenu membre de l'OMC en janvier 2007.

On conçoit sans peine que, s'agissant du développement de certaines formes d'assurance (transports, crédit, assistance, etc.) ou de problèmes liés à l'installation et aux activités d'assureurs ou d'intermédiaires d'assurances à l'étranger, le recours aux services spécialisés de l'ASEAN, de l'APEC et de l'OMC puisse présenter un certain intérêt et, dans les faits, revêtir une certaine utilité.

## SECTION 3. Le contexte juridique

Comme dans tout État, l'édifice juridique repose sur un texte fondamental, la constitution, de laquelle découlent des lois et d'autres textes destinés à préciser leur sens et à permettre leur application.

### *a. La constitution*

La constitution est un texte qui, présenté à l'Assemblée nationale, discuté et voté par ses membres, expose les principes fondamentaux sur lesquels repose la forme politique du pays ainsi que les caractéristiques du fonctionnement de ses principales instances : république socialiste, parti unique, Assemblée nationale (493 députés élus au suffrage universel pour cinq ans), président de la république et premier ministre élus par l'Assemblée nationale.

La constitution actuelle date de 1980 et a fait l'objet d'amendements, d'abord en avril 1992 afin de permettre d'amorcer un programme de réformes à partir de 1986, puis en décembre 2001.

### *b. La législation*

La législation se compose de textes (lois) approuvés par la représentation nationale, en l'espèce l'Assemblée nationale, et auxquels tous les citoyens ont accès grâce à leur publication dès qu'ils sont promulgués.

*c. La réglementation*

La réglementation a pour but de permettre l'application des lois. Elle consiste en un ensemble de textes pris par différentes autorités et revêtant de ce fait une importance plus ou moins grande.

*d. Une pyramide de textes*

Dans un domaine donné, l'ensemble législation-réglementation se présente sous la forme d'une pyramide à degrés, chaque degré étant constitué par un type de texte découlant de celui qui le précède et dont il a pour but de préciser le sens et les modalités d'application. En partant du sommet, on trouve : la loi, l'ordonnance et le décret, qui sont d'un niveau supérieur, puis la directive, la circulaire, la décision et la « lettre officielle », toutes d'origine ministérielle.

1. Les textes de niveau supérieur

- La loi. Une loi est un texte dont la préparation est assurée par un ou plusieurs ministres, puis soumis à l'approbation de l'Assemblée nationale. Le vote intervenu, la loi est signée par le président et publiée au Journal officiel. Lorsque la loi revêt une importance particulière, en raison du domaine dont s'agit ou des nombreux sujets qu'elle traite, elle reçoit le nom de code.

- L'ordonnance. L'ordonnance est prise par le comité permanent (*standing committee*) de l'Assemblée nationale dont la mission principale consiste à veiller à la bonne application des lois.

- Le décret. Un décret émane du gouvernement et est revêtu de la signature du premier ministre ès qualités.

2. Les textes d'origine ministérielle

- La directive. La directive (*guideline*) émane du premier ministre et consiste en un texte destiné à affirmer ou rappeler certains principes et démuni de force juridique.

- La circulaire. Une circulaire est un texte provenant d'un ou plusieurs ministèrres, qui vise à éclairer le sens d'une loi, d'une ordonnance ou d'un décret, et à en faciliter l'application.
- La décision ou la « lettre officielle ». Elles émanent d'un ministre désireux de régler un point ressortissant à son domaine de compétence.

Tous ces niveaux de textes ont été mis en œuvre en matière d'assurance. En effet, comme nous le verrons plus loin (cf. chapitre 8), l'assurance a été, en une petite vingtaine d'années, l'objet d'une centaine de décrets, ordonnances, décisions, circulaires, etc.

## Chapitre 2. Les entreprises d'assurance

En 1975, la guerre terminée et le pays réunifié, ce furent les institutions de la République Populaire victorieuse qui s'imposèrent à Saigon, en se substituant aux systèmes jusqu'alors en place au sud du 17e parallèle.

Il en fut ainsi dans les différents domaines politiques, militaires, économiques et financiers, et bien sûr dans la sphère des assurances, les entreprises existantes ainsi que les systèmes de distribution et toute la réglementation alors en vigueur disparaissant presque aussitôt dans les semaines ou les mois qui suivirent.

Nous allons d'abord exposer au terme de quelle évolution intervint, à partir d'avril 1975, la dissolution des quelque 47 sociétés présentes sur le marché, puis nous détaillerons la façon dont l'assurance fit sa réapparition à l'occasion de l'adoption et de la mise en œuvre d'une nouvelle politique économique.

### SECTION 1. La disparition des sociétés existantes

En signant l'agonie d'un régime, l'entrée des troupes de l'armée populaire à Saigon le 30 avril 1975 symbolisa la proche réunification du pays et sonna également la fin d'un système économique et financier dont les banques et les sociétés d'assurance constituaient l'un des fleurons.

Étant précisé dès le départ que « *comme presque tous les secteurs d'activités, l'assurance au Vietnam a été suspendue le 28 avril au soir* »[226] (Petris, 21 mai), c'est en quelques mois seulement que toutes les entreprises d'assurance, étrangères ou nationales, furent contraintes à la dissolution, au rythme de courtes étapes promptement franchies, dont nous indiquons succinctement les caractéristiques ci-après.

---

[226] Les éléments qui suivent sont empruntés aux télégrammes adressés en 1975 au Quai d'Orsay, par M. Petris, attaché financier de l'ambassade de Saigon. AMAE, 150 QO, vol. 225, « Intérêts français ».

*a. Des succursales décapitées*

Dès la prise de Saigon, plusieurs succursales de sociétés françaises se trouvèrent privées de responsables, soit que le directeur fût parti brutalement, sans explication et sans laisser aucun pouvoir (cas de l'UAP), soit qu'il se trouvât en France à l'époque et était dans l'impossibilité de rejoindre son poste (cas de la CGA).

Comme le souligna l'attaché financier Petris dans des messages adressés aux sièges de ces sociétés : « [...] *cette absence est susceptible d'entraîner des conséquences extrêmement graves* [pour l'entreprise en question] *qui risque d'être considérée comme un bien vacant et, à ce titre, d'être gérée par les nouvelles autorités avec toutes les conséquences de fait ou de droit pouvant aller jusqu'à la réquisition ou la nationalisation* « (Petris, 4 mai).

Concernant les sociétés françaises, se trouvait toutefois en place M. Seiller, délégué de la *Mutuelle Générale Française Accidents* (MGFA), à qui il appartenait en outre, en sa qualité de vice-président de l'Association des sociétés d'assurance, d'affronter une situation inédite et notamment d'« *aider et conseiller ceux des assureurs vietnamiens qui n'avaient pas quitté le pays* » (Petris, 21 mai).

*b. Une interdiction d'exercice notifiée officieusement*

Les textes anciens ayant été abrogés, du reste dans des circonstances mal élucidées [« *bien qu'aucun document officiel ne l'ai jamais précisé et que seules des instructions orales aient été données* » (Petris, 25 août)], et dans l'attente d'une nouvelle réglementation, « *toute activité* [d'assurance] *demeure formellement interdite* » (Petris, 27 mai).

Il demeure que les sinistres en suspens, survenus et dûment déclarés avant la fin avril, requéraient l'attention des assureurs, comme le souligna l'attaché Petris, dans un message du 8 juillet à l'intention de l'assureur CAMAT, Paris, à propos d'un sinistre survenu à un appareil Boeing de la compagnie Air Vietnam, et au titre duquel était posée la question de la possibilité d'une « *compensation primes impayées avec indemnités casse* ».

En effet, le problème tenait notamment au fait que les fonds dont les assureurs se trouvaient créditeurs ne pouvaient être mobilisés, au bénéfice de qui que ce soit, « *toutes les activités bancaires* [étant] *également suspendues* » (Petris, 15 juillet).

L'attente se prolongeant, la direction générale de la MGFA donnait au mois d'août à son représentant à Saigon des instructions précises pour engager les opérations d'auto-liquidation de la succursale et regagner la France, tandis que les sièges français des autres sociétés se cantonnaient dans l'expectative, (Petris, 25 août).

### *c. Le nouveau pouvoir se décide enfin*

Finalement, c'est aux mois de novembre et de décembre que les pouvoirs publics prirent officiellement des mesures en vue de procéder à la liquidation du marché.

#### 1. La décision du 11 novembre

Le 11 novembre 1975, le ministre des finances publia une décision aux termes de laquelle était fixée « *au 31 décembre la fin de la période accordée aux sociétés d'assurances* [...] *pour parachever leur liquidation* » (Petris, 16 novembre).

Et l'attaché financier commentait ainsi cette décision : « *Nos sociétés ont donc un mois et demi pour régulariser leur situation financière tant avec leur clientèle qu'avec les autorités gouvernementales. Elles devront ensuite procéder à leur dissolution et transférer à la compagnie d'État chargée de l'assurance et de la réassurance au sud Vietnam, l'intégralité de leur comptabilité.* »

#### 2. Les circulaires du 2 décembre

En sa qualité de président de la commission de contrôle de la liquidation de la branche assurances, le vice-ministre des finances adressa aux sociétés d'assurance deux circulaires dans lesquelles leur était imparti :

- d'une part, de verser à un compte unique de liquidation les primes encaissées par chèques et les créances recouvrées en espèces, et dont il leur était interdit d'user « *pour couvrir leurs dettes et les dépenses qui sont à leur charge pendant toute la période de liquidation* » ;

- et d'autre part, d'entamer le recensement de tous leurs biens, le rapport de recensement devant correspondre à l'inventaire et « *motiver manquements et pertes* » (Petris, 6 décembre).

Ainsi, le marché existant se trouvait complètement transformé, ou plutôt réduit à néant, en un peu moins de huit mois, soit en un temps remarquablement court, surtout si on procède à des comparaisons avec le déroulement de ce genre d'opérations sur des marchés similaires[227].

## SECTION 2. La transition vers un nouveau marché

Ayant mis fin à l'activité des assureurs présents au moment de la chute du précédent régime, les nouvelles autorités firent automatiquement place à Bao Viet, la compagnie fondée à Hanoi en janvier 1965 (décision 179/CP du 17 décembre 1964)[228], qui remplaça aussitôt toutes les anciennes sociétés opérant sur le marché du Viêtnam du Sud et qui devint ainsi *de facto* le seul assureur virtuel pour l'ensemble du territoire.

Toutefois, la législation existante étant devenue caduque, l'année 1976 marqua le début d'une période de transition durant laquelle l'assurance domestique n'existait plus, et le régime qui perdurait au nord depuis 1955 s'étendit à la moitié sud du pays !

A ce sujet, soulignons que, durant la division du pays, le nord du Viêtnam ignorait l'assurance, la seule société nationale en place ayant pour seul objet de gérer les programmes facultés ou corps, relatifs à l'assurance des marchandises importées ou exportées, ou à celle des appareils ou bateaux reliant le pays à l'étranger et destinés à acheminer voyageurs et fret, tout en remplissant par ailleurs le rôle de commissaire d'avaries en cas de sinistre.

C'est seulement dix ans plus tard que, dans le cadre de la politique de relative libéralisation de l'économie (*doi moi*) décidée lors du 6e congrès du parti en 1986, et à la suite de la loi de 1987 permettant les investissements étrangers, un décret autorisa la délivrance d'agréments à des assureurs étrangers à partir du 1er janvier 1994, précisant que le capital social des nouvelles sociétés devrait s'élever au minimum à 20 milliards de dong (1,9 million $ US).

Toutefois, un assureur étranger ne pouvait espérer l'obtention d'un agrément qu'au terme d'une période d'au moins trois ans durant laquelle il maintenait une présence sous la forme d'un « bureau de représentation ».

---

[227] Par exemple, en Chine populaire, la réorganisation du marché, qui aboutit finalement à sa disparition, s'effectua de 1949 à 1958 et s'étala donc sur neuf années.

[228] Selon l'historiographie officielle, Bao Viet s'était borné, durant la période 1964-1975, à fournir ses services dans les domaines de l'importation, de l'exportation et du transport dans la partie nord du pays au bénéfice de la clientèle d'État.

| HỘI ĐỒNG CHÍNH PHỦ<br>****** | VIỆT NAM DÂN CHỦ CỘNG HÒA<br>Độc lập - Tự do - Hạnh phúc<br>******** |
|---|---|
| Số: 179-CP | *Hà Nội, ngày 17 tháng 12 năm 1964* |

## QUYẾT ĐỊNH
VỀ VIỆC LẬP CÔNG TY BẢO HIỂM VIỆT NAM
**HỘI ĐỒNG CHÍNH PHỦ**

*Xét nhu cầu phát triển kinh tế nước nhà và nhằm mục đích góp phần bảo vệ tài sản của Nhà nước, bổ sung phúc lợi của nhân dân lao động, tăng thu và tiết kiệm chi ngoại tệ, tích lũy vốn cho Nhà nước, góp phần giám đốc và thúc đẩy hoạt động ngoại thương và vận tải để phục vụ cho công cuộc xây dựng chủ nghĩa xã hội Theo đề nghị của ông Bộ trưởng Bộ Tài chính; Căn cứ nghị quyết của Hội đồng Chính phủ trong phiên họp thường vụ Hội đồng Chính phủ ngày 9, 10 tháng 12 năm 1963 thông qua về nguyên tắc việc thành lập Công ty Bảo hiểm Việt nam,*

## QUYẾT ĐỊNH:

**Điều 1.** Nay thành lập Công ty Bảo hiểm Việt nam trực thuộc Bộ Tài chính.
**Điều 2.** Công ty Bảo hiểm Việt nam là một đơn vị kinh doanh theo chế độ hạch toán kinh tế, hạch toán thống nhất toàn ngành.
**Điều 3.** Công ty Bảo hiểm Việt nam có nhiệm vụ:
**1.** Tiến hành công tác bảo hiểm Nhà nước đối với hàng hóa vận chuyển đường bể, đối với tàu bể của nước Việt nam dân chủ cộng hòa và công tác bảo hiểm Nhà nước về tai nạn bất ngờ đối với hành khách đi lại trong nước có tham gia bảo hiểm;
**2.** Xây dựng và phát triển quỹ bảo hiểm Nhà nước để bù đắp những tổn thất do thiên tai, tai nạn bất ngờ gây ra đối với tài sản và hành khách được bảo hiểm;
**3.** Thông qua công tác bảo hiểm mà tham gia các hoạt động nhằm đề phòng tổn thất đối với tàu bể của nước Việt nam dân chủ cộng hòa và đối với hành khách đi lại trong nước có tham gia bảo hiểm.
**Điều 4.** Tất cả các Tổng công ty xuất nhập khẩu và Công ty tàu bể của nước Việt nam dân chủ cộng hòa đều phải mua bảo hiểm của Công ty Bảo hiểm Việt nam về những hàng hóa và tàu bể xét cần được bảo hiểm.
**Điều 5.** Tất cả hành khách đi lại trong nước đều phải tham gia bảo hiểm theo quy định của "điều lệ bảo hiểm về tai nạn bất ngờ đối với hành khách đi lại trong nước" do Chính phủ ban hành.
**Điều 6.** Ông Bộ trưởng Bộ Tài chính chịu trách nhiệm ban hành điều lệ tổ chức Công ty Bảo hiểm Việt nam và duyệt y cho thi hành các thể lệ về bảo hiểm hàng hóa vận chuyển đường biển và bảo hiểm tàu bể.

**Điều 7.** Công ty Bảo hiểm Việt nam thành lập với số vốn là 10 triệu đồng Việt nam.
**Điều 8.** Công ty Bảo hiểm Việt nam do một Giám đốc phụ trách; Giám đốc có một hoặc hai Phó giám đốc giúp việc.
**Điều 9.** Công ty Bảo hiểm Việt nam có thể đặt chi nhánh ở trong nước và đại lý Công ty ở nước ngoài sau khi được ông Bộ trưởng Bộ Tài chính cho phép.
**Điều 9.** Công ty Bảo hiểm Việt nam có thể đặt chi nhánh ở trong nước và đại lý Công ty ở nước ngoài sau khi được ông Bộ trưởng Bộ Tài chính cho phép.
**Điều 10.** Trong phạm vi chức trách nhiệm vụ của mình. Công ty Bảo hiểm Việt nam có quyền kiểm tra, đôn đốc các Tổng công ty, Công ty kinh doanh xuất nhập khẩu, Công ty tàu bể, xí nghiệp giao thông vận tải... tiến hành các biện pháp cần thiết nhằm đề phòng tổn thất đối với tính mệnh của hành khách đi lại trong nước và đối với hàng hóa vận chuyển đường bể cũng như đối với tàu bể của nước Việt nam dân chủ cộng hòa.

.....................................................................................................

En 1964 une décision ministérielle
créa *Công ty Bảo hiểm Việt nam* (Bao Viet)

*a. Les bureaux de représentation*

Un bureau de représentation joue en quelque sorte un rôle de sas. C'est une entité de caractère administratif et de nature commerciale implantée dans un pays étranger et à laquelle les autorités de ce pays permettent d'exercer des activités de prospection, de promotion et de représentation, ceci ne donnant pas le droit de se livrer à des activités commerciales à proprement parler.

C'est en 1993 que le ministère du commerce accorda à des assureurs ou à des courtiers les premiers agréments (ou « licences ») pour l'ouverture de bureaux de représentation. A fin 1994, douze bureaux d'assureurs étrangers s'activaient déjà sur le marché (ou sur une partie de celui-ci) et le panorama se présentait comme suit, par pays[229] :

- Allemagne : une compagnie (Allianz),
- Canada : une compagnie (Manufacturers),
- États-Unis : une compagnie (American International Group),
- France : deux compagnies (Assurances générales de France, Groupe des assurances nationales),

---

[229] Selon D. Bucheton et Duc Cominh, « Le marché de l'assurance au Vietnam », *Risques*, n° 23, septembre 1995, p. 65.

- Japon : cinq compagnies (Dowa, Mitsui, Sumitomo, Tokyo Marine, Yasuda),
- Royaume-Uni : une compagnie (Prudential),
- Singapour : une compagnie (Asia Insurance Co).

Par la suite, les bureaux d'assureurs de même nationalité ou d'autres pays vinrent s'agréger à ce groupe. En 1995, ce furent :
- Zurich, de Suisse,
- Union des assurances de Paris - UAP, en août,
- Allianz, de Munich, en décembre[230].

Suivirent en 1996 les américains CIGNA et Travelers, le singapourien NTUC et beaucoup d'autres.

En mars 1996, on comptait déjà une trentaine de bureaux de représentation d'assureurs[231] dont les responsables tâtaient le marché, s'initiaient aux procédures demandées et se tenaient au courant des changements législatifs et réglementaires.

### *b. L'affermissement des forces nationales*

Avant d'autoriser les assureurs étrangers à s'installer sur le sol vietnamien, les pouvoirs publics devaient logiquement veiller à ce qu'un certain nombre d'entités nationales soient d'abord mises en place et opèrent de façon satisfaisante sur le marché.

#### 1. L'assurance directe

Les premières compagnies vietnamiennes furent des rameaux détachés de la compagnie nationale Bao Viet, qui participa généralement à leur capital, le complément étant apporté par des sociétés d'État œuvrant dans la banque, le commerce, les transports, la pétrochimie, etc.

---

[230] Au titre d'une territorialité différente de la première fois.
[231] "It's Not All That Smooth", *The Saigon Times*, March 29, 1996, p. 14.

Bao Viet Life Corporation

En 1994, Bao Viet créa une filiale vie au capital de 20 milliards de dong, Bảo Việt Nhân thọ (*Bao Viet Life Corporation*) qui, en août de la même année, lança une formule d'épargne à long terme (sur 5 à 10 ans), avec la possibilité de souscrire un maximum de 50 millions de dong (4500 $ US). Peu après, la compagnie proposait un contrat de rente éducation, prévoyant le versement trimestriel d'allocations permettant à des enfants de terminer leurs études en cas de décès de l'assuré. Ce furent les deux premiers contrats vie mis sur le marché vietnamien.

Ho Chi Minh City Insurance Company (Bao Minh)

*Ho Chi Minh City Insurance Company*, en abrégé Bao Minh, fut la première compagnie vietnamienne dommages à concurrencer Bao Viet. Agréé en novembre 1994, cet assureur, qui était jusqu'alors la succursale de Bao Viet à Ho Chi Minh Ville, choisit comme devise : « Bao Minh - Tận tình phục vụ *» (Bao Minh - Whole-hearted service)* et pratiqua l'assurance dommages et l'acceptation en réassurance.

PJICO Insurance Corporation

La plupart des actionnaires de *PJICO*, société d'assurance dommages créée en juin 1995, furent des sociétés nationales, telles que : Vietnam National Petroleum Import-Export Corporation - Petrolimex, Vietnam Steel Corporation, Vietnam for Foreign Trade of Vietnam - Vietcombank, Vietnam Railways, Hanoi Electronics Corporation, etc.

PJICO a construit son succès en offrant dès le début de l'assurance aux particuliers qui s'approvisionnent en bouteilles de gaz dans ses stations-service. Cette assurance couvre les biens et les frais de traitement de l'assuré blessé en cas d'explosion ou d'incendie à hauteur de 20 millions de dong (1820 $ US)[232].

Nha Rong Insurance Company

*Nha Rong Joint-stock Insurance Company*, société d'assurance dommages, fut fondée en juillet 1995 avec un capital initial de 22 milliards de dong, son siège étant à Ho Chi Minh Ville. Parmi ses principaux actionnaires figurent Maritime Joint Stock Bank, Asia Commercial Bank et Tan Viet Bank.

---

[232] "Petro Vietnam Insurance Co adds fuel to competitive fire", *Vietnam Insurance Review*, April 1996.

Bao Long Insurance Corporation

En juillet 1995, fut fondée *Bao Long Insurance Corporation*, assureur dommages dont les principaux actionnaires étaient des sociétés financières et de services : Bao Viet Holdings - BVH, Asia Commercial Bank - ACB, Bank for Foreign Trade of Vietnam - Vietcombank, Petec Trading & Investment Corporation – PETEC. Siège à Ho Chi Minh Ville.

PetroVietnam Insurance Company

Puis en février 1996 fut annoncée la création de *PetroVietnam Insurance Company* – PVIC, filiale de Vietnam Oil & Gas Corporation, société plus connue sous le nom de Vietnam National Oil & Gas Group (PetroVietnam) ;

Post Insurance Joint Stock Company

*Post Insurance Joint Stock Company* (PTI), filiale du groupe national étatique Post and Telecommunications Corporation (VNPT), fut fondée en 1999. Cette société revendique un portefeuille de plus de cent produits non-vie et santé dans les catégories dommages, automobile, transports, santé et traitements médicaux.

2. La réassurance

Le développement attendu du marché, que viendrait aider une augmentation sensible du nombre d'assureurs étrangers, rendait prévisible l'insuffisance des capacités de réassurance dont disposait jusqu'alors le seul assureur national, Bao Viet. En conséquence, afin de diminuer l'appel aux réassureurs étrangers, il fut décidé de créer une société nationale uniquement vouée à la réassurance.

Ce fut, en septembre 1994, *Vietnam National Reinsurance Corporation* - Vinare qui, avec un capital équivalent à 3,6 millions $ US, commença ses opérations en 1995, juste à temps pour bénéficier de la règle imposée par le décret 1314/TC/QD/TCNH du 21 décembre 1994, et recevoir les cessions en provenance des assureurs directs, à hauteur de 30% des primes émises.

Cette dernière mesure se trouvait d'autant plus justifiée, du point de vue vietnamien, que la plupart des assureurs du Viêtnam étaient amenés à se réassurer dans de fortes proportions, jusqu'à céder 95% de leurs primes, voire davantage, en raison de la faiblesse relative de leur capital social.

## SECTION 3. L'installation des assureurs étrangers

Les premières formes de sociétés dans lesquelles les assureurs étrangers eurent des participations furent des co-entreprises (*joint ventures*) dont le capital était partagé entre assureurs étrangers et vietnamiens. Par la suite, et conformément à de nouvelles dispositions législatives, le ministère des finances eut la possibilité d'agréer des sociétés dont le capital était uniquement étranger.

### *a. Les co-entreprises*

Les co-entreprises formées par des sociétés étrangères avec des entités vietnamiennes comme partenaires obtinrent sans trop de mal, du ministère des finances, l'agrément requis. Ce furent :

- *Vietnam International Assurance Company* (VIAC), qui réunit Tokio Marine, Japon, et Commercial Union, Royaume Uni, chacun possédant 24,5% du capital de 6 millions $ US, tandis que la compagnie Bao Viet en détient 51%, est créée en août 1996. Son siège est fixé à Ho Chi Minh Ville, et sa vocation annoncée est d'apporter tous services nécessaires aux firmes internationales investissant dans le pays. En janvier 2002, Tokio Marine racheta les parts de Commercial Union, devant ainsi le seul partenaire, minoritaire, de Bao Viet ;

- *United Insurance Company of Vietnam* - UIC, assureur dommages dont le capital social s'élève à 4 millions $ US, est le résultat d'une association intervenue en novembre 1997 entre l'assureur national Bao Minh (51%) d'une part, et les compagnies japonaises Mitsui Marine (24,5%) et Yasuda Fire (24,5%) d'autre part.

On notera que, dès le début du co-entrepreneuriat d'assurance au Viêtnam, les japonais se taillaient la part du lion, ceci s'expliquant par le fait que les industriels nippons occupaient la première place en matière d'investissements dans le pays.

Parmi les co-entreprises qui suivirent, mentionnons que :

- *Chinfon Manulife Insurance Company* – CMIC est le produit d'un accord entre Manulife Financial of Canada et du taiwanais Chinfon Global Group intervenu en 1999.

- *Colonial Financial Services*, d'Australie - CMG et Bao Minh, d'Ho Chi Minh Ville, conclurent un partenariat en assurance vie qui aboutit en 1999 à la naissance de Bao Minh CMG.

- Après l'échec, en 1998, d'une tentative d'association entre AXA assurances, de France, et *Petro Vietnam Insurance Company*, AXA et *Bao Minh Insurance Corporation* passèrent un accord de partenariat stratégique dans le cadre duquel AXA acquit une participation de 16,6% de Bao Minh au prix de 54 millions d'euros.

*b. Les assureurs 100 % étrangers*

Le premier assureur 100% étranger agréé par les autorités fut *Allianz/AGF Insurance* en 1999 pour la branche dommages. Suivirent notamment *American International Assurance Compan*y et *Prudential Vietnam Insurance*.

1. Allianz/AGF Insurance

*Allianz/AGF Insurance* était une compagnie dommages agréée en 1999 par le ministère des finances, capitalisée à hauteur de 5 millions $ US, et qui réunissait la compagnie allemande Allianz (51%) et sa filiale française Assurances générales de France - AGF (49%). En 2000, le chiffre d'affaires s'élevait à 3 millions $, puis à 4 millions en 2001 et à 7 millions en 2002. Mais bientôt, les AGF cédèrent leur part à Allianz, cet assureur restant donc seul sur le marché vietnamien. Toutefois, les progrès de cette société paraissant trop lents, et s'estimant d'autre part gênés par une réglementation qui limitait le taux des commissions à verser aux agents, les dirigeants d'Allianz se résolurent à quitter le marché, cédant leur portefeuille vietnamien à BIDV - QBE, co-entreprise formée par Bank for Investment and Development of Vietnam (BIDV) et QBE d'Australie, à la fin de l'année 2005.

2. Prudential Vietnam Insurance

Ayant reçu les autorisations nécessaires, la société vie *Prudential Vietnam Insurance* fut créée fin 1999 avec un capital de 15 millions $ US. Ayant soigneusement préparé le terrain, grâce à la création de deux bureaux de représentation en 1994 et 1997, la compagnie obtint d'emblée des résultats intéressants, 100 000 contrats étant réalisés en 12 mois.

En 2012, cet assureur, dont la maison mère est britannique, avait réalisé un chiffre d'affaires de 6.521 milliards de dong (312 millions $ US) et occupait la première place du classement des assureurs vie, avec 35,8% des émissions de primes du marché.

3. American International Assurance Company (Vietnam) Limited

*American International Assurance Company (Vietnam) Limited*, qui reçut son agrément en août 2000 fut le troisième assureur non-vietnamien dont le capital social fût entièrement étranger, à travailler au Viêtnam.

Cette compagnie vie est domiciliée à Ho Chi Minh Ville et trois succursales existent à Hanoi, Da Nang et Can Tho. Début 2007, l'assureur opérait dans 23 provinces, avec 400 employés et 9 000 agents, gérant un portefeuille d'environ 300 000 clients.

## SECTION 4. La situation du marché en 2012

Comment se présentait le marché de l'assurance au Viet Nam en 2012 ? Procédant à un rapide survol du paysage assurantiel, nous évoquerons successivement la situation des bureaux de représentation, celle des entreprises d'assurance, des sociétés de réassurance et de la distribution, et enfin nous présenterons quelques éléments de nature financière.

### *a. Les bureaux de représentation*

Destinés à permettre à une société (assureur, courtier) de jauger le marché et de se faire connaître, les bureaux de représentation, apparus sur le marché en 1993, ont conservé leur utilité et sont donc toujours estimés nécessaires.

A fin 2011, le ministère des finances en avait recensé 32, ainsi ventilés : 18 pour l'assurance non-vie, 10 pour l'assurance vie, et 4 pour le courtage.

1. L'assurance non-vie

Les plus anciens bureaux, à avoir reçu un agrément en 1993, sont japonais : AIOI Nissay Dowa à Ho Chi Minh Ville, et Mitsui Sumitomo à Hanoi. On ignore la raison, pour laquelle cette situation, qui semble largement anormale, perdure 18 ans après la réception de leur agrément, alors que, la plupart du temps, un bureau n'attend guère plus de 4 ou 5 ans avant de recevoir l'autorisation lui permettant d'opérer en qualité d'assureur.

Parmi les 18 bureaux, on trouve surtout des assureurs asiatiques : 7 japonais, 6 coréens, un chinois (de Taiwan), un hongkongais, un samoan, mais aussi un allemand (Allianz, depuis 2006) et un australien (Insurance Australia).

2. L'assurance vie

Début 2012, les candidats à un agrément pour opérer en vie se comptent au nombre de 10 : 4 chinois de Taiwan, un sud-coréen, un japonais, et plusieurs européens : un italien (Generali, 2010), un français (AXA, 2007), et un britannique (Prudential, 1994).

3. Le courtage d'assurance

Quatre courtiers seulement bénéficient du système des bureaux : un russe (depuis 2006), puis un singapourien, un chinois de Taiwan et un thailandais.

*b. Les entreprises d'assurance*

Respectons la distinction légale entre sociétés non-vie, sociétés vie et sociétés de réassurance.

1. Les sociétés non-vie

Fin 2011, on dénombrait 29 sociétés non-vie, de tous âges (la dernière étant vieille de quelques mois), de toutes sortes (capitaux d'État, co-entreprises, capitaux étrangers), de toutes origines (une dizaine de nationalités) et de toutes tailles : la plus importante, Bao Viet, représentait à elle seule près d'un quart (23,7%) du marché, tandis que les quatre plus grandes collectaient près des deux tiers (63,84%) des primes.

2. Les sociétés vie

A la même époque (fin 2011), 14 sociétés vie disposaient d'un agrément pour opérer sur tout ou partie du territoire. Leur origine se révélait également très variée : 9 nationalités, et les résultats atteints présentaient une énorme disparité : la première société, Prudential (Royaume-Uni), émettait plus d'un tiers (37,5%) des primes du marché, et distançait la seconde, Bao Viet Life, de 7 points, et la troisième, Manulife (Canada), de 26 points !

*c. Les sociétés de réassurance*

Durant longtemps, la seule société de réassurance installée au Viêtnam fut une entreprise d'État, *Vietnam National Reinsurance Corporation* - Vinare, seule admise à recueillir des assureurs directs une proportion de leurs primes au titre de la cession obligatoire.

Beaucoup plus tard, en vertu de la politique de libéralisation économique du régime et dans l'esprit des pratiques de l'Organisation mondiale du commerce à laquelle le Viêtnam avait adhéré peu auparavant, fut agréée en 2011 une seconde entreprise de réassurance, *Petrolimex Reinsurance Corporation* (PVI Re), filiale de PVI, également société d'État, dont l'objectif proclamé était de retenir dans le pays une plus large part des primes cédées.

Ajoutons que certaines compagnies d'assurance directe, dont Bao Viet et Bao Minh, possèdent un département de réassurance, ce qui leur permet de procéder à des acceptations en provenance d'autres assureurs directs.

*d. La distribution de l'assurance*

Agents d'assurances et courtiers d'assurances constituent les principaux moyens de distribution.

1. Les agents d'assurances

L'autorité de tutelle faisait état d'environ (*approximately*) 305 196 agents au 31 décembre 2012, et soulignait qu'il s'agit d'une profession en forte expansion. C'est en assurance vie qu'ils étaient les plus nombreux (environ 75% de l'ensemble) et que leurs effectifs croissaient le plus vite.

2. Les courtiers d'assurances

Douze sociétés de courtage, ayant leurs attaches dans cinq pays d'origine (Viêtnam, Japon, France, Royaume-Uni, États-Unis) ont souscrit pour 4,5 milliards VND de primes en 2011, soit 22% des primes émises en assurance non-vie.

Leur champ d'activité s'étend préférentiellement aux branches d'assurance des biens, dont l'incendie, et à l'assurance automobile, mais ils détiennent également de solides positions en assurance santé ainsi que dans les branches transports (corps, facultés).

*e. Autres éléments de caractère financier*

Parmi les autres éléments caractéristiques de la gestion financière des assureurs, il faut mentionner les sinistres, les réserves techniques et les placements.

1. La sinistralité

En 2011, le montant des versements au titre des sinistres non-vie déclarés s'est élevé à 8,7 milliards VND en brut de réassurance (6 milliards en net), contribuant ainsi au soulagement financier des personnes en détresse, victimes d'accidents corporels ou matériels, d'incendies ou autres calamités.

En assurance vie, les versements des assureurs se montaient à 7 235 611 millions VND, alors que le total des capitaux assurés s'élevait à 346 278 681 millions VND (sur 4,5 millions de contrats). Notons que les sommes indiquées étaient en progression de 22,8% par rapport à l'année précédente, et provenaient essentiellement de contrats d'assurance mixte, qui constituent la plus grande partie des portefeuilles des compagnies.

2. Les réserves techniques

Les réserves (ou provisions) techniques des entreprises d'assurance sont parfois présentées comme des comptes d'épargne que toute entreprise doit constituer en vue de se trouver en mesure de remplir, le moment venu, ses engagements envers ses assurés et les bénéficiaires des contrats qu'elle a délivrés, tout en reflétant ainsi son degré technique de solvabilité.

Il s'agit donc d'un élément capital de la gestion des sociétés d'assurance et, au Viêtnam comme ailleurs, les autorités chargées d'appliquer la réglementation en la matière se montrent particulièrement strictes.

A fin 2011, l'ensemble des réserves techniques des entreprises d'assurance directe s'élevait à 62 199 millions VND, ainsi réparties : 12 091 en non-vie, 50 108 en vie.

3. Les placements

Il ne suffit pas qu'aux termes de leurs contrats, les assureurs garantissent à leurs assurés et aux bénéficiaires le versement des sommes qui leur sont dues, mais encore faut-il que les sommes mises de côté dans cette perspective soient conservées (ou « cantonnées ») de façon sécuritaire.

Aussi la réglementation prévoit-elle les formes selon lesquelles les assureurs doivent opérer leurs placements : dépôts bancaires, bons du Trésor, prêts, etc., ainsi que les proportions respectives de ces différentes formes.

À la fin de l'année 2011, l'ensemble des placements des assureurs s'élevait à un peu plus de 83 000 000 millions VND (7% en vie), ainsi répartis pour l'essentiel : bons du Trésor (42,5%), dépôts en banque (30%), sociétés de placements (10,3%), actions et obligations non garanties (7,1%), prêts (5,6%).

La plus grande partie de ces sommes permettait naturellement d'irriguer les circuits financiers de l'économie, contribuant ainsi de façon significative à son développement.

# Chapitre 3. La distribution de l'assurance

Au Viêtnam, l'assurance est distribuée soit selon des modes traditionnels, c'est-à-dire par des agents d'assurances, par des courtiers d'assurances, ou par des employés salariés opérant à partir de bureaux ou de succursales, soit selon des modes apparus plus récemment (bancassurance, internet, etc.). Par ailleurs, les bureaux de représentation de courtiers étrangers installés dans le pays, apportent un certain concours à la diffusion de l'assurance.

## SECTION 1. Les modes traditionnels de distribution

Les principaux modes traditionnels de distribution de l'assurance sont les agents généraux et les courtiers d'assurances, auxquels on peut ajouter les employés salariés de bureaux ou de succursales.

### *a. Les agents d'assurances*

Un agent d'assurances est une personne physique, possédant des connaissances en matière d'assurance, liée à une entreprise d'assurance par un contrat d'exclusivité, et chargée de proposer et de vendre à des assurables les produits de cet assureur, moyennant une rémunération (commission) calculée en pourcentage des primes.

#### 1. Les forces de vente

Afin de prospecter efficacement les assurables dans les provinces au titre desquelles elles ont obtenu un agrément, les compagnies d'assurance opérant au Viêtnam ont constitué des réseaux d'agents révélant souvent une grande densité. Ainsi en 2011, *American International Assurance Company (Vietnam) Limited* - AIA animait un réseau de 12 000 agents, tandis que Manulife Vietnam revendiquait 6 500 agents répartis dans 12 villes et provinces, et que Bao Viet faisait état d'une force de vente de près de 20 000 agents.

En 2000, selon l'Association vietnamienne d'assurance, 120 000 agents d'assurance vie ou dommages opéraient déjà dans le pays.

Neuf ans plus tard, la ventilation des forces de vente des huit principales compagnies vie (126 633) agents se présentait ainsi :

| C$^{ies}$ | Pru-dential | Bao Viet | Dai-Ichi | AIA | Manu-life | ACE | Ca-thay | Ko-rea |
|---|---|---|---|---|---|---|---|---|
| Nombre | 60355 | 18149 | 14198 | 12600 | 6621 | 6256 | 6116 | 2358 |

Source : *Asia Insurance Review*, July 2010, p. 39.

2. La rémunération des agents

Le taux des commissions versées aux agents varie selon les branches, les produits et les compagnies et elles sont plafonnées par la loi. Par exemple, le maximum autorisé est de 5% en RC, de 10% en automobile ou en marchandises transportées, et de 20% en santé.

En branche vie

Au titre des principaux produits d'assurance vie d'une durée égale ou supérieure à 20 ans, les taux de commissions se présentent comme suit :

| Taux | Mixte | Vie entière | Temporaire décès |
|---|---|---|---|
| 1$^{e}$ année | 35 | 20 | 35 |
| 2$^{e}$ année | 10 | 10 | 10 |

En branches dommages

Voici les taux pratiqués par les principales sociétés d'assurance dommages :

| Branches | Auto | Moto | Incendie | Santé | Facultés | Risques agricoles |
|---|---|---|---|---|---|---|
| Taux | 5 à 10 | 15 à 20 | 5 à 10 | 20 | 10 | 20 |

*b. Les courtiers d'assurances*

Un courtier d'assurances se présente généralement sous la forme d'une société commerciale, et sa mission consiste à analyser les besoins de ses clients, et à élaborer un programme d'assurance qu'il propose à l'assureur qui semble le mieux à même de répondre favorablement.

Le premier courtier agréé au Viêtnam fut, en 1993, Inchibrok constitué par la compagnie Bao Viet et le courtier hongkongais Inchcape.

Parmi les courtiers étrangers qui établirent ensuite des bureaux de représentation destinés à apporter tous conseils utiles aux entreprises de leur pays investissant au Viêtnam, il faut citer le français Gras Savoye, dont le bureau de représentation fut agréé dès 1993, puis qui reçut l'autorisation d'opérer en pleine qualité de courtier dix ans plus tard.

La première société de courtage purement vietnamienne fut *Bao Viet Joint Stock Securities Company*, en 1999. A dire vrai, la vocation affirmée de cette entité était plutôt le courtage de valeurs et la fourniture de services financiers, par le canal des bureaux d'assurance de sa maison mère, la compagnie Bao Viet. Toutefois, l'idée revêtait quelque sens, dans la perspective de l'introduction sur le marché de contrats d'assurance vie en unités de compte.

Ensuite *Viet Quoc Joint Stock Company*, de Hanoi, fut agréée moyennant un accord de co-entreprise avec le géant étranger Aon.

Le taux de la commission allouée aux courtiers est le plus souvent de 15% des primes, indifféremment de la branche concernée.

## SECTION 2. Les modes récents de distribution

De tous les modes récents de distribution envisageables, la bancassurance vient en premier, mais il faut également citer la vente dans les centres commerciaux et la télévente.

### *a. La bancassurance*

La bancassurance est un système de vente de produits d'assurance, spécialement d'épargne et de prévoyance, par les réseaux d'établissements bancaires, et qui s'est développée en France dans les années 1970[233].

C'est en 2000 que la bancassurance est apparue au Viêtnam mais elle n'a commencé à se développer réellement qu'à partir de 2005, lorsque les assureurs se sont rendu compte de ses avantages en terme de diminution des

[233] En réalité, comme indiqué *supra* p. 36, l'origine de la bancassurance remonte à 1869, avec la création de *La Compagnie lyonnaise d'assurances maritimes*.

frais d'acquisition et de gestion, de meilleur rendement des réseaux de distribution et finalement d'une meilleure rentabilité de la branche.

1. Les deux principales formes de bancassurance

La morphologie de la bancassurance obéit à différents modèles, mais on peut distinguer deux principales formes, la bancassurance *stricto sensu* et l'assurfinance.

La bancassurance *stricto sensu*

Dans la bancassurance *stricto sensu*, un assureur et une banque se sont borné à conclure un accord aux termes duquel la banque s'engage à distribuer les produits de l'assureur par l'intermédiaire de son réseau de succursales et d'agences.

Tel est le cas au Viêtnam où l'évolution s'est révélée significative à partir de 2008, avec l'arrivée de bancassureurs étrangers, BNP Paribas, Prévoir et Aviva notamment.

Parmi les principaux partenariats conclus aussi bien dans le domaine de l'assurance vie que dans celui de l'assurance dommages, citons :

- Asia Commercial Bank avec des assureurs dommages (Bao Long, Bao Viet et AIG) et des assureurs vie (Prévoir Vietnam et ACE Life) ;
- Techcombank avec des assureurs dommages (Bao Viet, PVI) et des assureurs vie (Prévoir Vietnam, Bao Viet et Prudential) ;
- Vietcombank avec des assureurs dommages (Bao Viet, Bao Minh, Liberty) ;
- Sacombank avec des assureurs dommages (Bao Minh, Bao Viet, PTI) et des assureurs vie (Prévoir Vie, Manulife et Ace Life) ;
- HSBC avec Bao Viet et Citibank avec Prudential.

L'assurfinance

L'assurfinance[234] consiste pour une banque à acquérir ou à créer une société d'assurance filiale, les produits de l'assureur ayant alors vocation à être proposés aux guichets des agences ou des succursales.

---

[234] L'assurfinance ne doit pas être confondue avec l'« assurbanque » qui consiste dans la pratique d'une société d'assurance proposant à ses clients un ensemble de services de nature bancaire (gestion de comptes courants et de livrets, délivrance de crédits, etc.).

Tels sont les cas, en assurance dommages :

- de BIC qui appartient à la Banque de développement et d'investissement (BIDV),
- d'AgriBank Insurance Co - ABIC qui relève de la Banque d'agriculture et du développement rural (Agribank),
- de Military Insurance Company - MIC à laquelle s'est associée la banque MB,
- ou de Bao Ngân, filiale de la Banque d'industrie et de commerce (Vietinbank).

En assurance vie il faut mentionner des co-entreprises créées *ex nihilo* entre plusieurs entités, banques et assureurs. A cet égard, on citera d'une part l'exemple de VCLI, créée en 2009, dont le capital est réparti entre Vietcombank (première banque vietnamienne) à 45%, BNP Paribas Assurance, filiale de BNP Paribas, à 43%, et SeABank à 12%, et d'autre part le cas de Vietinbank qui, avec Aviva, a créé VietinAviva dont le lancement date d'octobre 2011.

2. Les promesses de développement de la bancassurance

Le développement de la bancassurance au Viêtnam est prometteur, surtout dans les cas où le banquier concerné dispose d'un grand nombre de guichets.

Selon Amit Arora, directeur du département des ventes au détail de la banque Standard Chartered : « *La bancassurance est considérée comme un investissement stratégique compte tenu de ses potentiels, et sa généralisation convient bien aux orientations de croissance sur le long terme des banques.* »[235]

Tel a semblé également l'avis des dirigeants d'HSBC[236], une des premières banques mondiales, fortement implantée au Viêtnam où elle a investi environ 200 millions de dollars. Cette société, entrée dans le capital social de l'assureur Bao Viet en septembre 2007, a ensuite inauguré une agence HSBC Life International à Hanoi afin de proposer ses produits financiers d'assurance-vie[237].

---

[235] Thê Linh, « La bancassurance perce au Vietnam », *Le Courrier du Vietnam*, 3 juin 2012.

[236] Historiquement, HSBC (Hongkong and Shanghai Banking Corporation), créée à Hong Kong en 1865, est présente au Viêtnam depuis 1870, année où la banque a ouvert sa première agence à Saigon (aujourd'hui Ho Chi Minh Ville).

[237] HSBC détenait 18% des actions du groupe national, lorsqu'il fut annoncé fin 2012 qu'elle se désengageait et cédait sa participation au japonais Sumitomo Life.

Mais si les banques voient dans la bancassurance un gage de développement, il en va de même des assureurs, et il est significatif à ce propos que Bao Viet, premier assureur vie du pays, ait passé des accords de distribution avec plusieurs banques : HSBC, Techcombank et Bao Viet Bank, pour écouler ses différentes gammes de produits.

3. Quelques bémols

Il convient toutefois de relativiser le développement de cette forme de distribution. En effet, le nombre de clients y recourant demeure modeste. Ainsi, l'assureur BIC, filiale de la Banque de développement et d'investissement, estimé comme performant en la matière, ne réalise de cette façon que 10% de son chiffre.

La raison tient au fait qu'il s'agit d'un moyen récent auquel la réglementation actuelle n'a pas encore apporté toute l'attention désirable. En outre, beaucoup de vietnamiens moyens se méfient des banques, compte tenu des difficultés d'accès au crédit, et évitent de franchir le seuil des agences pour souscrire une assurance, voire tout bonnement pour ouvrir un compte (seuls 8% de la population détiennent un compte).

*b. Les autres modes de distribution*

Parmi les modes de distribution, dits alternatifs, mis en œuvre par la suite, il faut citer internet, la télévente, les guichets automatiques, les centres commerciaux et les bureaux de poste.

1. La vente sur internet

Bien que le taux de pénétration d'internet au Viêtnam soit relativement bas, environ 30% en 2010, il a tendance à augmenter et pour cette raison certains assureurs ou bancassureurs ont commencé à y recourir pour proposer et vendre leurs produits.

Ainsi *Global Insurance Company* - GIC a lancé un service d'assurance en ligne (http:/baohiemtructuyen.com.vn) permettant à des souscripteurs potentiels de se documenter en profondeur sur différents types d'assurance. La souscription faite, l'assuré peut payer en ligne au moyen de sa carte bancaire et imprimer son contrat.

2. La vente par télévendeurs

La télévente d'assurance consiste à entrer en contact par téléphone avec des prospects soit en vue d'obtenir des rendez-vous, soit afin de présenter et de conclure la vente de produits d'assurance au terme d'une démarche structurée. Elle repose sur la constitution d'équipes de vendeurs d'assurance, rassemblés sur des plateformes et guidés par des moniteurs.

Ainsi *Prudential Vietnam Assurance* recourt à ce mode de distribution[238] avec un certain succès : en trois ans, au prix de l'installation de plateformes dans quatre villes, Ho Chi Minh Ville, Hanoi, Da Nang et Can Tho, 220 agents télévendeurs seraient ainsi parvenus à un total de ventes de 4 à 5 milliards de dong[239]. Deux autres sociétés pratiquent ce genre de distribution : AIG et Manulife.

3. La vente par guichets automatiques

Un guichet automatique consiste en une installation encastrée dans le mur d'un immeuble et munie d'une fente dans laquelle le client insère une carte en plastique munie d'une bande magnétique ou d'une puce contenant les données nécessaires à son identification. Destiné au retrait d'argent et à la consultation de comptes, un guichet automatique possède d'autres fonctionnalités, telles qu'effectuer des virements, commander des chéquiers, etc., voire souscrire un contrat d'assurance.

C'est ainsi qu'en août 2011, à la suite de ses expériences de télévente, l'assureur dommages *Global Insurance Company* – GIC a lancé une formule de souscription d'assurance au guichet, offrant des produits de grande diffusion comme l'assurance automobile, l'assurance habitation ou l'assurance voyage.

4. La vente dans les centres commerciaux

Quelques assureurs ont choisi de miser sur l'attractivité des centres commerciaux et y ont ouvert des boutiques dans lesquelles des employés proposent des contrats d'assurance à la clientèle.

Parmi les compagnies qui ont tenté l'expérience, citons *ACE Insurance Company, Ltd.*, (ACE Vietnam) qui a conclu un partenariat en avril 2010 avec De Nhat Phan Khang Shopping Center, l'un des grands groupes

---

[238] "Foreign insurers flock to Vietnam", 3 February 2011, www.vrl-financial-news.com/...insurance.../foreig...
[239] www.nashtechsoftware.com/.../prud

vietnamiens de distribution. Selon les termes de l'accord, des produits d'assurance accidents et santé étaient d'abord proposés dans le centre commercial Phan Kang, d'Ho Chi Minh Ville, puis dans ceux d'autres grandes villes.

5. La vente dans les bureaux de poste

Il existe une relation étroite entre l'administration postale, qui a pour mission de recevoir, gérer et transférer de l'argent, et les sociétés d'assurance vie dont le savoir faire en matière de conception et d'administration de produits d'épargne est reconnu. C'est dans cette optique que le groupe Prévoir, de Paris, ayant obtenu un agrément pour opérer en vie, passa un accord en mars 2003 avec la Compagnie générale des télécommunications et des postes du Viêtnam (VNPT)[240], marquant ainsi « *le début de la commercialisation de l'assurance-vie postale dans l'ensemble du pays* [...], *les clients* [bénéficiant] *de la grande qualité des services proposés par VNPT et de l'étendue de son réseau couvrant l'ensemble des 64 provinces du pays, avec des bureaux ouverts 7 jours sur 7 et tenus par des équipes de guichetiers compétents* »[241].

## SECTION 3. Les bureaux de représentation de courtiers

Depuis le début de la décennie 1990 quelques courtiers disposent au Viêtnam de bureaux de représentation dont il importe de préciser le rôle.

### *a. Présence des bureaux de représentation*

Les premiers bureaux de représentation de courtiers étrangers furent de nationalité variée :

- hollandaise : Heath Hudig Langeveldt - HHL, le premier à avoir reçu en novembre 1993 un agrément du ministère des finances,
- française : Gras Savoye, membre du réseau Unison, et donc appelé à représenter également les autres courtiers de ce réseau, agréé en 1993,
- sino-anglaise : Inchinbrok, de Hong Kong, filiale commune des courtiers Bain Clarkson et Inchcape, et disposant d'un partenariat avec la compagnie Bao Viet,

---

[240] D'autre part, VNPT dispose d'une société d'assurance dommages, PTI, agréée en 1998.
[241] Dang Huê, « Distribution de l'assurance-vie VNPT - Prévoir Vietnam », *Le Courrier du Vietnam*, 29 Mars 2006.

- britannique : Jardine, aux lointaines origines chinoises, puis Sedgwick, en novembre 1994.

### *b. Rôle des bureaux de représentation*

Les bureaux de représentation dont nous avons exposé la raison d'être au chapitre des entreprises d'assurance, jouent un certain rôle dans le placement des affaires relatives aux risques industriels ou commerciaux. Lorsqu'une entreprise étrangère implantée dans le pays fait appel à l'un d'eux, celui-ci étudie les risques de sa cliente, définit ses besoins en assurance et cherche un réassureur extérieur susceptible d'accepter la réassurance d'un contrat émis au Viêtnam.

Cela fait, le technicien du bureau de représentation propose l'affaire à une compagnie agréée au Viêtnam qui, si elle l'accepte, établit une police dans les limites de son tableau de pleins, l'excédent étant placé pour partie en réassurance locale et pour le reste auprès du réassureur étranger mentionné précédemment. Ce dernier verse des honoraires au bureau de représentation, aucune commission n'étant payée par l'assureur direct à celui-ci.

On voit par là que le système bénéficie aux deux parties en présence, les sociétés étrangères désireuses de s'installer, et les sociétés nationales :

- les sociétés étrangères, durant la période de quelques années que la réglementation leur impartit, ont tout loisir de s'accoutumer aux usages et spécificités du pays. En outre, elles ont la possibilité de se faire mieux connaître des autorités et de leurs futurs clients ;

- les sociétés nationales, observant la façon dont les bureaux de représentation accomplissent leurs opérations d'approche du marché et remplissent leur rôle de conseil, s'initient aux règles et aux usages internationaux en matière d'assurance, améliorant ainsi leur potentiel technique et commercial.

Siège social de Prévoir Viet Nam, à Hanoi
(Photo Prévoir)

## Chapitre 4. L'assurance vie, retraite et santé

Étant donné que l'assurance doit notamment se préoccuper de la protection de l'intégrité physique des personnes, il est d'usage de traiter simultanément des programmes d'assurance vie, d'assurance retraite et d'assurance santé.

### SECTION 1. La satisfaction des besoins de base des assurables

À l'instar des individus de tout autre pays, les vietnamiens ressentent fortement le besoin de voir garanties leur longévité et leur santé, ainsi que celles de leurs proches.

Pendant longtemps, des systèmes traditionnels d'assistance ont pourvu aux besoins de base des personnes âgées ou frappées par l'accident ou la maladie. Puis un régime moderne de Sécurité sociale est venu se substituer aux anciennes formules appelées à décliner.

#### *a. Les systèmes traditionnels d'assistance aux personnes âgées ou malades*

Régis par la coutume, les systèmes traditionnels consistent dans l'accueil au sein d'une famille, de leurs membres âgés ou frappés par la maladie, et qui, devenus incapables de continuer à travailler, ne peuvent plus assurer leur subsistance.

Pour l'avenir, le maintien de ces personnes au sein du groupe familial revêt d'autant plus d'importance que « *les personnes âgées représenteront 18% de la population vietnamienne en 2020* » et que d'ores et déjà « *95% de celles-ci sont malades, dont quelque 55% de maladies chroniques* »[242].

Il demeure qu'une véritable politique sociale des personnes âgées apparaît comme une nécessité, d'ailleurs admise par les pouvoirs publics, mais les

[242] « Augmentation [du nombre] de personnes âgées au Vietnam en 2020 », Agence vietnamienne d'information-AVI, 23 août 2011.

programmes gouvernementaux mis en place jusqu'à ce jour butent sur l'obstacle financier[243].

### *b. La protection sociale au Viêtnam*[244]

L'assurance-maladie a été introduite au Viêtnam par un décret de 1998 relatif au régime d'assurance maladie de l'État. En remplacement de cette réglementation, un nouveau texte est entré en vigueur en juillet 2005. Il vise à élargir les couvertures, à fournir de meilleures prestations aux assurés et à simplifier les procédures.

#### 1. Les deux types d'assurance maladie

Le texte du décret de 2005 fait référence à deux types d'assurance maladie gérés par un seul fonds dénommé Sécurité sociale du Viêtnam, ou VSS (*Vietnamese Social Security*), qui garantit près de la moitié de la population vietnamienne :

- l'assurance maladie obligatoire : elle s'applique à tous les travailleurs vietnamiens et couvre 14 catégories d'assurés, contre 10 pour le décret de 1998. Les quatre nouvelles catégories sont les officiers de l'armée en activité, les parents des officiers de l'armée et de la police, les personnes percevant des pensions sociales et celles âgées de 90 ans ou davantage.

- l'assurance maladie volontaire : elle s'applique à toutes les personnes désireuses d'y souscrire volontairement, par exemple les étrangers qui viennent au Viêtnam pour affaires, pour études ou dans un but touristique, mais aussi les assurés du régime d'assurance maladie obligatoire qui souhaitent bénéficier de prestations d'un niveau plus élevé.

L'assurance maladie est financée au moyen de cotisations versées par les employeurs et les assurés, par des contributions de l'État pour les membres subventionnés et par des fonds provenant de mesures visant à préserver et à renforcer la caisse. Le nombre de personnes bénéficiant de ce système représente 39% de la population.

---

[243] « Nécessité de disposer d'une règlementation sur les personnes âgées », *Le Courrier du Vietnam*, 8 Juin 2009.

[244] Le développement qui suit est notamment inspiré de Maison des Français de l'étranger, « Vietnam, Régime local de sécurité sociale », juillet 2009, www.mfe.org › Portails Pays › Vietnam.

La gestion du fonds est placée sous la responsabilité des gouvernements provinciaux. Le fonds est alimenté par une contribution individuelle annuelle dont l'État et les autorités locales financent une partie au moyen de subventions. A la fin de 2004, le fonds garantissait ainsi 11 millions de personnes (84% de la population cible).

2. Les assurances obligatoires

L'adhésion au régime de Sécurité sociale est obligatoire pour les titulaires de contrats à durée déterminée de plus de trois mois et pour ceux ayant des contrats à durée indéterminée. Pour les contrats de moins de trois mois, une somme équivalente aux contributions sociales est ajoutée au salaire de base.

Les cotisations des salariés vietnamiens des entreprises étrangères, des bureaux de représentation, des succursales d'entreprises étrangères et de leurs employeurs concernent deux types d'assurances obligatoires : l'assurance sociale et l'assurance santé. La part patronale s'élève à 17% pour les deux assurances et la part salariale à 6% au total selon la répartition indiquée ci-après.

L'assurance sociale

L'assurance sociale ouvre le droit au versement d'une allocation dans les cinq cas suivants : maladie, maternité, accident du travail ou maladie professionnelle, retraite et décès. La cotisation patronale est de 11% et la cotisation salariale de 5%.

L'assurance santé

L'assurance santé permet la prise en charge des frais médicaux, pharmaceutiques et d'hospitalisation des salariés. Depuis 2009, la cotisation patronale s'élève à 3% et la cotisation salariale à 1,5%. Par ailleurs, les bénéficiaires de l'assurance santé doivent supporter un ticket modérateur égal à 20% de leurs dépenses de nature médicale, depuis le 1er janvier 1999.

La politique du renouveau en matière économique (*doi moi*) a eu pour effet de déplacer les dépenses de santé de l'État vers les familles. En 1989, le gouvernement a permis une médecine privée et une autonomie financière et tarifaire aux hôpitaux publics. Mais « *si ces réformes ont permis un meilleur équipement des centres de soins dans les villes, provoquant des inégalités entres zones urbaines et rurales, elles ont également causé une augmentation de la charge pesant sur les familles* »[245].

[245] www. vivrealetranger.studyrama .com › Dossiers Destinations › Vietnam.

| | 2007 | 2008 | 2009 | 2010 |
|---|---|---|---|---|
| Espérance de vie à la naissance (en années) | | | 72 | |
| Taux de mortalité des adultes (probabilité de décès entre 15 et 60 ans) (pour1 000) | | | 130 | |
| Consommation individuelle d'alcool (en litres d'alcool pur par an et par personne de plus de 15 ans) | 1,2 | | | |
| Nombre de lits d'hôpital (pour 10 000) | | 29 | 31 | |
| Nombre de médecins (en 1 000) | | 107 | | |
| Dépenses personnelles de santé, en % des dépenses totales | 92,7 | 92,7 | 92,7 | 92,7 |
| Dépenses totales de santé, en % du PIB | 7 | 6,6 | 6,9 | 6,8 |

Source : *WHO Global Health Observatory Data Repository*

Quelques données relatives à la santé au Viêtnam

Les autres prestations

Les autres prestations concernent l'assurance chômage et, éventuellement, les allocations familiales.

- Le chômage. En 2011, le taux de chômage a été de 3,96% de la population active (51 millions de personnes) en zone urbaine et de 2,02% en zone rurale.

Afin de subvenir aux besoins des personnes sans emploi, un régime d'assurance chômage a été créé en 2006. Toutefois, aux termes de cette réglementation, « *seuls les salariés titulaires d'un contrat de travail de 12 à 36 mois ou d'un CDI* [contrat à durée indéterminée] *bénéficiaient de l'assurance chômage. Les employeurs concernés étaient des organismes publics, associations politiques, sociales et professionnelles, entreprises, coopératives ainsi qu* [e des] *'organisations internationales présentes au Vietnam employant plus de dix salariés...* »[246]

- Les allocations familiales. Notons qu'à l'opposé des pays développés et dans le cadre de la politique nationale de limitation de la poussée démographique, il n'existe pas de prestations familiales au Viêt Nam.

De toute façon, le niveau assez bas des prestations prévues par le régime de Sécurité sociale justifie l'appel à des programmes complémentaires d'assurance mis au point pas des sociétés, vie ou non-vie, opérant sur le marché.

## SECTION 2. Les programmes d'assurance vie, épargne et retraite

La forme d'assurance la plus répandue est l'assurance mixte, suivie par l'assurance vie universelle, les autres types d'assurance rencontrant moins de succès.

### *a. Les formes d'assurance vie*

On trouve sur le marché les différentes formes de produits existant dans les pays développés, et en premier lieu l'assurance mixte et l'assurance vie universelle.

#### 1. L'assurance mixte

Dans son principe, l'assurance mixte prévoit soit le versement, au bénéficiaire désigné aux conditions particulières, du capital prévu lors de la souscription, au cas où le décès de l'assuré survient avant le terme du contrat, soit le versement de ce capital à l'assuré lui-même en cas de survie de celui-ci.

L'assurance mixte connaît un réel succès, puisque avec près de 70% des émissions en 2010, elle peut être considérée comme la locomotive du marché. Ce succès, déjà souligné *supra* lors de notre étude de la période 1954-1975, s'explique par le fait que l'assuré a l'impression de gagner à coup sûr : si l'assureur ne paie pas avant le terme, il doit alors s'acquitter du versement lorsque l'assuré atteint l'âge prévu (60 ans ou 65 ans, le plus

---

[246] « De plus en plus de Hanoïens vont pointer au chômage », *Le Courrier du Vietnam*, 4 janvier 2012.

souvent). Mais le profane néglige alors le fait qu'il paie davantage que si, ayant analysé son besoin réel, il se bornait à souscrire l'une des deux formules, à cause de décès ou à cause de vie.

Dans le cas du marché vietnamien, on estime que c'est la prestation épargne qui intéresse le plus l'assuré, décrit comme une personne à revenus assez bas ou moyens, le capital attendu étant destiné le plus souvent à financer l'éducation d'enfants ou une cérémonie de mariage, ou parfois à servir de complément de retraite.

2. L'assurance vie universelle

La principale qualité de l'assurance vie universelle est sa souplesse. En effet, ce type d'assurance s'entend d'un contrat caractérisé par la possibilité offerte au souscripteur de faire varier à tout moment les sommes assurées, ainsi que le montant des primes et la fréquence de leur versement.

En outre, la plupart des assureurs proposant l'assurance universelle prévoient des avantages indéniables :
- l'accroissement annuel automatique des sommes assurées, de 5% généralement, en vue de protéger les capitaux contre l'inflation (mais celle-ci peut se révéler supérieure au pourcentage stipulé),
- la garantie d'un intérêt annuel pouvant aller jusqu'à 5% ou davantage,
- le versement, à intervalles périodiques, d'un bonus additionnel dit *Loyalty*, dont le montant est fonction du rendement des placements de l'assureur.

3. Les autres formules d'assurance

Parmi les autres formules d'assurance, dont la souscription est moins pratiquée, mentionnons :

- L'assurance temporaire décès. C'est une assurance garantissant le versement d'un capital en cas de décès de l'assuré avant le terme (65 ans au maximum) indiqué dans la police. Certains assureurs prévoient le remboursement des primes dans le cas où l'assuré est vivant au terme, ce qui revient à faire de ce contrat une sorte d'assurance mixte ;

- L'assurance capitaux différés. Elle garantit le versement d'un capital à l'assuré, si celui-ci est vivant à la date prévue au contrat. La plupart du temps, cette forme d'assurance qui est surtout proposée par les « grands », Bao Viet ou Manulife par exemple, est prévue sous la forme de rente différée, les versements périodiques n'intervenant qu'à partir de la date prévue par l'assuré, quand il atteint l'âge de 65 ans le plus souvent ;

- L'assurance vie entière. C'est une assurance à primes viagères ou temporaires, garantissant le versement d'un capital au moment du décès de l'assuré, quelle que soit l'époque de ce décès. Sa part de marché ne cesse de diminuer au fil des années.

### *b. Points communs à ces différentes formules*

Quelle soit la forme des contrats diffusés par les assureurs vie, un certain nombre de points leur sont communs.

#### 1. La question des antécédents médicaux

A l'égal des assureurs vie de tous les pays, les techniciens des compagnies opérant sur le marché vietnamien se méfient du phénomène d'antisélection[247], qu'ils s'efforcent de combattre par la sollicitation de données de caractère médical, soit au moyen d'un questionnaire figurant sur l'imprimé de proposition, soit, lorsque l'importance des capitaux demandés le justifie, par un examen pratiqué par un médecin-conseil et qui permettra à la compagnie d'accepter ou de refuser la proposition.

A cet égard, les droits de la personne et le secret médical semblent moins rigoureux que dans d'autres pays, l'assureur pouvant interroger ouvertement le proposant sur la nature de toutes les affections dont il souffre ou requérir toutes informations utiles du médecin traitant, sur des maladies comme le SIDA par exemple.

#### 2. Le recours aux tables de mortalité

Une table de mortalité consiste en un tableau indiquant, par année d'âge, la possibilité de décès d'un ensemble de personnes au cours d'une année. Il s'agit là d'un outil actuariel absolument indispensable pour l'établissement de tout tarif d'assurance vie.

En l'occurrence, il n'existe pas de table de mortalité spécifique au marché vietnamien. Lors de leur arrivée sur le marché, les assureurs ont donc dû adapter des tables d'origine étrangère, et les faire accepter par l'autorité de contrôle. Néanmoins le projet d'établissement d'une table purement vietnamienne a été mis à l'étude en 2011.

---

[247] On entend par antisélection la propension de personnes particulièrement sujettes à risques, à chercher à s'assurer.

### 3. Les critères de tarification

Parmi les principaux critères de tarification, mentionnons l'âge de l'assurable (voir *supra* la question des tables de mortalité), le sexe (les femmes bénéficient, à âge égal, d'un tarif inférieur à celui des hommes), l'état de santé et les antécédents familiaux, les activités professionnelles (le caractère sédentaire ou non de l'emploi du proposant revêtant une certaine importance), les activités de caractère privé (la pratique de certains sports par exemple) et le lieu de résidence.

### 4. Le libellé des capitaux

Les sommes assurées figurant aux contrats délivrés par les assureurs vietnamiens sont obligatoirement libellées en dong. Les formules lancées par quelques assureurs étrangers, consistant à revaloriser les capitaux souscrits en fonction de la dévaluation du dong par rapport au dollar ont été en principe interdites depuis 2011 (décret 95/2011/ND-CP du 20 octobre sur les sanctions administratives applicables aux violations administratives dans le secteur bancaire et monétaire).

### 5. Les garanties additionnelles

La plupart des assureurs offrent aux souscripteurs, moyennant prime additionnelle séparée, l'adjonction de garanties telles qu'une couverture accident supplémentaire, le versement du capital en cas d'incapacité permanente à 100%, le remboursement des frais de traitement en cas de maladie grave, des indemnités journalières en cas d'hospitalisation, une contre-assurance[248], etc.

### 6. L'assurance en garantie d'un prêt

Certains vietnamiens désireux d'acquérir un bien (voiture, équipement ménager) peuvent solliciter un prêt d'une banque, laquelle conditionne son accord à l'obligation de souscrire une assurance vie. L'assurance, délivrée pour une durée correspondant à celle du crédit consenti, est établie par un assureur avec lequel la banque a conclu un accord, sous la forme d'un contrat individuel rattaché à une assurance de groupe.

---

[248] En assurance en cas de vie, la contre-assurance permet le remboursement au bénéficiaire ou aux ayants droit de l'assuré décédé avant le terme du contrat, des primes versées jusqu'alors.

7. La défaveur à l'égard des contrats en unités de compte (UC)

Les contrats stipulés en unités de compte, pour lesquels il existe une réglementation, la décision 102/2007/QD/BTC de décembre 2007, doivent comporter un capital minimum (35 millions de dong, ou 125% de la prime). Par ailleurs, les assureurs délivrant ce type de contrats sont tenus de posséder leur propre fonds de gestion d'actifs.

Les polices libellées en UC connurent d'abord un succès notable, au point qu'au moment de leur introduction, un certain nombre de personnes les préférèrent aux formules traditionnelles dont ils étaient titulaires et dont ils sollicitèrent le rachat. Mais après la crise boursière de 2008 qui fit perdre beaucoup d'argent à de nombreuses personnes, certains assurés eurent bientôt tendance à les délaisser pour revenir aux formules conventionnelles.

8. La participation aux bénéfices

Sauf pour les contrats uniquement à cause de décès, les assureurs insèrent dans le teste de leurs polices des clauses de participation aux bénéfices. Le taux de cette participation varie selon les produits et selon les assureurs, mais on estime qu'il atteint en moyenne entre 2% et 4% des résultats techniques et/ou financiers. En outre, selon la loi, la répartition de ces résultats doit s'effectuer selon les proportions suivantes : 3/4 au profit des assurés, et 1/4 au profit des actionnaires.

9. L'absence de fiscalité spécifique

Aucune fiscalité spécifique ne concerne l'assurance vie. En effet, d'une part, contrairement à certaines réglementations nationales, la législation vietnamienne n'a jamais prévu d'avantages fiscaux pour les souscripteurs ou les détenteurs de contrats d'assurance sur la vie. Et d'autre part, nul impôt ou taxe ne frappe les sommes reçues de l'assureur à la fin d'un contrat.

10. La chute des contrats

Comme sur tout marché d'assurance vie, une partie des contrats ne vont pas jusqu'au terme prévu, soit parce que les assurés cessent de verser les primes, soit (en cas d'assurance en cas de vie) parce qu'ils sollicitent le rachat. Selon les données du ministère des finances, au titre des années 2008 et 2010 les taux de chute se présentaient comme suit, en % :

| Types de contrat → | | Tempo-raire décès | Vie entière | Mixte | Capitaux Différés | Unités de compte |
|---|---|---|---|---|---|---|
| 2008 | 1e année | 10,70 | 5,10 | 1,80 | 1,00 | 2,70 |
| | 2e année | 7,20 | 5,70 | 2,40 | 3,00 | 4,90 |
| 2010 | 1e année | 5,30 | 1,25 | 2,20 | 0,40 | 4,20 |
| | 2e année | 4,60 | 2,10 | 1,50 | 0,45 | 2,70 |

De cette statistique, il ressort que le type de contrat qui « tient » le mieux est l'assurance mixte, à l'opposé des formules dites temporaire décès (presque deux contrats sur dix chutant au cours des deux années suivant la souscription !) ou vie entière.

### *c. Les résultats commerciaux de l'assurance vie*

Au cours de ses vingt premières années d'existence, le marché a enregistré des résultats encourageants, ainsi qu'en témoignent les données en provenance des professionnels.

| Émissions de primes vie* | 2007 | 2008 | 2009 | 2010 | 2011 |
|---|---|---|---|---|---|
| En trillions de dong | 9,4 | 10,3 | 11,8 | 13,8 | 16 |
| En millions $ US | 470 | 515 | 590 | 690 | 800 |
| % augmentation annuelle | - | 8,7 | 14,5 | 17 | 16 |

*Affaires nouvelles et polices en portefeuille. Source : Association des assureurs vietnamiens.

## SECTION 3. L'assurance santé

L'opinion générale sur le système de santé se résume en quelque mots : longues files d'attente et qualité inégale des soins, trop d'établissements hospitaliers étant sous-équipés ou ne disposant pas d'un personnel qualifié suffisant. Une telle appréciation justifie du coup l'instauration d'un système privé de soins, baptisé Assurance médicale privée (*Private Medical Insurance* - PMI) que des courtiers proposent dans le cadre de programmes internationaux bénéficiant à des travailleurs étrangers expatriés ou que des compagnies d'assurance vie installées dans le pays ont conçu à l'intention de vietnamiens aisés.

Un programme privé de ce genre, souvent annexé à un contrat d'assurance vie, individuel ou groupe, comprend généralement les prestations minima suivantes en cas d'accident : remboursement des frais médicaux, chirurgicaux et d'hospitalisation, versement d'une indemnité en cas d'incapacité permanente ou de décès. Mais certains programmes offrent des couvertures plus étendues, ajoutant la garantie des risques de maladies, de soins dentaires et d'ophtalmologie, de maternité, etc., tout en prévoyant des limites financières de l'ordre de 5 000 à 10 000 $ par an.

M. Blanchard, directeur de l'hôpital français de Hanoi, recevant un diplôme international d'excellence (Lucien.Blanchard@hfh.com.vn)

Parmi les assureurs spécialisés dans la gestion de tels programmes mentionnons en premier lieu Bao Viet, ainsi que Dai-Ichi Life, compagnie japonaise agréée au Viêtnam en 2007.

Les résultats techniques de l'assurance santé (le ratio sinistre-primes serait d'environ 50%) semblent satisfaisants. Quant à ses résultats commerciaux, auxquels sont ajoutés ceux de la branche individuelle accident, ils se présentent comme suit, selon les sources officielles :

| Émissions | 2007 | 2008 | 2009 | 2010 |
|---|---|---|---|---|
| En millions dong | 1 200 000 | 1 600 000 | 1 960 000 | 2 501 670 |
| En millions $ US | 75 | 100 | 115 | 135 |

## SECTION 4. Des systèmes complémentaires de protection

Le régime officiel de Sécurité sociale et les programmes d'assurance vie, retraite et santé ne sont pas les seuls moyens de protection des personnes pour leur garantir une longévité et une santé correctes. Parmi les systèmes complémentaires de protection sociale, on peut citer les tontines et la micro-assurance.

### *a. Les tontines*

Une tontine est un système informel d'épargne, de crédit et/ou d'assurance, pratiqué dans certains pays en développement, et consistant en l'association volontaire d'une ou plusieurs dizaines de personnes présentant certaines caractéristiques communes, que ce soit par l'origine sociale, par l'ethnie, par l'occupation professionnelle ou par le niveau de revenus.

L'originalité de la tontine réside dans le fait qu'elle constitue, en dehors de toute intervention officielle, un groupe autogéré, souverain dans ses décisions (détermination du montant des cotisations, collecte et conservation de celles-ci, mode d'allocation des fonds), et visant à procurer à ses membres le type d'avantages que les banques réservent à leurs clients et les entreprises d'assurance à leurs assurés, mais à moindre coût et, selon les personnes concernées, avec une meilleure certitude de recevoir le service attendu.

Au Viêtnam, c'est surtout dans une optique d'épargne, et pour accéder à des microcrédits, ceux-ci étant destinés le plus souvent à permettre l'achat d'un bien, mais parfois à supporter le coût d'une hospitalisation ou la perte d'une récolte du fait d'un aléa naturel, que l'on recourt à la tontine (*hui*). Notons aussi que le phénomène tontinier est essentiellement répandu dans les milieux féminins via les associations de femmes[249].

---

[249] Michel Lelart, *La microfinance au Vietnam : situation et enjeux*, Document de Recherche n° 2007-29, Laboratoire d'Économie d'Orléans, p. 10.

*b. La micro-assurance*

On entend par micro-assurance un système d'assurance destiné à des assurables disposant de ressources financières très faibles et leur permettant de souscrire des contrats composés de garanties de base, moins complets que ceux de l'assurance conventionnelle, et d'un coût moins élevé.

Les contrats garantissent généralement les risques de décès, et les dépenses de santé nécessitées par un accident ou une maladie (ainsi que les dommages aux récoltes).

En 2009 la filiale vietnamienne de la société d'assurance canadienne Manulife et l'Union des femmes du Viêtnam (qui rassemble 11 millions de membres) ont signé un accord appelé « *Solutions de protection des femmes et de la famille* », destiné à aider financièrement des femmes âgées de 20 à 50 ans et disposant de faibles revenus en leur permettant de résoudre les difficultés financières qu'elles pourraient éprouver dans des circonstances inattendues.

Aux termes de cet accord, les personnes ayant adhéré seront indemnisées en cas de décès accidentel et d'hospitalisation suite à maladie ou accident[250]. La prime annuelle s'élève en moyenne à 300 000 dong (15 $), payables mensuellement, le versement pouvant être effectué par SMS (*Short message service*) ou à partir du terminal d'un café internet. Ainsi que l'a noté un observateur, « *paradoxalement, c'est dans ces zones pauvres et reculées, où les infrastructures n'existent pas, que la technologie a son plus bel avenir* »[251].

Malgré le faible coût de l'assurance et les facilités de paiement offertes à la clientèle, le taux de non-paiement serait supérieur à celui du marché, toutes catégories d'assurés confondues.

---

[250] La segmentation de la clientèle et le mode d'adhésion ressemblent à l'assurance de groupement, ou *association business*, qui consiste à constituer en mutualité un certain nombre de personnes afin de leur permettre d'accéder à un ensemble de prestations à des conditions tarifaires préférentielles.

[251] J.-P. Daniel, « Au Vietnam, l'innovation sur un petit marché », *La Tribune de l'assurance*, n° 161, septembre 2011.

SECTION 5. Conclusion sur l'assurance vie

Pratiquement inexistante en 1993, l'assurance vie au Viêtnam a, en vingt ans et dans différents domaines (réglementation, produits, marché), grâce au dynamisme de deux nouvelles sociétés, Prudential et Manulife, effectué un parcours remarquable, en passant de 3 200 ($10^6$) dong en 1997 à 1 289 000 ($10^6$) dong en 2000, multipliant ainsi ses émissions de 400 fois en quatre ans, et celles-ci atteignant le montant de 12 526 297 000 dong en 2010, ou 596 millions $ US, de sorte qu'elles approchaient alors le chiffre d'affaires de l'assurance dommages.

Pour l'avenir, au début de la seconde décennie et compte tenu du potentiel du marché, les spécialistes s'accordaient sur une forte expansion de l'assurance vie : « *Le marché vietnamien recèle un énorme potentiel de développement dans les toutes prochaines années, confirme Co Minh Duc, directeur régional en Asie du groupe Prévoir qui, lui, anticipe une croissance de 15% à 30% au lieu de 10% aujourd'hui. Une prévision qui semble non déraisonnable puisque seulement 5% de la population est titulaire d'une police d'assurance* »[252].

Toutefois, vu les insuffisances sur certains points, les efforts prodigués en vue d'une amélioration de la situation devront se poursuivre quelque temps.

*a. Les produits d'assurance*

Une personne désireuse de contracter une assurance vie peut trouver sur le marché vietnamien n'importe quel produit susceptible de satisfaire ses besoins, qu'il s'agisse de la protection de la famille (temporaire décès, rente éducation) ou de la constitution d'une épargne (capitaux différés), voire de viser simultanément les deux buts (mixte, vie entière).

En outre, les formules d'assurance vie universelle permettent de faire évoluer commodément dans le temps le niveau des couvertures et les modalités de paiement des primes.

[252] Thê Linh, art. 2012 cité.

### *b. Les assureurs et la distribution*

En 2012, une douzaine d'assureurs, purement nationaux, étrangers ou mixtes (co-entreprises) offraient leurs produits, et plusieurs autres, passés par l'étape d'un bureau de représentation, attendaient du ministère l'agrément tant désiré.

Par ailleurs, les principales compagnies disposent, on l'a vu, d'un réseau d'agents qu'elles ne cessent d'étoffer, tandis que la bancassurance, incontestable source de promesses de grands développements, n'en est qu'à ses débuts.

Tous ces éléments permettent de pronostiquer une forte expansion de la branche vie dans les années à venir, dans la mesure d'une amélioration des moyens d'existence et des capacités financières de l'assurable moyen.

# Chapitre 5. L'assurance transports (ou maritime)

L'assurance transports, ou assurance maritime, qui concerne tant les moyens de déplacement des personnes et d'acheminement des marchandises que les dommages susceptibles de leur survenir, se justifie par le fait que le Viêtnam dispose de nombreuses flottes de « véhicules » aériens, maritimes ou fluviaux, et que ceux-ci se trouvent souvent frappés par la survenance d'aléas coûteux.

Par ailleurs, comme la plupart des autres types d'assurance dommages (ex - assurance IARD), l'assurance transports a conservé sa distinction traditionnelle entre deux formes principales : l'assurance corps (navire ou aéronef) et l'assurance facultés (marchandises transportées), traitées par des assureurs spécialisés. S'y ajoute l'assurance de responsabilité civile en cas de recours de tiers, qui est souvent du ressort de mutuelles.

## SECTION 1. Les flottes et leurs sinistres

De nature très diverse, les moyens de transport au Viêtnam se trouvent fréquemment l'objet d'aléas de différentes natures, pour de nombreuses raisons.

### *a. Les flottes*

Nous nous bornerons ici aux flottes de navires et d'aéronefs.

#### 1. Les moyens de transport maritimes ou fluviaux

Les moyens de transport maritimes ou fluviaux, dont les répertoires (Lloyd's Register of Shipping) chiffraient le nombre à 1478 en 2004, sont très diversifiés. Ils comprennent des pétroliers (239 cette année-là), et des minéraliers ou transporteurs de vrac (142 unités).

Il convient d'y ajouter des méthaniers pour le transport du gaz naturel, des porte-conteneurs, des bateaux de pêche souvent non assurés, des navires de transport de personnes (touristes, locaux), et des bateaux à usage industriel (grues flottantes, barges, etc.).

L'âge de ces bateaux est souvent élevé (15 à 20 ans, et parfois davantage), mais l'industrie de la réparation et de l'entretien se trouve normalement à même d'y pourvoir.

### 2. Les aéronefs

En juin 2012, la compagnie aérienne nationale Vietnam Airlines exploitait 71 avions, soit 46 Airbus, 10 Boeing, environ 10 ATR et quelques Fokker.

Par ailleurs, plusieurs compagnies créées à partir de 2010, comme VietJetAir (6 appareils) et Air Mékong (4 appareils) que l'on peut qualifier de transporteurs de second rang, proposent soit des vols intérieurs soit des liaisons avec des villes étrangères proches (Singapour, Bangkok).

## *b. Les sinistres*

Les cieux vietnamiens et les mers bordant le pays ont été gravement endeuillés à plusieurs reprises par des sinistres d'une gravité relativement élevée.

### 1. Les sinistres aériens

Ainsi, en dix ans, Vietnam Airlines a connu trois graves accidents, tous survenus à des appareils de fabrication russe, genre d'avions depuis lors éliminés de la flotte :

- en septembre 1988, 76 morts avec un Tupolev Tu-134,
- en novembre 1992, 30 morts avec un Yakovlev Yak-40,
- en septembre 1997, 65 morts avec un Tupolev Tu-134.

### 2. Les sinistres maritimes

La fréquence des sinistres frappant des bateaux vietnamiens au cours de voyages maritimes est avérée. Ainsi, en deux années, 2010 et 2011, furent répertoriés huit incidents majeurs concernant des bateaux vietnamiens, dont :

- Le Dong Phong qui s'est échoué le 22 mars 2010 sur la côte d'Hokkaido, Japon ;
- Le cargo Phu Tan, ayant 27 personnes à bord, qui a sombré le 15 décembre 2010 : 25 morts ;

- Le cargo Van Don N°2, avec 23 membres d'équipage, qui a coulé en mer de Chine méridionale le 26 décembre 2010, faisant 12 morts ou disparus ;
- Un bateau de tourisme qui fit naufrage en baie d'Along, en février 2011, causant 12 morts.

## SECTION 2. L'assurance corps

L'assurance corps sert à indemniser l'assuré pour les dommages subis par son navire ou par son aéronef, mais il existe des différences entre ces deux catégories.

### *a. L'assurance corps de navire*

L'assurance corps de navire a pour objet d'indemniser l'assuré des pertes et dommages matériels subis par les navires à la suite d'un évènement garanti, mais elle peut également couvrir les recours exercés contre l'assuré à l'occasion de litiges engageant sa responsabilité civile délictuelle ou contractuelle.

Les évènements garantis sont détaillés dans des modèles de polices internationales, dont les plus connus sont les « *Hull London UTC* » de 1983, modifiés en 1995 (art. 6 : *Perils*), très utilisés sur le marché vietnamien.

Selon le ministère des finances, les trois assureurs les plus importants, qui couvrent près des ¾ du marché, sont Bao Viet (30% des émissions), PV Insurance (28%) et Bao Minh (14%). Viennent ensuite *Petrolimex Joint Stock Insurance Company* - PJICO (11%), *BIDV Insurance Company* - BIC et *Global Insurance Company* - GIC.

En dépit de la sinistralité, les résultats techniques de cette sous-branche corps sont considérés comme passables, en raison des franchises imposées aux assurés et grâce au jeu des conventions passées avec les réassureurs.

### *b. L'assurance corps d'aéronef*

Ce type d'assurance garantit les dommages subis par l'aéronef assuré en cas de destruction ou d'endommagement accidentels. Plus précisément, il faut distinguer trois principales sortes de garanties :

① L'indemnisation des dommages résultant d'une destruction partielle ou totale du fait de choc, explosion ou incendie, de la perte, de la disparition ou du vol de l'aéronef, ainsi que de toutes détériorations subies par celui-ci ;

② Le remboursement des frais de dépannage, inhérents à l'envoi sur les lieux de la réparation, des pièces de rechange et du personnel indispensables pour permettre à l'aéronef de reprendre son vol ;

③ Le remboursement des frais exposés pour le gardiennage, le déplacement et la mise en lieu sûr de l'aéronef sinistré, des frais de garage qui en découlent ainsi que des frais de transport de l'aéronef chez le réparateur.

Il convient d'ajouter la garantie facultative du préjudice subi par l'exploitant de l'aéronef du fait de l'immobilisation (*grounding*) de l'appareil à la suite d'un accident, et qui équivaut à une assurance de perte d'exploitation.

*Vietnam Airlines Insurance Joint-Stock Company* - VNI, compagnie spécialisée agréée en 2008, a commencé ses opérations à la fin de la même année, et occupe évidemment une certaine part du marché (environ 40%) de l'assurance aviation[253]. Parmi ses concurrents, figurent Bao Minh, Bao Viet et *PetroVietnam Insurance Company* - PVI.

Les résultats techniques du marché se révèlent dans l'ensemble très honorables, et leur irrégularité (S/P : 5% en 2007, 30% en 2009) résulte évidemment de la nature même des risques couverts.

## SECTION 3. L'assurance facultés

Cette assurance est essentiellement destinée à couvrir les pertes et avaries supportées par les marchandises du fait d'un aléa, que celui-ci survienne durant le transport, ou pendant les phases d'acheminement à terre avant l'embarquement ou après le débarquement.

Le développement des plateformes portuaires et l'accroissement de la conteneurisation ont permis d'accélérer la rotation des expéditions, sans toutefois diminuer significativement la fréquence de certains risques : bris, vols, etc.

[253] L'agrément reçu permet également à cet assureur de pratiquer par ailleurs les branches santé et dommages.

Les aléas pris en considération dans les modèles de polices généralement en usage dans le monde, se révèlent d'une grande variété, et sont rassemblés dans une formule dite « tous risques » qui ne comprend que quelques exclusions dûment précisées.

Les compagnies qui dominent le marché de cette forme d'assurance sont, pour la plupart, celles mentionnées *supra* en sous-branche corps. Il convient toutefois de leur ajouter *Samsung Vina Insurance Company*, filiale de Vinare et *Samsung Fire & Marine Insurance*, et Tokio Marine.

La législation va dans le sens d'un développement de l'assurance facultés nationale, les entreprises commerçantes vietnamiennes ayant l'obligation de souscrire auprès d'un assureur agréé au Viêtnam, par application de l'arrêté 42/2001/ND-CP du 1er août 2001[254], « *sauf dans les cas où les assureurs vietnamiens n'ont pas de produit d'assurance adapté au besoin du client* » (art. 4)[255].

On estime le niveau des taux de primes inférieur à ce qu'il devrait être en considération de la sinistralité, et ceci du fait d'une concurrence croissante exercée par des assureurs nouvellement agréés, de telles pratiques de sous-tarification auxquelles s'adonnent périodiquement certaines compagnies préoccupant évidemment les autres acteurs du marché. Néanmoins, les résultats demeurent officiellement corrects, quoique irréguliers d'un exercice à l'autre : S/P de 52% en 2009, contre 30% l'année suivante.

## SECTION 4. L'assurance de responsabilité civile

On a vu que l'assurance de responsabilité civile pouvait être incluse, en garantie additionnelle, dans un contrat « corps de navire ». Mais qu'ils délivrent leur garantie de cette façon ou au moyen de contrats distincts, les assureurs ont le plus souvent recours à des fournisseurs dénommés Clubs Protection & Indemnity (*P & I clubs*).

Ces « clubs » sont des associations mutuelles d'armateurs créées en Angleterre au milieu du XIXe siècle en vue de garantir la responsabilité civile des armateurs et des affréteurs de navires que les assureurs traditionnels ne désiraient pas couvrir.

---

254 Texte « détaillant l'application d'un certain nombre d'articles du code des assurances ».

255 Ngoc Trang LE, *L'assurance maritime sur facultés au Vietnam*, Mémoire de Master, Institut des assurances d'Aix-Marseille, Aix en Provence, 2005, p. 55.

Ce mode de distribution de l'assurance maritime, a connu un vif succès, d'autant plus que les clubs en question garantissent les conséquences de risques qui ne trouvaient pas preneur sur le marché : accidents du travail à bord, pollution accidentelle, frais de quarantaine, amendes pour infraction involontaire à la réglementation de l'immigration ou des douanes, responsabilité en cas de dommage à un bateau remorqué, etc.

On estime qu'à l'heure actuelle, les clubs P & I, dont la pratique consiste à délivrer des polices temporaires de durée annuelle mais renouvelables, garantissent près de 90% des risques maritimes, bien qu'ils se trouvent de plus en plus confrontés aux marchés traditionnels.

Les risques générés ou subis par les gestionnaires d'installations portuaires sont évidemment d'une nature un peu différente. Leur couverture fait l'objet de polices souscrites auprès de compagnies nationales en possession de l'agrément requis, puis placée sur le marché international, généralement à Londres, en recourant aux techniques du fronting[256]. Selon différentes sources, un terminal portuaire d'une certaine taille peut ainsi bénéficier d'une garantie d'au moins 5 millions $ US, avec une franchise dont le niveau s'établit en fonction de la nature des activités et des antécédents sinistres.

Quant à la RC découlant de l'exploitation et du vol des aéronefs ou de la gestion des aéroports, elle est garantie par des polices souscrites individuellement par chaque entité de gestion, auprès d'un assureur national agréé, tel que Bao Viet, *PetroVietnam Insurance Company* ou Bao Minh, avec des limites financières pouvant aller jusqu'à 500 millions $ US, des montants moins élevés étant prévus pour certains risques comme ceux découlant des activités de maintenance ou de l'approvisionnement des aéronefs (*refuelling*).

La rétention des assureurs directs est d'un montant assez faible comparativement aux montants indiqués ci-avant, l'excédent étant placé sur les marchés extérieurs par des courtiers étrangers : *Jardine Lloyd Thompson* - JLT, Willis ou Aon notamment.

[256] « Pratique consistant à céder à un réassureur la totalité d'un risque ainsi que les primes correspondantes. L'équivalent français "façade" est peu utilisé. » J. Charbonnier, *Dictionnaire de la gestion des risques et des assurances*, La Maison du Dictionnaire, 2004, p. 240.

# Chapitre 6. Les assurances dommages

Dans ce chapitre, nous étudierons successivement l'assurance automobile, l'assurance incendie, l'assurance accidents du travail, l'assurance individuelle accidents, l'assurance des risques techniques et l'assurance des catastrophes naturelles.

## SECTION 1. L'assurance automobile

Le développement rapide du parc automobile et le comportement téméraire de trop de chauffeurs entraînent une sinistralité élevée et coûteuse, de sorte que les pouvoirs publics ont dû, en 1998, rendre obligatoire l'assurance de la responsabilité civile des conducteurs de véhicules terrestres à moteur.

### *a. Le parc des véhicules à moteur et les accidents de la circulation*

On assiste depuis 1995 à une croissance très rapide des éléments du parc des véhicules motorisés, et des deux-roues à moteur en particulier.

#### 1. Le parc des véhicules à moteur

Le nombre des voitures et surtout des véhicules à deux ou trois roues a connu une augmentation considérable en moins de deux décennies.

#### Les voitures automobiles

À mi - 2005, un Vietnamien sur 145 possédait une voiture, achetée d'occasion ou neuve, soit notablement moins qu'en Malaisie (1 sur 5), qu'en Thaïlande (1 sur 10), ou qu'aux Philippines (1 sur 30), mais le parc automobile du pays s'accroissait alors de 3 000 à 4 000 voitures par mois, soit entre 40 000 et 45 000 par an.

De ces derniers chiffres, on peut extrapoler l'existence d'environ 560 000 véhicules au Viet Nam en 2007, soit la moitié du parc de voitures circulant alors dans Paris.

En 2008, le nombre de véhicules à moteur à quatre roues s'élevait à environ un million, ce nombre restant néanmoins modeste pour un marché de 80 millions de consommateurs[257].

Les motos ou véhicules à trois roues

En 2005 les statistiques faisaient état de l'enregistrement de plus de 18 millions de motos.

Par la suite, le nombre des véhicules à moteur de deux roues ou de trois roues continua d'augmenter chaque année dans des proportions considérables. Il atteignait 37 millions d'unités en 2011.

2. Les accidents de la circulation

La fréquence des accidents de la circulation est considérée comme élevée.

Ainsi, le taux de mortalité dû aux accidents de la circulation dans le monde étant de 19 pour 100 000 habitants, en 2002, il atteignait 27 pour 100 000 habitants au Viêtnam. En 2003, on avait enregistré 20 774 accidents, faisant 12 864 morts et 20 704 blessés et coûtant des milliards de dong vietnamiens. En 2010, ces données s'élevaient à 13 700 accidents à conséquences corporelles graves, ayant entraîné 11 060 décès et 10 300 blessures sérieuses.

Le problème se révèle surtout crucial pour les conducteurs de deux-roues, à propos desquels les pouvoirs publics lançaient un cri d'alarme dès 2003 : « *Un des principaux facteurs contribuant à la multiplication des accidents de la route au Viet Nam est l'augmentation rapide du nombre des véhicules, et en particulier des motocyclettes, dont le parc s'accroît de 10% chaque année. Près de la moitié des conducteurs de motocyclettes n'ont pas de permis et les trois quarts ne respectent pas les règles de la circulation. Par ailleurs, le développement des routes et autres infrastructures de transports n'a pas suivi la croissance économique rapide.* »[258]

On estime que ces accidents coûteraient quelque 885 millions $ US au Viêtnam, soit près de 650 millions d'euros. Les principales mesures de prévention et de protection préconisées par l'OMS consistent dans le renforcement de la réglementation et dans le port du casque par les motocyclistes.

---

[257] Tùng Chi, *Le Courrier du Vietnam*, 11 juin 2009.
[258] Organisation Mondiale de la Santé, *Rapport mondial sur la prévention des traumatismes dus aux accidents de la circulation*, 2004, p. viii.

Trop de conducteurs de deux-roues négligent les règles du code de la route (www.comprendrebouddhisme.com/pays-bouddhistes/vietnam/transport-trafic-au-vietnam.html)

*b. L'assurance des véhicules à moteur*

Au titre de la période étudiée, c'est le décret du 17 décembre 1987 qui a institué l'obligation d'assurance de la responsabilité encourue du fait d'accidents de la circulation causés par des véhicules terrestres à moteur. Mais les limites financières de garantie sont assez faibles et le niveau des primes jugé élevé par les conducteurs, même si les vietnamiens et les étrangers ont fait l'objet d'une différenciation à cet égard.

Il s'ensuit que de nombreux conducteurs vietnamiens omettent de s'assurer, dans des proportions estimées à 20% pour les voitures de tourisme ou pour les véhicules de transport, et à 70% pour les conducteurs de véhicules à deux roues.

1. Les limites de garantie

Les minima de garantie fixés par la loi sont de 10 millions de dong (900 $ US) en cas de dommages matériels. Pour les dommages corporels, ces minima s'élèvent à 4 millions de dong (360 $ US) par personne et à 40 millions de dong (3 260 $ US) par accident.

2. Les tarifs

Le tarif de l'assurance de responsabilité civile, agréé par les autorités, s'impose à tous les assureurs. Les primes annuelles au titre des garanties minima vont de 15 000 dong (1,5 $ US) pour un cyclomoteur, à 65 000 dong (6 $ US) pour une petite voiture et à 240 000 dong (22 $ US) pour un camion de 5 tonnes. Ce tarif est celui qui s'applique aux vietnamiens, car le niveau des primes imposées aux personnes de nationalité étrangère possédant un véhicule se révèle nettement plus élevée, dans une proportion de l'ordre de 20 à 25 fois !

3. Les autres garanties automobiles

D'autres garanties automobiles sont prévues à titre facultatif. Elles concernent d'abord la couverture des dommages causés aux tiers dans des limites supérieures au niveau légal[259], et ensuite l'assurance des dommages survenant accidentellement au véhicule, le vol et l'incendie de celui-ci, la responsabilité des passagers vis-à-vis des tiers, et l'individuelle accidents des personnes transportées. Pour intégrer ces garanties, la plupart des assureurs ont mis au point des polices « tous risques », qui comprennent naturellement en premier lieu une couverture de la responsabilité civile dans les termes de la loi.

*c. Les assureurs automobiles*

La branche automobile, qui représente environ 37% des émissions de primes dommages, est pratiquée par plus de 20 compagnies, les 5 plus importantes étant en 2011 : Bao Viet (23% des émissions), PJICO (17%), Bao Minh (14%), PV Insurance (13%) et Cong Ty AAA (8%).

La tarification relève de la discrétion de chaque assureur, de sorte que, désireux d'augmenter leur part de marché, certains assureurs, cherchant à attirer les clients, ont recouru à la sous-tarification. Cette pratique a entraîné

[259] Toutefois, aucun assureur ne paraît proposer de garantie de montant illimité.

une légère dégradation des résultats techniques, qui demeurent toutefois corrects, comme indiqué ci-après :

| | 2006 | 2007 | 2008 | 2009 | 2010 |
|---|---|---|---|---|---|
| % S/P | 56 | 48 | 57 | 47 | 50 |

Source : ministère des finances

Toute entente entre les compagnies est interdite, en vertu de la loi sur la prohibition des pratiques anti-concurrentielles. Il semble néanmoins, en résultante d'une enquête conduite par le ministère de l'industrie et du commerce, qu'un grand nombre d'assureurs se soient concertés en 2008 pour définir des bases communes de tarification en vue de remédier à la mauvaise qualité de leurs résultats techniques.

En août 2010, on apprenait qu'en conclusion de l'enquête, 19 compagnies d'assurance étaient condamnées à payer une amende, calculée en % de leur chiffre d'affaires, et s'élevant au total d'1,7 million de dong, soit 68 000 $ US au taux de change de l'époque[260].

## SECTION 2. L'assurance incendie

La couverture du risque d'incendie est proposée par nombre d'assureurs dommages, mais la pénétration de cette assurance demeure faible, tant en raison de la nature des risques que de la frilosité des compagnies.

### *a. Le risque d'incendie*

Le risque d'incendie est considéré comme assez élevé, en raison de plusieurs facteurs : la faible résistance au feu de beaucoup de matériaux de construction, l'insuffisance des distances de sécurité entre bâtiments, l'ancienneté de trop d'installations électriques, notamment en ce qui concerne les commerces.

En outre, les accumulations de marchandises dans les quartiers commerciaux gênent le déploiement des secours, et enfin, le contenu des biens assurés fait généralement l'objet d'évaluations minorées, de sorte que beaucoup

[260] www.nortonrose.com/.../asia-pacific-focus-on-ins...

d'assureurs ont tendance à surtarifer les risques, ce qui entraîne un refus de la part des assurables[261].

Par ailleurs, en dépit des textes, dont la loi n° 27/2001/QH10 sur la prévention incendie et la lutte contre le feu, du 29 juin 2001, les règles de prévention sont peu observées, et la fréquence des feux ne diminue pas, sauf dans certains secteurs comme les incendies de forêts.

### *b. L'assurance incendie*

Comme avant l'indépendance, l'assurance incendie garantit les conséquences financières des dommages matériels causés par le feu, une explosion, la chute de la foudre, l'action de l'électricité et certaines évènements annexes comme les tempêtes, ou les grèves et émeutes.

Cette assurance est proposée tant aux particuliers qu'aux commerçants ou aux artisans, ainsi qu'aux entreprises plus importantes. Par ailleurs, pour les deux premières catégories, il existe des polices multirisques qui, outre les conséquences d'un feu ou d'un aléa similaire, garantissent également les dégâts provoqués par les eaux ou par le vol mobilier, ou encore les recours exercés par des tiers contre l'assuré ou les membres de sa famille au titre de leur responsabilité civile délictuelle.

Les principaux assureurs incendie sont les deux premières compagnies nationales, Bao Viet et Bao Minh, qui émettent 35% des primes du marché à elles deux. Elles sont suivies par *Fubon Insurance Company*, assureur qui n'opère pourtant sur le marché que depuis 2008 et se trouvait néanmoins crédité de 12% des émissions en 2011, du fait qu'il semble se spécialiser dans le marché des expatriés, très généralement demandeurs.

## SECTION 3. L'assurance des accidents du travail

Le code du travail attribue aux employeurs la responsabilité des accidents survenant à leurs préposés à l'occasion de leur travail.

L'assurance des accidents du travail s'est d'abord limitée au personnel des entreprises à capital étranger puis elle a été étendue à l'ensemble des salariés.

---

[261] "No market has fire insurance cover", *Saigon Times,* 17 February 2012.

*a. Le personnel des entreprises à capital étranger*

C'est la circulaire 19/LDTBXH du 31 décembre 1990 qui a imposé l'assurance, en cas d'accident du travail ou de maladie professionnelle, du personnel des sociétés dont une partie du capital est d'origine étrangère ou des salariés des bureaux de représentation étrangers.

Les garanties s'élevaient à un minimum de 8 000 $ US en cas de décès ou d'incapacité permanente totale, le taux de la prime annuel allant de 0,28% des salaires pour les personnes exerçant un emploi administratif à 0,40% pour les travailleurs manuels.

Les employeurs pouvaient faire choix de garanties plus élevées, jusqu'à 30 000 $ par personne, moyennant des primes plus élevées (jusqu'à 0,70% du salaire).

*b. L'ensemble des salariés d'entreprise*

Le code du travail promulgué en juin 1994 a imposé l'obligation de l'assurance accidents du travail pour tous les salariés vietnamiens (entreprises employant plus de 10 personnes), à effet du 1er janvier 1995. L'assurance est comprise dans le régime de sécurité sociale étudié plus haut, et qui inclut également la couverture des risques maladie, maternité, chômage et retraite, moyennant des cotisations dont la charge est répartie entre les employeurs et les salariés.

Par application de la section 143 du code, un médecin expert procède à l'examen du travailleur blessé et détermine le degré de son incapacité permanente, ce qui permet à la caisse de sécurité sociale de lui allouer un capital ou une rente proportionnels à l'importance de l'infirmité relevée. Dans le cas de décès, les ayants droit reçoivent une indemnité égale à 24 mois du salaire minimum garanti, outre le remboursement des frais d'obsèques.

Quant aux frais médicaux, d'hospitalisation, etc., ils demeurent à la charge de l'employeur par application de la section 107 du code.

## SECTION 4. L'assurance individuelle accidents

Cette catégorie d'assurance comprend l'assurance personnelle accidents et l'assurance touristique.

### *a. L'assurance personnelle accidents*

L'assurance personnelle est souscrite dans trois cas de figure : pour les personnes transportées en automobile (cas évoqué précédemment), pour les adultes, et pour les enfants et les étudiants.

Les garanties accordées en cas de décès accidentel ou d'incapacité permanente partielle ou totale, prévoient le versement d'un capital aux bénéficiaires et le remboursement des frais médicaux et d'hospitalisation.

Le taux des primes est compris entre 0,30‰ et 0,75‰ des capitaux souscrits, selon l'âge des assurés, le champ des couvertures (personnes transportées en automobile, accidents au travail, etc.), la nature des garanties demandées et le niveau de celles-ci.

### *b. L'assurance touristique*

Cette forme d'assurance a été introduite au Viêtnam à la faveur du développement du tourisme (4 millions de visiteurs en 1994), mais peut également bénéficier aux vietnamiens en déplacement hors de leurs frontières.

Elle a pour objet de garantir les assurés victimes d'une maladie ou d'un accident nécessitant une hospitalisation, généralement effectuée dans un pays limitrophe, ou un rapatriement d'urgence. Elle prévoit également le versement d'un capital en cas de décès ou de grave incapacité permanente.

La prime est incluse dans les frais d'établissement du visa.

## SECTION 5. L'assurance des risques techniques

Les objectifs de développement économique du pays requièrent la mise au point de projets et la construction d'infrastructures telles que barrages, centrales à béton, installations portuaires et aéroportuaires, bâtiments industriels, centrales de production d'énergie, voies (ferrées, routières) de circulation, etc., dont le financement relève en grande partie d'organismes internationaux et dont la conduite à bonne fin est assurée par des entreprises étrangères.

### *a. Les risques techniques*

Par ailleurs, tous ces projets sont concernés par la possibilité de survenance de risques de différentes sortes : inondations, incendies, explosion, chute de grue, glissement de terrain, tempêtes, typhons, affaissements des structures, dommages aux tiers, etc., réunis sous la dénomination de risques techniques.

Les assureurs entendent par risque technique tout risque résultant de l'exécution de chantiers, de l'usage de machines, d'installations industrielles, ou d'ensembles informatiques, toutes activités requérant de bonnes connaissances professionnelles de la part des utilisateurs, et ayant pour conséquence que la gestion des contrats les couvrant ne peut être confiée qu'à des spécialistes confirmés, tant à l'occasion de la souscription (mise au point des libellés, tarification) que pour l'évaluation des dommages et l'instruction des sinistres.

L'un des sinistres les plus graves fut le glissement de terrain survenu en 2010 au niveau du chenal conduisant au complexe portuaire Cai Mep-Thi Vai, dans la province méridionale de Ba Ria Vung Tau, et dont le coût s'établit à environ 10 millions $ US.

### *b. La garantie des risques techniques*

Les principaux risques techniques pris en considération par les assureurs sont ceux survenant à l'occasion des chantiers de bâtiment ou de travaux publics, du montage, de la dépose ou du fonctionnement de machines, ou de la mise en œuvre de systèmes informatiques.

S'agissant des activités de construction et de montage, une loi de novembre 2003, n° 16/2003/QH11, a rendu obligatoire l'assurance tous risques chantiers et l'assurance tous risques montages-essais à partir du 1$^{er}$ juillet

2004. Cette loi, ultérieurement modifiée sur quelques points par le décret 48, a été assortie d'un grand nombre de textes d'application, décrets, circulaires, décisions, etc.

### 1. L'assurance tous risques chantiers

La principale formule de couverture des risques techniques est l'assurance tous risques chantiers, généralement définie comme une assurance temporaire garantissant les conséquences des dommages causés lors de la réalisation de travaux de construction, tant à autrui qu'aux bâtiments, matériaux, matériels et équipements du chantier, et regroupant sous un même chapeau toutes les entreprises participant à la construction de l'ouvrage.

### 2. L'assurance tous risques montages-essais

Dans son objet, l'assurance tous risques montages-essais est plus limitée que la précédente. En effet, elle ne concerne que la garantie des dommages subis par un bien d'équipement à l'occasion de son montage sur place ou ultérieurement, durant sa période d'essais.

Cette assurance peut être souscrite en complément d'une assurance tous risques chantiers ou par contrat séparé. On y adjoint parfois une garantie des pertes d'exploitation.

### 3. Les garanties de ces deux formes d'assurance

Les garanties proposées par les assureurs pour ces deux formes d'assurance comprennent généralement :

- Les dommages survenant au stade de projet,
- Les retards dans le démarrage du chantier,
- Les incidents ou retards dans l'acheminement des fournitures du chantier,
- Les dommages aux installations des entreprises intervenantes,
- La responsabilité civile à l'égard des tiers.

Sont toujours exclus des contrats : la faute intentionnelle de l'assuré, les actes de guerre ou de terrorisme, la modification de la structure de l'atome.

La tarification est évidemment fonction de la nature des travaux, de leur durée, des antécédents de l'entreprise proposante, ainsi que du montant de la franchise.

Les taux de prime qui sont au minimum de 0,05% du montant des travaux, pour les immeubles d'habitation, peuvent s'élever jusqu'à 0,15% voire davantage, dans le cas de certains ouvrages de travaux publics. La franchise demandée par l'assureur est d'au moins 1000 $ par évènement, mais peut se révéler considérablement supérieure pour certains aléas ou dans le cas de certains types de projets.

#### 4. L'assurance de la responsabilité civile des entreprises

Un décret gouvernemental a rendu obligatoire la souscription d'une assurance garantissant la responsabilité civile des entreprises opérant sur un chantier au titre des dommages susceptibles d'être causés à des tiers. Les circonstances dans lesquelles cette responsabilité peut être engagée sont nombreuses et parfois coûteuses, notamment lorsqu'il s'agit de dommages causés aux « existants » (éléments sur lesquels travaille une entreprise assurée) ou aux « environnants », c'est-à-dire aux constructions de tiers se trouvant à proximité.

Le montant de la couverture accordée par les assureurs, toujours en association avec un contrat couvrant les dommages à l'ouvrage, se situe généralement à 1 million $ US, une réassurance facultative étant souscrite auprès d'un des grands réassureurs mondiaux.

## SECTION 6. L'assurance des catastrophes naturelles

Les risques naturels de grande ampleur, ou catastrophes naturelles, ne sont pas inconnus au Viêtnam, qu'ils soient de provenance géologique (séismes ou glissements de terrain), atmosphérique (tempêtes ou cyclones), ou météorologique (pluies torrentielles ou inondations).

### *a. Les séismes*

La région nord-est du pays représente une zone sismique de choix. Historiquement, plusieurs séismes de magnitude élevée, de l'ordre de 6,7 ou 6,8 sur l'échelle de Richter, se sont d'ailleurs déjà produit le long des failles géologiques du fleuve Rouge, du fleuve Ma, ou de Son La. Quelques grandes agglomérations sont situées sur des failles sismiques, et de forts séismes sont survenus à Hanoi en juin 1983 et à Hai Phong en octobre 2012.

Le contrat d'assurance incendie de base garantit, moyennant extension, les conséquences de séismes.

*b. Les cyclones ou typhons*

Les côtes du Viêtnam sont fréquemment exposées à l'action de cyclones, encore dénommés typhons. Nous avons cité *supra* les typhons les plus meurtriers survenus dans le passé. Mais dans les périodes plus récentes, le phénomène ne s'atténua pas. Ainsi, en 1996 : « *La saison des intempéries a enregistré cinq tempêtes et quatre dépressions tropicales, avec les pertes les plus lourdes de ces 20 dernières années, puisque 40 villes ou provinces ont été gravement touchées. Les crues et les cyclones ont provoqué la mort de 1 200 personnes ; 100 sont portées disparues et un million de tonnes de vivres perdues. Les dégâts sont évalués à environ 7 231 milliards de dong, soit 657 millions de dollars.* »[262]

En novembre 1997, le typhon Linda a causé, dans le delta du Mékong, 336 morts et 1 864 disparus, pour la plupart des pêcheurs sortis en mer.

Par la suite, le typhon Ketsana a causé, le 9 octobre 2009, dans la partie centrale du pays, 170 morts, 14 disparus, et affecté 3 millions de personnes, dont 150 000 demeuraient sans abri.

Le 17 août 2012, au moins 27 personnes ont été tuées et 12 000 habitations détruites par le passage du typhon Kai-Tak qui a ravagé le nord du Viêtnam, et notamment Hanoï.

L'assurance des conséquences de ces risques est facultative, et peu d'assurables y recourent. En tout état de cause, les réassureurs n'incluent la couverture du risque dans leurs traités que moyennant la stipulation d'une limite de 60 millions $ US pour l'ensemble du pays et la totalité des sinistres déclarés.

*c. Les inondations*

Les inondations sont causées par des pluies violentes, qu'elles surviennent ou non du fait de typhons. Ce phénomène n'est pas rare au Viêtnam. Ainsi, à titre d'exemple, à la mi-octobre 2010, des pluies diluviennes ont commencé à s'abattre, particulièrement sur les provinces de Nghe An et de Ha Tinh, provoquant des inondations dévastatrices. En une semaine, celles-ci ont causé la mort de 74 personnes, entraîné la destruction de 270 000 habitations et dévasté 56 000 hectares de cultures.

---

[262] *Le Courrier du Vietnam*, n° 724, 18 décembre 1996.

L'assurance ne prévoit pas la garantie des inondations. Mentionnons à ce sujet une réflexion intéressante sur la problématique de l'assurance de ce risque au Viêtnam :

« [...] *le marché des assurances vietnamien* [...] *est pratiquement inexistant en matière de protection contre les risques naturels (dommages aux biens)* [...]. *Une question se pose donc : au-delà du retard du Vietnam en termes de protection, les compagnies d'assurances* [...] *sont-elles disposées à couvrir le risque d'inondation ? Tel n'est probablement pas le cas, compte tenu de la récurrence du débordement des eaux et de l'importance des pertes financières qui en découlent* [...]. *Cet état de fait ne peut changer qu'avec un geste politiquement fort,* [...] *par exemple la mise en place d'un fonds d'indemnisation national pour les pertes inhérentes aux inondations* [...] »[263]

[263] Éric Mottet et Yann Roche, « L'urbanisation de la ville de Ninh Binh dans le delta du fleuve rouge (Vietnam) : mise en perspective des forces et faiblesses de la gestion du risque d'inondation », *Vertigo. La revue électronique en sciences de l'environnement*, décembre 2008.

# Chapitre 7. L'assurance agricole

L'agriculture vietnamienne et les activités associées (élevage, fructiculture, pisciculture, cultures industrielles, forêts, etc.) jouent un double rôle : d'une part elles fournissent les produits qui permettent à la population de s'alimenter et d'autre part, les rendements croissant depuis 1985, elles enregistrent des excédents susceptibles d'être exportés et de fournir des devises au budget national.

Ainsi l'agriculture vietnamienne représente-elle un élément primordial du développement économique du pays. Mais, revers de la médaille, les activités agricoles se trouvent exposées à la survenance de nombreux aléas de toutes sortes, qui génèrent des pertes parfois élevées, et elles sont donc justiciables de programmes de gestion des risques adaptés et notamment de systèmes d'assurance spécifiques.

## SECTION 1. L'agriculture et ses risques

Une grande partie du territoire du Viet Nam est vouée à la culture et à l'élevage, puisqu'on estime qu'en dépit de l'urbanisation croissante, plus de 90% de sa superficie y sont consacrés. Aussi l'agriculture, à laquelle on associe toutes activités annexes (élevage, forêts, pisciculture, etc.), produit-elle « *50% du PIB et satisfait* (-elle) *aux trois quarts de la consommation intérieure du pays. Tout ceci prouve sans équivoque que le développement agricole rural joue un rôle décisif dans le développement socio-économique et la stabilité du Vietnam.* »[264]

Les exploitations agricoles sont soumises à de nombreux risques, qu'il s'agisse d'évènements isolés (incendie d'un bâtiment, maladie d'un troupeau, etc.), ou d'aléas climatiques (pluies excessive de nature cyclonique, sécheresse) ou épidémiques (fièvre aphteuse, grippe aviaire).

---

[264] Bui Ngoc Hung et Duc Tinh Nguyen, « Le développement de l'agriculture vietnamienne au cours des 15 dernières années », *Vertigo, revue électronique en sciences de l'environnement*, octobre 2002.

Par conséquent, l'agriculture vietnamienne est justiciable d'un véritable risk management spécifique, nécessitant une connaissance exhaustive de tous les risques encourus et requérant la combinaison de programmes de protection, d'assistance gouvernementale et d'assurance, dans laquelle celle-ci représente un outil de choix.

## SECTION 2. L'assurance agricole

On entend par assurance agricole l'ensemble des garanties couvrant les risques auxquels sont exposés, d'une part un exploitant agricole, son personnel et les membres de leur famille, ainsi que son cheptel, résultant d'accident ou de maladie, et d'autre part les biens et/ou responsabilités de l'exploitation résultant d'évènements naturels (tempête, grêle, neige), d'incendie, d'aléas techniques (dégâts des eaux, bris de machines, dommages électrique s) ou d'actes de malveillance.

### *a. Le contenu de l'assurance agricole*

En fait, tout programme d'assurance agricole consiste dans la juxtaposition d'un certain nombre de contrats assez classiques dans leur libellé, mais se conformant aux spécificités de l'agriculture et prévoyant une tarification adaptée.

Un exemple nous est fourni avec le contrat proposé au Viêtnam depuis 2001 par un assureur spécialiste de ce genre de risques, Groupama, dont les garanties se déclinent sur quatre axes :

① Dommages provoqués par un incendie, une explosion, la chute de la foudre, un séisme, l'électricité, outre ceux causés à des tiers et engageant la responsabilité civile,

② Décès, incapacité permanente ou incapacité temporaire de travail survenant du fait d'un accident,

③ Hospitalisation rendue nécessaire par un accident et compensée au moyen du versement d'une indemnité journalière,

④ Accident ou maladie du bétail, ou abattage ordonné par l'autorité.

*b. La faiblesse de la diffusion de l'assurance agricole*

On doit néanmoins reconnaître qu'en raison du niveau des primes et de la faible motivation des agriculteurs due à leur méfiance vis-à-vis de cette institution, le taux de pénétration de cette forme d'assurance est resté faible, seulement 1% des exploitations étant garanties.

En effet, au premier semestre 2011, « *le chiffre d'affaires de l'assurance agricole a représenté la plus faible proportion (0,1%), en s'établissant à 5,8 milliards de dong, répartis entre 5 sociétés d'assurance : Bao Viet (2,7 milliards), Quan Doi (2,7 milliards), Vien Dong (0,2), Bao Minh (0,09) et Toan Cau (0,04)* »[265].

SECTION 3. L'intervention des pouvoirs publics

Face à une telle situation, les pouvoirs publics ont décidé de réagir : « *L'assurance agricole sera expérimentée à partir du 1er octobre prochain* [2011] *dans 20 provinces et villes sur la période 2011-2013, conformément à la décision 315/QD-TTg en date du 1er mars 2011 du Premier ministre Nguyên Tân Dung* »[266], et trois compagnies furent associées à la définition et à la mise en œuvre de ce programme, Bao Viet, Bao Minh et Vinare.

L'année suivante, le ministre étendit ce programme aux entreprises d'élevage agricole et piscicole de certaines provinces par la circulaire No. 43/2012/TT-BNNPTNT du ministre de l'agriculture, le texte prévoyant par ailleurs un allongement de la liste des maladies épidémiques donnant lieu à garantie.

Le principal stimulant prévu est la gratuité des primes, du moins pour les « paysans pauvres ». Les exploitations dont les titulaires sont simplement « au seuil de la pauvreté » bénéficieraient d'une prise en charge de 80% du budget assurances, et les autres de 60%. Par ailleurs, un programme de protection financière contre les calamités agricoles et les épizooties a été parallèlement mis au point. Il prévoit une indemnisation en cas de sinistres « *ayant entraîné une perte de 20% du parc total de volailles ou de porc, de*

---

265 « Assurance agricole : pour faire une percée dans le monde paysan », www.vietnam.vnanet.vn/vnp/fr-FR/13/132/28776/default.aspx.

266 « Nouveauté : l'assurance agricole s'apprête à faire son chemin », *Le Courrier du Vietnam*, 23 septembre 2011.

*25% de la production de riz, et de 30% de la production de poissons et de crevettes.* »[267]

A l'occasion d'un forum « Agriculteurs et assurance agricole » tenu à Hanoï en août 2012, un premier bilan, fort modeste, sur le développement de cette expérimentation, indiqua que près de 98 600 familles d'agriculteurs auraient souscrit des contrats d'assurance pour couvrir leur exploitation, pour un montant de primes s'élevant à 900 milliards de dong (environ 34 millions d'euros)[268].

[267] « Le Vietnam expérimente les assurances agricoles », Agence vietnamienne d'information, 20 mars 2012.
[268] « L'assurance agricole au Vietnam », www.assurlandpro.com/assurance, 31 août 2012.

# Chapitre 8. Le droit de l'assurance

Après quelques indications sur la renaissance et le développement du droit de l'assurance, nous traiterons successivement du contrat d'assurance, puis des entreprises d'assurance, et enfin des différentes branches.

## SECTION 1. Historique de la renaissance et du développement du droit de l'assurance

Au terme d'un profond sommeil qui dura quinze années, la renaissance du droit vietnamien des assurances s'amorça en 1990 avec la promulgation du code maritime, puis s'affirma avec plusieurs textes parus successivement en 1990-1992, en 1992-1993, en 1993 et en 1994, et avec le code civil en 1995. Son déploiement s'imposa enfin pleinement avec le code des assurances de 2000 et avec un décret et une loi de 2010 qui modifièrent ce dernier sur de nombreux points.

### *a. Le code maritime de 1990*

Le chapitre 16 de ce texte, promulgué le 30 juin 1990, est consacré aux assurances maritimes. Il comporte 41 articles, numérotés de 200 à 240.

Des textes d'application ont ensuite précisé certains points. En particulier la décision 305/TC/BH du ministre des finances du 9 août 1990 a édicté les libellés des contrats d'assurance des marchandises transportées par voie maritime et la décision 09/QD/TC-BH du ministre des finances du 9 janvier 1992 a traité de l'extension de l'assurance des marchandises transportées sur le territoire vietnamien.

Notons que le code de droit maritime du 27 juin 2005, qui contient des dispositions relatives aux contrats d'assurance transports, s'est substitué au code de 1990.

*b. Les textes de 1990-1992*

Fort logiquement, les premières dispositions touchant les assurances terrestres concernent les bureaux de représentation, ces entités installées sur le sol vietnamien par des « organisations économiques étrangères » et notamment des assureurs ou des courtiers étrangers, afin de leur permettre d'étudier le terrain pendant quelques années, et inversement, de permettre aux autorités d'évaluer le comportement des nouveaux venus.

Les textes en question sont la décision 382-HDBT du conseil des ministres datée du 5 novembre 1990, et la circulaire du ministère du commerce et du ministère des finances en date du 27 novembre 1992.

*c. Les textes de 1992-1993*

La logique prévalant toujours, la priorité concernait dès lors les assurances touchant les personnes, leur santé et leurs garanties d'ordre social.

Tel fut le but du décret 293/HDBT du 15 août 1992 réglementant l'assurance santé, et du décret 43/CP du 22 juin 1993 réglementant les assurances sociales.

*d. Les textes de 1993-1994*

Les textes en question consistent dans le décret de 1993 et les circulaires de 1994.

1. Le décret 100-CP de 1993

Le décret 100-CP sur l'industrie de l'assurance a été pris le 18 décembre 1993, et son article 35 en a fixé l'application au 1$^{er}$ janvier 1994. Il a revêtu une grande importance pendant six ans, période d'installation des premières entreprises venues briser le monopole de l'assureur national Bao Viet.

Son contenu, présenté succinctement, se détaille comme suit :

Dispositions générales

- Formes des entreprises d'assurance (art. 2) : entreprise d'État, co-entreprise, mutuelle, succursale d'une compagnie étrangère, compagnie étrangère à 100%.

- Formes des intermédiaires (art. 2, § 3 et 4) : co-entreprise, succursale de courtier étranger, courtier étranger à 100%, agent d'assurances.

- Branches d'assurance (art. 7) : vie, personnelle et santé, biens et responsabilités, marchandises transportées, corps de navires, RC exploitation, aviation, automobile, incendie, risques financiers, pertes de bénéfices, risques agricoles.

- Garanties financières dues aux assurés (art. 12 et 13) : modes de placement des réserves constituées en garantie des engagements envers les assurés.

Réglementation des entreprises d'assurance et des intermédiaires d'assurances

- Prérogatives de l'administration de tutelle (art. 15 et 16).

- Agrément des entreprises d'assurance et des courtiers d'assurances (art. 17 à 24).

- Surveillance des activités des entreprises d'assurance et des courtiers d'assurances (art. 25 à 33).

2. Les circulaires d'application de 1994

Deux circulaires ministérielles référencées respectivement 45-TC-CDTC et 46-TC-CDTC ont été publiées le 30 mai 1994 afin de préciser :

- pour la première, les conditions d'application du décret de 1993. Elles traitent notamment du capital social, des réserves de garantie, de la marge de solvabilité, des réserves techniques, des obligations fiscales et de l'allocation des bénéfices ;

- pour la seconde, les exigences liées à la gestion technique et administrative des entreprises, le rappel de la nécessité de se conformer également à la législation de son pays d'origine (pour les co-entreprises et les courtiers étrangers), les formalités à respecter vis-à-vis de l'autorité de contrôle et les informations à lui transmettre.

Il convient également de mentionner deux décisions : 281 TC/TCNH du 20 mars 1996 et 581 A/TC/QD/TCNH du 1er juillet 1996.

3. Les autres textes (de 1993 à 2000)

Postérieurement au décret CP/100 et antérieurement au code de 2000, un grand nombre de textes ont été publiés. Signalons en particulier :

- en matière de gestion financière et comptable des entreprises d'assurance : la décision 1296/TC/QD/CDTK du ministre des finances du 31 décembre 1996 relative à la comptabilité des entreprises d'assurance ;

- en matière de fiscalité : la circulaire 74/TC/TCT du ministre des finances du 24 décembre 1998 relative à la taxation des investissements étrangers et la circulaire 174/RT/BTC du ministre des finances du 26 décembre 1998 sur l'application de la taxe à la valeur ajoutée (TVA) et de l'impôt sur les sociétés aux activités d'assurance ;

- en matière d'assurances obligatoires : la responsabilité civile automobile (D. 17 décembre 1997 et décision du 16 mars 1998), la responsabilité civile des transporteurs aériens (loi du 14 janvier 1992), la responsabilité civile des compagnies pétrolières (loi du 19 mars 1993), les biens et la RC des entreprises étrangères (loi du 12 novembre 1996), la RC professionnelle des firmes juridiques étrangères de conseil (D. 10 novembre 1998) ;

- en matière de risques techniques : la décision 142/TCCQD du ministre des finances du 2 mai 1991 sur les tarifs des contrats incendie et risques spéciaux, la décision 663/TC/QD-TCNH du ministre des finances du 24 juin 1995 sur le libellé et les tarifs des contrats d'assurance tous risques construction et tous risques montage, et la circulaire 137/199/TT-BTC du ministre des finances du 19 janvier 1999 sur l'assurance construction ;

- en matière d'assurance accidents des personnes : la décision 256/TC/BH du ministre des finances du 22 juillet 1991 sur le libellé des contrats couvrant les élèves du primaire et du secondaire, la décision 349/TC/BH du ministre des finances du 10 août 1992 réglementant l'assurance décès par accident, la décision 06/TC/BH du ministre des finances du 2 janvier 1993 sur le libellé des contrats d'assurance des voyages touristiques, et la décision 466/TC/BH du ministre des finances du 2 juillet 1993 sur le libellé des contrats d'assurance des frais chirurgicaux et d'hospitalisation ;

- en matière de réassurance : le décret 1314/TC/QD/TCNH du 21 décembre 1994 qui instaura un système de cession obligatoire au profit de la Compagnie nationale de réassurance du Viêtnam (Vinare), à hauteur de 30% des primes émises.

### *e. Le code civil de 1995*

Compte tenu de sa nature, le code civil mérite une mention à part. Adopté le 28 octobre, il est divisé en sept parties comprenant 838 articles. La 3$^{e}$ partie, section II, chapitre 2, qui traite des obligations, est consacrée au contrat d'assurance sous son aspect général, dans les articles 571 à 584.

### *f. Le code des assurances de 2000*

Promulgué par la loi n° 24/2000/QH10 du 9 décembre 2000, le code des assurances, analysé en détail *infra,* traite du contrat d'assurance, des entreprises et des intermédiaires, et de la réglementation du marché.

### *g. Les textes postérieurs au code des assurances*

Postérieurement à la promulgation du code, plusieurs décrets ou circulaires d'application du ministre des finances (2001) ou émanant d'autres entités, ont apporté quelques correctifs ou précisions.

Enfin, la loi n° 61/2010/QH12 du 24 novembre 2010, a d'une part intégré dans le code de 2000 un certain nombre de modifications apportées par des décrets ou décisions intervenus dans l'intervalle, et a d'autre part, en raison de l'adhésion du pays à l'Organisation mondiale du commerce en 2007, dû assouplir certaines règles contraignantes, notamment en matière de placement de risques « hors tarif » et de cession en réassurance.

Délaissant la perspective diachronique selon laquelle nous avons recensé une série de textes, exposons maintenant en détail la façon dont sont juridiquement traités, à l'heure actuelle, le contrat d'assurance, les entreprises d'assurance et leurs intermédiaires, la réassurance, et enfin le rôle de l'État.

## SECTION 2. Le droit du contrat d'assurance

Le contrat d'assurance fait l'objet du chapitre 2 du code des assurances, que plusieurs textes ont complété ultérieurement.

*a. Le chapitre 2 du code*

Le contenu du chapitre 2 du code est divisé en quatre « sections » : généralités, assurances de personnes, assurances de biens, assurances de RC. Le traitement réservé à ces différents éléments se révélant à la lecture assez classique, nous nous bornerons chaque fois à souligner quelques points spécifiques.

1. Généralités

Les articles 12 à 30 traitent successivement de tous les aspects d'ensemble du contrat : définition, contenu, formes, date d'effet, exclusions, droits et obligations des parties, modification, interprétation et fin du contrat. Voici quelques particularités :

- Étant traitée par le code maritime, l'assurance maritime échappe au présent texte (art. 12, 3) ;

- Le contrat doit revêtir la forme écrite (art. 14), et contenir, entre autres, des dispositions sur les modes de résolution des différends assureur-assuré (art. 13, i) ;

- L'assureur ne peut refuser sa garantie lorsque l'assuré a involontairement enfreint la loi ou lorsque il a une raison valable pour avoir déclaré le sinistre tardivement (art. 16, 3) ;

- Chaque partie a l'obligation d'informer son co-contractant de façon exacte et sincère, l'assureur devant en outre se garder de révéler les informations fournies par le proposant (art. 19, 1) ;

- Si l'assureur fournit intentionnellement de fausses informations pour induire le souscripteur à s'engager, celui-ci est habilité à suspendre son engagement et l'assureur doit indemniser l'assuré dans le cas où ses manœuvres auraient causé un dommage (art. 19, 3) ;

- Le caractère obscur d'une disposition du contrat joue en faveur de l'assuré (art. 21) ;

2. Le contrat d'assurance de personnes

- Décès, survie, santé et accident (corporel) sont les objets de cette forme de contrat (art. 31, 1) ;

- Au cas où l'assuré ne s'acquitte pas du versement de la prime à l'échéance, l'assureur ne peut en poursuivre le paiement (art. 36) ;

- Ne sont assurables ni la personne atteinte de désordre mental, ni le mineur de 18 ans (sauf accord écrit des parents ou du tuteur) (art. 38, 2, b) ;

- L'assureur n'est pas tenu de payer la somme convenue si l'assuré se donne la mort au cours des deux premières années du contrat, ou s'il décède du fait d'un acte délibéré du souscripteur ou du bénéficiaire, ou si le décès intervient consécutivement à une exécution résultant d'une décision judiciaire (art. 39, 1).

### 3. Le contrat d'assurance de biens

- Si, par suite d'une erreur involontaire du souscripteur, la valeur du bien assuré excède son prix de marché, l'assureur doit lui restituer la portion de prime correspondant à la différence entre sa valeur assurée et sa valeur sur le marché (art. 42, 2) ;

- En cas de pluralité d'assurance, chaque assureur indemnisera l'assuré en proportion du capital qu'il a garanti par rapport à la valeur du bien (art. 44, 2) ;

- Formes de l'indemnisation : les parties peuvent convenir que l'indemnisation s'effectuera soit par le remplacement du bien endommagé, soit par sa remise en état, soit par le versement d'une somme d'argent (art. 47, 1) ;

- Dispositions relatives à la sécurité : l'assuré doit respecter la réglementation touchant la prévention incendie, la lutte contre le feu, la sécurité et l'hygiène du personnel et toutes autres dispositions légales propres à garantir la sécurité du bien assuré. Si l'assuré n'adopte pas de telles mesures, l'assureur peut lui notifier l'obligation de s'y soumettre dans un délai déterminé. En cas d'inaction de l'assuré, l'assureur peut augmenter la prime ou suspendre le contrat (art. 50).

### 4. Le contrat d'assurance de responsabilité

- Un tiers n'a pas la possibilité de demander à l'assureur du responsable de l'indemniser pour le compte de son assuré (absence d'action directe) (art. 53, 2) ;

- Outre le paiement de l'indemnité, en cas de différend, il revient à l'assureur d'en supporter les coûts (art. 55, 2).

*b. Les textes ultérieurs*

Il faut enfin mentionner quelques textes pris par la suite.

- La loi 23/2008/L/CTN du 14 novembre 2008 relative à l'assurance santé définit ses bénéficiaires (tous vietnamiens ou étrangers), la portée des couvertures, le financement, les droits et obligations des parties et précise la feuille de route de l'assurance santé universelle ;

- La loi 61/2010/QH12 du 24 novembre 2010 introduit plusieurs branches d'assurance, dont l'assurance retraite, et définit le contenu de l'assurance santé ;

- La décision 2011/QD/TTG du premier ministre institue un programme temporaire d'assurance crédit pour les risques politiques et commerciaux, la prime étant subventionnée à concurrence de 20% ;

- Une circulaire de la Banque d'État du 17 mai 2011 oblige les assureurs à utiliser uniquement la monnaie nationale (dong) pour les libellés des contrats, et interdit explicitement toute indication de sommes en devises ;

- En application du texte précédent, le décret 95/2011 du 20 octobre 2011 punit de peines d'amende, allant de l'équivalent de 2 500 à 25 000 $ US, les infractions constituées par l'achat ou la vente de devises, ou les paiements en monnaie étrangère.

## SECTION 3. Le droit des entreprises d'assurance

Le droit des entreprises d'assurance est traité dans le chapitre 3 (art. 58 à 83) et dans le chapitre 5 (art. 94 à 104) du code.

*a. Les articles 58 à 83 du code*

Pour traiter des entreprises d'assurance, le code aborde les domaines suivants : délivrance et retrait d'agréments, organismes mutuels, transferts de portefeuilles, insolvabilité et dissolution de sociétés.

Quelques points particuliers :

- Il existe quatre sortes d'entreprises : d'État, par actions, mutuelles, co-entreprises à 100% étrangères ou non (art. 59) ;

- Les domaines d'activité des entreprises comprennent : l'assurance et la réassurance, la gestion des risques (*risk management*), l'expertise des dommages, la filialisation d'activités d'évaluation de dommages et de récupération contre tous tiers responsables (art. 60) ;

- La délivrance d'agréments doit s'effectuer en conformité avec la planification d'ensemble et les programmes spécifiques de développement de l'assurance et des marchés financiers vietnamiens (art. 62, 2) ;

- Les cadres de direction et les responsables des départements de l'entreprise candidate à un agrément doivent justifier de la possession des qualifications requises et du niveau des connaissances professionnelles nécessaires (art. 64, 4) ;

- Les engagements des organismes mutuels ont pour limite le montant de leurs actifs (art. 72) ;

- Le transfert du portefeuille d'une société à une autre peut être décidé en cas de risque d'insolvabilité, ou si cette société se divise, éclate, fusionne ou se dissout (art. 74, 1) ;

- En cas de risque d'insolvabilité, une entreprise doit immédiatement informer le ministre des finances de sa situation financière, des raisons de son insolvabilité et des mesures de redressement envisagées (art. 78, 2).

### *b. Les textes ultérieurs*

Parmi les textes ultérieurs relatifs aux entreprises d'assurance, mentionnons le décret 123 et la loi du 24 novembre 2010.

1. Le décret 123/2011/ND-CP du 28 décembre 2011

Ce texte, applicable au 15 février 2012, contient plusieurs dispositions importantes qui durcissent les obligations pesant sur les assureurs. Notamment :

- Il prévoit qu'un assureur étranger non-vie désirant créer une succursale au Viêtnam doive remplir les conditions suivantes : opérer depuis au moins dix ans dans le pays de son siège social, disposer d'actifs d'une valeur d'au moins 2 milliards $ US et avoir enregistré des bénéfices au cours des trois années précédant le dépôt de la demande d'agrément. En outre, cette succursale doit prévoir un capital social de 200 milliards de dong, soit 20 millions $ US. De son côté, un courtier étranger doit faire état d'un volume d'actifs d'une valeur d'au moins 100 millions $ US ;

- Il exige de toute entreprise étrangère d'assurance un dépôt préalable de 100 milliards de dong, soit environ 500 000 $ US, sur un compte ouvert auprès de la Banque d'État, « *afin de faire face à ses obligations en cas d'insolvabilité telle que définie par l'autorité de surveillance du pays de son siège social* » ;

- Il impose à tout assureur étranger de bénéficier d'une cote minima délivrée par une agence de notation : au moins BBB + par Standard & Poor's ou Fitch, B ++ par AM Best, Baal par Moody's, au titre de l'exercice financier antérieur ;

- Enfin, s'il autorise le placement de garanties d'assurance « non-admise »[269], c'est à la condition que les fournisseurs aient reçu des autorités de leur pays d'origine le feu vert pour opérer au Viêtnam, qu'ils aient leur siège social dans un pays avec lequel le Viêtnam a passé un accord d'échange de services d'assurance, et qu'ils détiennent un total d'actifs d'au moins deux milliards $ tout en ayant réalisé des bénéfices au cours des trois dernières années.

### 2. La loi du 24 novembre 2010

La loi 61/2010/QH12 du 24 novembre 2010 prévoit la création d'un fonds de protection des assurés destiné à pourvoir à leur indemnisation en cas de banqueroute d'un assureur. Les modalités d'intervention du fonds sont renvoyées à des textes d'application à venir.

Cette même loi dispose que les sociétés obéiront désormais à l'une des formes suivantes : compagnies par actions, sociétés à responsabilité limitée, coopératives, organisations mutuelles. Cette liste se trouve assez fortement modifiée par rapport à la précédente.

---

[269] On appelle ainsi les programmes d'assurance proposés sur un marché auquel les assureurs auteurs de ces programmes, démunis de l'agrément exigé, n'ont normalement pas accès. Souvent, ces programmes présentent un caractère dérogatoire par rapport aux exigences légales et réglementaires du marché concerné.

### 3. Les autres textes

- La décision 153/2003/QD/BTC du 22 septembre 2003 fournit la liste des ratios (ratios de sinistres, ratios de commissions, niveau des provisions considérées par rapport aux prévisions de dépenses, et ratios de bénéfices des investissements) à la disposition de la direction des assurances au ministère des finances pour surveiller la gestion financière des entreprises et conçus comme système d'alerte précoce pour détecter et éviter tout risque d'insolvabilité ;

- Le décret 46/2007/ND/CP fait obligation aux entreprises d'assurance d'effectuer leurs placements de façon sûre et afin qu'ils soient liquides. Le capital venant éventuellement en excédent du capital minimum requis pour la marge de solvabilité peut être placé offshore ;

- Le même texte prescrit que les sommes destinées à régler les sinistres, pouvant représenter 25% des provisions, doivent se trouver déposées dans des comptes bancaires au Viêtnam. Le surplus doit être placé au Viêtnam (I) en bons du Trésor, en obligations garanties émises par des entreprises, (II) en actions, obligations non garanties et participations au capital d'autres sociétés avec un maximum de 35%, et (III) avec un maximum de 20%, dans l'immobilier ou en accordant des prêts ;

- Enfin, le décret (art. 23, section 4) impose une rétention aux assureurs en leur interdisant de céder 100% de leurs primes (pratique de fronting), mais le niveau minimum de la rétention n'est pas indiqué ;

- La circulaire 86/2009/TT/BTC exige que désormais les provisions techniques et la marge de solvabilité d'une société doivent être définies par un expert dont le nom a été soumis au ministre des finances et dont les qualifications techniques ont été exposées à ce dernier.

## SECTION 4. Le droit des intermédiaires d'assurances

Le droit des intermédiaires d'assurances est traité au chapitre 4 du code des assurances (articles 84 à 93) ainsi qu'au chapitre 6 (art. 105 à 119), quelques-uns de ces articles traitant également des bureaux de représentation.

*a. Les articles 84 à 93 du code*

Parmi la série d'articles du code traitant des intermédiaires, relevons notamment :

- Les conditions pour être agent d'assurances : avoir la nationalité vietnamienne, être âgé de 18 ans au moins, posséder une attestation de suivi de formation délivrée par une entreprise d'assurance ou par l'association vietnamienne d'assurance (art. 86, 1) ;

- L'obligation pour l'assureur d'intégrer la commission de courtage dans le montant de la prime (art. 91, 1) ;

- L'obligation pour le courtier de s'assurer au titre de sa RC professionnelle (art. 92) ;

- La nécessité pour le courtier d'être titulaire d'un agrément délivré par le ministre des finances (art. 93).

*b. Texte ultérieur*

Par la suite, les exigences relatives au niveau de la formation professionnelle des agents ont été renforcées, l'établissement d'enseignement devant être agréé par le ministre des finances.

SECTION 5. La réassurance

Nous avons vu plus haut que les sociétés d'assurance directe furent soumises en 1994 à une obligation de cession, s'élevant à 30% de leurs émissions, à la société d'État Vinare. Par ailleurs, au-delà de cette cession de base, et pour certaines branches, les compagnies étaient tenues de céder une portion supplémentaire de leurs primes, fixée à 20%.

Début 2008, et dans l'esprit de l'adhésion du Viêtnam à l'Organisation mondiale du commerce, ces obligations de cession furent abolies, laissant les assureurs directs libres de traiter avec les réassureurs, nationaux ou étrangers, de leur choix, pourvu que ceux-ci soient en mesure de faire état de certains niveaux de qualité (cotation par agence de notation, solvabilité, etc.).

Par ailleurs, conformément aux circulaires 155/2007TT/BTC et 86/2009/TT/BTC du ministre des finances, le conseil d'administration d'un réassureur doit approuver chaque année son programme de souscription, et l'autorité de tutelle peut formuler des observations à son sujet.

Enfin, rappelons le principe de l'interdiction du fronting à 100% formulée par le décret 46/2007/ND/CP et citée un peu plus haut, diminuant ainsi les possibilités de recours excessif à la réassurance par les cédantes.

## SECTION 6. Le rôle de l'État

Parallèlement à la matière de l'assurance *stricto sensu*, l'État intervient dans plusieurs domaines connexes, dont l'agrément et le contrôle des entreprises, le droit de la concurrence, la coopération entre les secteurs économiques intérieurs et sur le plan international, l'obligation d'assurer certains risques.

### *a. L'agrément et le contrôle des entreprises*

C'est le décret 100/CP de 1993 déjà mentionné qui avait posé le principe selon lequel un agrément devait être délivré à toute entreprise d'assurance désireuse d'opérer au Viêtnam et qui avait défini les modalités du contrôle auquel elle était ensuite assujettie.

Par la suite, le chapitre 5 du décret 45/2007ND/CP du 27 mars 2007 a précisé et complété les dispositions relatives à ces matières, fournissant ainsi aux opérateurs du marché une sorte de charte leur permettant de connaître les prérogatives de l'administration et, partant, leurs droits et leurs obligations sur différents points comme :

- l'administration des agréments des bureaux de représentation, des assureurs directs, des réassureurs, et des courtiers,

- la préparation et la diffusion des libellés de polices, des tarifs et des tableaux de commissionnement des intermédiaires,

- le contrôle des activités des assureurs, des réassureurs et des intermédiaires, et la gestion des infractions commises par les acteurs du marché ainsi que des réclamations émanant des assurés,

- la vérification de la solvabilité des entreprises d'assurance et de réassurance.

*b. Les textes relatifs à la concurrence*

Dès 1996 l'État s'est préoccupé de la question de la clarté des transactions et de la nécessité d'une concurrence loyale, et plusieurs textes reviennent ensuite sur la question.

Ainsi, la « lettre officielle » 3780/TC/TCNH d'octobre 1996 priait les agences et organismes du gouvernement de cesser d'influencer le marché de l'assurance.

Plus tard, en 2005, des textes importants furent promulgués en matière de concurrence :

- en juin, la loi sur le commerce interdit les pratiques anti-compétitives en général, et prohiba notamment les manipulations de prix susceptibles de nuire aux fabricants et aux acheteurs, ainsi que la publicité mensongère ;

- en juillet, la loi sur la concurrence interdit les positions dominantes, les concentrations économiques et les pratiques concurrentielles déloyales. Appliquées à l'assurance, ces dispositions reviennent à prohiber la présentation inexacte des garanties d'assurance ou de leur prix.

Enfin, le code des assurances lui-même bannit expressément la concurrence déloyale, par l'interdiction de l'information inexacte en publicité ou dans la rédaction des polices, et par la prohibition des pratiques d'intimidation des employés ou des clients des autres assureurs.

*c. Les articles 4 à 7, et 120 à 122 du code des assurances*

Mentionné, sans doute à dessein, au début du texte du code, le rôle de l'État est surtout affirmé et ses prérogatives détaillées au moyen de « dispositions générales » figurant au chapitre 1 (art. 4 à 7), le chapitre 8 (art. 120 à 122) étant consacré à quelques développements complémentaires.

- Il revient à l'État de consacrer les moyens financiers et les ressources nécessaires afin que les assureurs d'État se développent et jouent un rôle dominant (art. 4, 2) ;

- La politique de l'État consiste à permettre le développement du marché vietnamien de l'assurance, au service de la croissance socio-économique et spécialement à celui des programmes de développement de l'agriculture, des forêts et de la pêche (art.4, 3) ;

- Il est du rôle de l'État de prescrire un certain nombre d'obligations d'assurance, à savoir : la RC des possesseurs de véhicules automobiles, la RC des transporteurs aériens vis-à-vis des passagers, la RC professionnelle des sociétés de conseil et des courtiers d'assurances, les dommages d'incendie ou d'explosion (art. 8, 2). En outre, au titre de ces assurances obligatoires, l'État définit les conditions d'assurance, les tarifs et le montant minimum des garanties (art. 8, 1) ;

- Quant à la coopération internationale dans les secteurs de l'assurance, l'État l'administre de façon uniforme, afin d'assurer son développement dans le sens du multilatéralisme et de la diversification, en s'attachant à respecter l'indépendance, la souveraineté, l'égalité et le profit mutuel, pour aider les entreprises et les intermédiaires d'assurances étrangers et encourager la venue des investisseurs d'autre pays, au service du développement socio-économique du Viêtnam (art. 5, 1) ;

- La surveillance des activités d'assurance relève du gouvernement et figure dans les attributions du ministre des finances (art. 121).

*d. Les textes ultérieurs sur les obligations d'assurance*

Plusieurs textes ont élargi le nombre des activités soumises à une obligation d'assurance ou modifié certaines dispositions relatives aux obligations existantes.

1. L'obligation d'assurance de RC automobile

Le décret 103/2008/ND-CP, la décision 23/2007 du ministre des finances et la circulaire 126/2008/TT-BTC ont augmenté les minima financiers de garantie, qui s'élèvent désormais, depuis juin 2007, à 50 millions de dong (dommages corporels ou dommages matériels) pour les véhicules à quatre roues, et à 30 millions de dong par personne pour les véhicules à deux roues.

2. Les obligations d'assurance de RC professionnelle

Aux professions visées auparavant (avocats, courtiers d'assurances), les textes ont ajouté : les architectes, les bureaux d'études, les ingénieurs, les notaires, les courtiers en valeurs, les firmes d'audit.

3. Les autres obligations d'assurance de RC

Les autres obligations d'assurance de responsabilité civile concernent la RC des employeurs pour les accidents survenant sur les chantiers de construction, et la RC des dommages à l'environnement causés par les bateaux transportant du pétrole, du gaz ou d'autres substances dangereuses.

4. L'obligation d'assurance incendie

Les entreprises exerçant dans certains domaines d'activités à haut risque (environ 15) sont tenues de se garantir contre les conséquences des dommages leur survenant du fait d'un incendie ou d'une explosion.

*e. Les autres textes*

Parmi les autres textes traitant d'assurance, mentionnons-en deux, datés de 2003 :

- Le décret 188/2003/ND/CP punit d'une amende de 5 à 10 millions de dong toute personne soit se procurant de l'assurance auprès d'un assureur étranger qui se livre illégalement à la vente d'assurance au Viêtnam, soit contraignant un individu ou une société à souscrire de l'assurance à l'étranger ;

- La décision ministérielle du 175/2003/QD/TTG. C'est probablement autant pour des motifs de politique intérieure qu'en vue de servir de guide aux acteurs du marché que cette décision énonce et insiste sur la stratégie de développement de l'assurance au titre des années 2003 à 2010.

En bref, on voit que la législation et la réglementation relatives à l'industrie de l'assurance, constituées au fil des ans par une multitude de textes de provenance très diverse et d'importance inégale, se révèlent fort disparates et bien compliquées. Plus de vingt ans après la publication des premières dispositions, ce droit présente l'aspect d'une sorte de millefeuilles juridique, aux ingrédients hétérogènes car provenant de multiples sources, et dont l'accès et la compréhension se révèlent de plus en plus malaisés.

Dans l'intérêt même des pouvoirs publics, de la profession de l'assurance et de ses utilisateurs, il conviendrait qu'une réflexion soit menée sur les objectifs et les moyens de l'institution, et qu'en résultante un comité *ad hoc* procède à un élagage de l'ensemble puis à la mise sur pied d'un nouveau code qui contiendrait les textes retenus, ordonnés conformément à la méthodologie universellement admise, c'est-à-dire selon une répartition en parties, livres, titres, chapitres, sections et articles. La clarté et, partant, la mise en application du droit y gagneraient.

# Conclusion générale

Tout le long de son siècle et demi d'existence, l'assurance indochinoise puis vietnamienne a connu bien des soubresauts : née peu avant 1870 avec les contrats maritimes conclus sous l'égide de sociétés de commerce, puis développée à partir de la fin du XIX$^{e}$ siècle avec les garanties incendie importées par les assureurs européens, elle devint le centre d'intérêts de nombreuses compagnies venues de tous pays, subissant ainsi leurs conditions de couvertures (libellés) et le niveau de leurs tarifs, cette situation se prolongeant jusqu'en 1975, malgré une certaine vietnamisation de l'industrie au Sud, et allant jusqu'à disparaître, à proprement parler, pendant une petite vingtaine d'années, sans doute pour mieux permettre sa résurrection à partir de 1993.

Il n'est pas douteux qu'à partir de cette date, grâce notamment à l'adhésion du Vietnam à plusieurs organisations régionales, d'abord l'ASEAN en 1995, puis l'APEC en 1998, qui changea l'image du pays et lui permit de s'ouvrir aux investissements étrangers, l'assurance vietnamienne a grandi, s'est étendue et diversifiée, ainsi qu'en témoignent la multiplication des sociétés d'assurance et l'augmentation des émissions de primes, ainsi que le foisonnement des textes législatifs et réglementaires.

Mais au-delà de cette croissance quantitative, comment évaluer ce phénomène sur un plan plus qualitatif ?

Le développement de l'assurance peut s'apprécier de plusieurs façons et notamment, d'abord en s'attachant à mesurer l'évolution du nombre de personnes qui se consacrent à cette industrie, puis en appréciant la part prise par l'assurance dans l'ensemble des activités productives, et enfin en considérant la part de son budget que chaque consommateur consacre à l'assurance.

### *Population active et assurance*

Avant l'indépendance, le nombre des Européens présents dans le pays pour « faire tourner » l'assurance se révélait bien faible : en effet, selon le recensement de janvier 1937 portant sur une population européenne active de 20 484 personnes, seulement 225 professionnels, soit 1,2%, travaillaient dans les secteurs de la banque et de l'assurance[270].

Quelque 75 ans plus tard, la renaissance de l'assurance s'étant dûment affirmée, sur une population active de 45 millions d'habitants, ce sont environ 300 000 personnes, soit 0,66%, qui se consacraient à l'assurance (France : 0,77%).

Parmi les autres critères auxquels on a souvent recours pour apprécier la diffusion de l'assurance dans un pays, figurent le taux de pénétration et la densité d'assurance.

*Le taux de pénétration de l'assurance*

Le *taux de pénétration* (ci-après évolution depuis 2006) s'exprime par le rapport entre le chiffre d'affaires de l'assurance et le produit intérieur brut.

| Années | 2006 | 2007 | 2008 | 2009 | 2010 | 2011 |
|---|---|---|---|---|---|---|
| PIB (mill$^{ds}$ dong) | 976 | 1143 | 1485 | 1658 | 1980 | 2469 |
| Primes (mill$^{ds}$ dong) | 14,5 | 17,8 | 21,2 | 25,5 | 30,8 | 37,5 |
| Taux | 1,5 | 1,6 | 1,4 | 1,5 | 1,6 | 1,5 |

Source : "Vietnam Market Review", *Best's Special Report*, 2012

Par rapport aux autres pays de la région, le Viêtnam se situe assez défavorablement, puisque son taux de pénétration d'assurance, qui d'ailleurs

| Années | Pays | % |
|---|---|---|
| 2009 | Viêtnam | 1,6 |
| 2009 | Chine | 3,4 |
| 2009 | Thaïlande | 4 |
| 2009 | Inde | 5,2 |
| 2009 | Singapour | 6,8 |
| 2009 | Japon | 9,9 |
| 2009 | Corée du Sud | 10,4 |
| 2011 | Taiwan | 16 |

Source : Compagnie suisse de réassurances, *Sigma*, n°2, 2010

[270] P.-R. Feray, *Le Viêtnam*, PUF, 4e éd. 1994, p. 33.

n'évolue guère, ne dépasse que ceux de pays comme le Bangladesh (0,9), l'Iran (1,2) ou l'Indonésie (1,3), et se trouve inférieur à celui de tous les États développés ou des autres « tigres asiatiques ».

*La densité d'assurance*

Quant à la *densité d'assurance*, elle résulte du rapport établi entre primes émises et population. En d'autres termes, cet indice exprime la part de son budget que chaque habitant consacre en moyenne à l'assurance :

| Années | 2006 | 2007 | 2008 | 2009 | 2010 | 2011 |
|---|---|---|---|---|---|---|
| Population (millions) | 84,1 | 85,2 | 86,2 | 87,2 | 88,3 | 89,3 |
| Primes (mill$^{ds}$ dong) | 14 489 | 17 845 | 19 744 | 24 019 | 29 578 | 37 500 |
| Densité (dong/habit.) | 172 | 209 | 229 | 289 | 334 | 420 |

À ne considérer que le pays lui-même, on relève une augmentation continue de la densité. Mais, là encore, par rapport à un certain nombre de pays de la zone, la situation du Viêtnam révèle quelques faiblesses :

| Années | Pays | $ |
|---|---|---|
| 2009 | Viêtnam | 16 |
| 2009 | Inde | 54 |
| 2009 | Chine | 122 |
| 2009 | Thaïlande | 157 |
| 2009 | Corée du Sud | 1885 |
| 2010 | Taiwan | 2751 |
| 2009 | Singapour | 2995 |
| 2009 | Japon | 4003 |

Source : Compagnie suisse de réassurances, *Sigma*, n°2, 2010

En décrivant la situation de façon un peu différente, on dira que chaque vietnamien consacre annuellement 16 $ US à l'assurance, tandis que le montant correspondant est de 54 $ pour un indien, de 122 $ pour un chinois, de 1 885 $ pour un coréen du sud, et qu'il atteint enfin plus de 4 000 $ pour un japonais.

En définitive, quel que soit le critère retenu, si l'industrie des assurances au Viêtnam peut revendiquer des avancées probantes au cours de la dernière décennie du XX^e^ siècle et surtout depuis le début du XXI^e^ siècle, il faut néanmoins se rappeler que cette institution fut inexistante pendant quatre décennies (1955 à 1994) dans la moitié nord, et pendant vingt ans (1975 à 1994) dans la moitié sud, d'où un retard certain, tant par rapport aux besoins du marché que par comparaison avec la plupart des autres pays de la région.

Certes, ce retard s'explique également par la faiblesse du pouvoir d'achat des assurables, et notamment des ménages : le salarié vietnamien reçoit 2 260 000 VND (126 $ US) par mois en moyenne, contre 2 500 $ US pour le japonais ou le singapourien, et 2 800 $ US pour le coréen du Sud (MOCI).

Il n'empêche que, pour leur part, les professionnels vietnamiens de l'assurance doivent s'investir dans le rattrapage qui s'impose, mais celui-ci nécessitera de longs efforts de toutes sortes, avant de pouvoir revendiquer un alignement de leur industrie sur la moyenne de celles du Sud-Est asiatique.

Il semble que l'on peut regrouper autour de trois axes les programmes de redressement susceptibles d'améliorer la situation :

- D'abord, l'industrie doit viser une amélioration du *professionnalisme* de tous les intervenants, notamment de ceux des compagnies, et des distributeurs, agents ou courtiers, permettant ainsi la mise au point et la diffusion de produits et de services mieux adaptés aux attentes et aux besoins des clients (assurance agricole, micro-assurance, etc.), tout en s'efforçant d'obtenir un effort de loyauté de la part des acteurs du marché (refrènement de pratiques anticoncurrentielles et de dénigrement des concurrents) ;

- Ensuite, pour une plus grande *densité d'assurance*, il convient de développer l'éducation aussi bien des particuliers (pour les rendre conscients de la nécessité de se protéger par l'assurance) que des responsables d'entreprises assurables en sensibilisant ces derniers au concept, à la démarche et à l'utilisation des outils du risk management, les amenant ainsi à effectuer le bilan de leurs risques et à souscrire davantage (ne serait-ce que pour respecter les obligations légales) et à meilleur escient ;

- Enfin, pour une amélioration du *taux de pénétration* de l'assurance, il importe de favoriser au maximum sa connaissance et sa compréhension. Si cela repose sur une éducation des particuliers (déjà suggérée *supra*) et un ajustement des programmes de formation, initiale et continue, des professionnels, il faut insister sur le fait que, les textes n'étant respectés que dans la mesure où ils sont compris et applicables, une réflexion sur la nécessité d'une refonte de la législation et de la réglementation de l'assurance, devenues par trop touffues et de moins en moins assimilables par les assujettis, est devenue indispensable.

On notera que si la condition première d'un meilleur taux de la pénétration de l'assurance réside dans une élévation du niveau de vie du vietnamien moyen, possesseur de moyens financiers plus substantiels, il n'en demeure pas moins que la mise en place de toutes les améliorations évoquées ci-avant passe nécessairement par la préparation et la diffusion de programmes de formation et de perfectionnement à tous les niveaux, une telle politique d'éducation constituant une ardente obligation à laquelle nul ne saurait échapper, dans quelque sphère que ce soit.

# Annexes

1. Résultats commerciaux de la branche incendie en Indochine
2. Évolution du marché au Viêtnam du Sud (1958 - 1973)
3. Émissions de primes et bénéfices des assureurs français demeurés sur place de 1969 à 1974
4. Émissions de primes de 1989-2012
5. Marché des sociétés d'assurance non-vie à fin 2011
6. Marché des sociétés d'assurance vie à fin 2011
7. Sociétés de réassurance

ANNEXE 1. Résultats commerciaux de la branche incendie en Indochine

| Années | Marché incendie des compagnies | | Σ compagnies (Primes en 1000 P) | Primes incendie en % de l'ensemble |
|---|---|---|---|---|
| | françaises | étrangères | | |
| 1933 | ? | ? | 651 | 30,1 |
| 1934 | ? | ? | 611 | 33,5 |
| 1935 | ? | ? | 616 | 25,1 |
| 1936 | ? | ? | 636 | 23,3 |
| 1937 | 474 | 168 | 642 | 14,3 |
| 1938 | 585 | 201 | 786 | 16,6 |
| 1939 | 780 | 312 | 1 092 | 17,4 |
| 1940 | 715 | 401 | 1 116 | 16,3 |
| 1941 | 815 | 284 | 1 099 | 16,8 |
| 1942 | 1111 | 191 | 1 302 | 22,9 |
| 1943 | 97 | 31 | 128 | |
| 1944 | 73 | 30 | 103 | |
| 1945 | 24 | 13 | 37 | |
| 1946 | 29 | 29 | 58 | |
| 1947 | 30 | 11 | 41 | |

ANNEXE 2. Évolution du marché au Viêtnam du Sud (1958 - 1974)

| En 100 Piastres VN | | Sociétés nationales | | Sociétés étrangères | | Total | |
|---|---|---|---|---|---|---|---|
| | | C.A. | Évo-lution | C.A. | Évo-lution | C.A. | Évo-lution |
| 1958 | Émis-sions | 68 316 | - | 157 520 | - | 225 835 | - |
| | % | 30, 25 | ? | 69, 75 | ? | 100 | |
| 1959 | Émis-sions | 61 698 | - 9,7 | 166 156 | + 5,5 | 227 854 | + 0,9 |
| | % | 27,07 | | 72,93 | | 100 | |
| 1960 | Émis-sions | 80 747 | + 30,8 | 207 332 | + 24,8 | 288 079 | + 21 |
| | % | 28, 0 | | 72, 0 | | 100 | |
| 1961 | Émis-sions | 83 971 | + 4 | 213 472 | + 3 | 297 443 | + 3,2 |
| | % | 28, 23 | | 71, 77 | | 100 | |
| 1965 | Émis-sions | | | | | 480 185 | + 61,4 |
| | % | | | | | | |
| 1966 | Émis-sions | | | | | 1 238794 | + 166 |
| | % | | | | | | |
| 1967 | Émis-sions | | | | | 2 169495 | + 75 |
| | % | | | | | | |
| 1968 | Émis-sions | | | | | 2 384799 | + 1 |
| | % | | | | | | |
| 1969 | Émis-sions | | | | | 2 725594 | + 1,4 |
| | % | | | | | | |

| En 100 Piastres VN | | Sociétés nationales | | Sociétés étrangères | | Total | |
|---|---|---|---|---|---|---|---|
| | | C.A. | Évo-lution | C.A. | Évo-lution | C.A. | Évo-lution |
| 1970 | Émis-sions | | | | | 2 714000 | - 0,4 |
| | % | | | | | | |
| 1971 | Émis-sions | | | | | | |
| | % | | | | | | |
| 1972 | Émis-sions | | | | | | |
| | % | | | | | | |
| 1973 | Émis-sions | | | | | | |
| | % | | | | | | |
| 1974 | Émis-sions | 5 279000 | | 2 425200 | | 7 704200 | |
| | % | 68,5 | | 31,5 | | 100 | |

## ANNEXE 3. Émissions de primes et bénéfices des assureurs français demeurés sur place de 1969 à 1974 (en 1000 VN)

| | | 1969 | 1970 | 1971 | 1972 | 1973 | 1974 |
|---|---|---|---|---|---|---|---|
| UAP | Émiss. | 85 084 | 84 800 | 135 494 | 307 011 | 364 662 | 274 122 |
| | Bénéf. | 14 981 | 20 736 | 26 213 | 30 566 | 121 207 | 52 344 |
| GGA | Émiss. | 43 128 | 46 743 | 66 084 | 151 115 | 162 943 | 128 950 |
| | Bénéf. | 3 192 | 4 408 | 8 068 | 16 977 | 43 930 | 39 889 |
| CA-MAT | Émiss. | 109 116 | 98 182 | 208 185 | 237 880 | 262 419 | 171 498 |
| | Bénéf. | 13 343 | 10 472 | 10 513 | 14 528 | 38 743 | 41 901 |
| MGFA | Émiss. | 80 042 | 67 146 | 141332 | 264 659 | 284 581 | 284 408 |
| | Bénéf. | 36 132 | 26 207 | 58 978 | 126 636 | 185 559 | 230 191 |
| Préser-vatrice | Émiss. | 96 686 | 69 388 | 92 538 | 139 121 | 154 535 | 147 642 |
| | Bénéf. | 13 988 | 3 142 | 374 | 5 680 | 23 631 | 31 797 |
| Σ | Émiss. | 417 058 | 366 260 | 643 686 | 1099789 | 1234142 | 1 006 522 |
| | Bénéf. | 81 638 | 64 966 | 104 147 | 194 388 | 413 071 | 396 123 |
| | % Émiss. /Bénéf | 19,57 | 17,73 | 16,18 | 17,67 | 33,47 | 39,35 |

Source : AMAE, Fonds 150 QO, vol. 224, 1975-1976

Nota : la somme des totaux des sociétés et les totaux finaux (Σ) peuvent ne pas correspondre exactement en raison des arrondis.

ANNEXE 4. Émissions de primes de 1989 à 2012

| | Non-vie* | | Vie | | Σ |
|---|---|---|---|---|---|
| | $10^6$ dong | % | $10^6$ dong | % | $10^6$ dong |
| 1989 | 75 750 | 100 | - | - | 75 750 |
| 1990 | 119 700 | 100 | - | - | 119 700 |
| 1991 | 129 500 | 100 | - | - | 129 500 |
| 1992 | 200 000 | 100 | - | - | 200 000 |
| 1993 | 436 450 | 100 | - | - | 436 450 |
| 1994 | 741 000 | 100 | - | - | 741 000 |
| 1995 | 1 026 000 | 100 | - | - | 1 026 000 |
| 1996 | 1 227 000 | 100 | - | - | 1 227 000 |
| 1997 | 1 348 800 | 97,6 | 3 200 | 2,4 | 1 352 000 |
| 1998 | 1 537 000 | 89 | 183 000 | 11 | 1 720 000 |
| 1999 | 2 000 000 | 81 | 478 000 | 19 | 2 478 000 |
| 2000 | 1 786 000 | 58 | 1 289 000 | 42 | 3 075 000 |
| 2001 | 2 162 000 | 44 | 2 778 000 | 56 | 4 940 000 |
| 2002 | 2 624 000 | 37 | 4 368 000 | 63 | 6 992 000 |
| 2003 | 3 966 000 | 38 | 6 543 000 | 62 | 10 500 000 |
| 2004 | 4 764 000 | 38 | 7 636 000 | 62 | 12 400 000 |
| 2005 | 5 486 000 | 40 | 8 130 000 | 60 | 13 616 000 |
| 2006 | 6 357 930 | 43 | 8 481 683 | 57 | 14 489 613 |
| 2007 | 8 359 994 | 47 | 9 485 524 | 53 | 17 845 518 |
| 2008 | 10 887 178 | 55 | 8 857 263 | 45 | 19 744 441 |
| 2009 | 13 643 961 | 57 | 10 375 322 | 43 | 24 019 283 |
| 2010 | 17 051 835 | 58 | 12 526 297 | 42 | 29 578 132 |
| 2011 | 20 576 133 | 56 | 15 997 554 | 44 | 36 573 687 |
| 2012 | 22 777 000 | 56 | 18 191 000 | 44 | 40 968 000 |

* Comprenant accident et santé

Sources : Ministère des Finances (MOF), Association des assureurs vietnamiens (AVI), *Asia Insurance Review*.

ANNEXE 5. Marché des sociétés d'assurance non-vie à fin 2011

| | Dénomination | Date établiss[t]. | Primes (millions) | % marché |
|---|---|---|---|---|
| 1 | Bao Viet | 1964 | 4 877 260 | 23,70 |
| 2 | Bao Minh | 1994 | 2 132 494 | 10,36 |
| 3 | Petrolimex Insurance (Pjico) | 1995 | 1 887 781 | 9,17 |
| 4 | Nha Rong Insurance (Bao Long) | 1995 | 301 934 | 1,47 |
| 5 | PetroVietnam Insurance (PVI) | 1996 | 4 241 086 | 20,61 |
| 6 | Bao Viet Tokio Marine Insurance | 1996 | 248 311 | 1,21 |
| 7 | United Insurance Co. (UIC) | 1997 | 138 973 | 0,68 |
| 8 | Post and Telecom (PTI) | 1998 | 1 084 284 | 5,27 |
| 9 | Groupama Vietnam General Insurance | 2001 | 56 280 | 0,14 |
| 10 | Vietinbank Insurance (Bao Ngan) | 2002 | 151 412 | 0,74 |
| 11 | Samsung Vina Insurance | 2002 | 448 442 | 2,18 |
| 12 | Vien Dong Insurance (VASS) | 2003 | 292 257 | 1,42 |
| 13 | BIDV Insurance (BIC) | 2005 | 623 821 | 3,03 |
| 14 | AAA Insurance | 2005 | 463 251 | 2,25 |
| 15 | Chartis Insurance | 2005 | 256 251 | 1,25 |
| 16 | QBE Insurance | 2005 | 82 525 | 0,40 |
| 17 | VBARD Insurance (ABIRD) | 2006 | 407 403 | 1,98 |
| 18 | Global Insurance (GIC) | 2006 | 472 423 | 2,30 |
| 19 | Phu Hung Assurance Co (PAC) | 2006 | 5 543 | 0,03 |
| 20 | Liberty Co | 2006 | 403 052 | 1,95 |
| 21 | ACE Co | 2006 | 48 351 | 0,23 |

| | | | | |
|---|---|---|---|---|
| 22 | Military Insurance (MIC) | 2007 | 430 939 | 2,09 |
| 23 | Vietnam National Aviation (VNI) | 2008 | 592 771 | 2,88 |
| 24 | SBH-Vinacomin Insurance (SVIC) | 2008 | 312 303 | 1,52 |
| 25 | Hung Vuong Insurance (BHV) | 2008 | 54 743 | 0,27 |
| 26 | MSIG Insurance | 2008 | 246 897 | 1,20 |
| 27 | Fubon Insurance | 2008 | 103 101 | 0,50 |
| 28 | Xuan Thanh Insurance | 2009 | 192 251 | 0,93 |
| 29 | Cathay Insurance Vietnam | 2010 | 20 982 | 0,10 |
| Total | | | 20 576 133 | 100,00 |

ANNEXE 6. Marché des sociétés d'assurance vie à fin 2011

| | Dénomination | Date établiss[t]. | Primes (millions) | % marché |
|---|---|---|---|---|
| 1 | Prudential Vietnam Insurance | 1999 | 6 009 254 | 37,56 |
| 2 | Manulife Co Vietnam | 1999 | 1 778 085 | 11,11 |
| 3 | American International Assurance (AIA) | 2000 | 1 207 258 | 7,55 |
| 4 | Bao Viet Life | 2004 | 4 487 929 | 28,05 |
| 5 | ACE Life Insurance | 2005 | 911 070 | 5,70 |
| 6 | Prévoir Vietnam Life Insurance | 2005 | 38 383 | 0,24 |
| 7 | Dai-Ichi Life | 2007 | 1 165 730 | 7,29 |
| 8 | Cathay Life Vietnam | 2007 | 96 169 | 1,10 |
| 9 | Great Eastern Life Vietnam | 2007 | 66 550 | 0,42 |
| 10 | Korea Life Insurance (KLI) | 2008 | 125 678 | 0,79 |
| 11 | Vietcombank-Cardif Life (VCLI) | 2008 | 28 458 | 0,18 |
| 12 | Fubon Life Co | 2010 | 2 122 | 0,01 |
| 13 | Generali Vietnam Life | 2011 | 490 | - |
| 14 | Vietinbank Aviva Life | 2011 | 144 | - |
| | Total | | 15 997 554 | 100 |

# ANNEXE 7. Sociétés de réassurance

| | Dénomination | Date établissement | Primes (millions) |
|---|---|---|---|
| 1 | Vietnam National Reinsurance Corporation (Vinare) | 1994 | 1 433 956 |
| 2 | Petrolimex Reinsurance Corporation (PVI Re) | 2011 | 79 057 |

Liste des tableaux et des schémas

Liste des illustrations

Petite chronologie de l'assurance en Indochine et au Viêtnam

| Année | Évènements | P. |
|---|---|---|
| 1869 | Mention du nom d'un des premiers assureurs installé dans le pays | 27 |
| 1869 | Le Crédit lyonnais crée sa filiale, la *Compagnie lyonnaise d'assurances maritimes* | 36 |
| 1883 | La compagnie néo-zélandaise *South British* délivre un mandat de représentation pour l'Indochine à la société Denis frères, Saigon | 29 |
| 1886 | Décès de Paul Bert, résident général en Annam et au Tonkin, titulaire d'un contrat d'assurance sur la vie prévoyant le versement d'un capital de 200 000 F | 93 |
| 1895 | Création de la première société d'assurance, avec siège à Haiphong | 43 |
| 1899 | Installation de succursales de *L'Union incendie* à Hanoi et à Haiphong | 38 |
| 1903 | Arrivée à Saigon de la première voiture automobile | 102 |
| 1912 | Signature d'un accord entre la *Cordialité incendie*, la *Nationale incendie* et le *Phénix incendie* en vue d'opérer conjointement en Indochine | 39 |
| 1916 | Arrêté du gouverneur général relatif au contrôle des sociétés d'assurance sur la vie et des entreprises de capitalisation opérant en Indo-Chine | 111 |
| 1923 | Arrêté du résident supérieur d'Annam rendant obligatoire l'assurance des véhicules de transport en commun en cas d'accidents subis par les voyageurs | 120 |
| 1926 | Création d'une succursale de *L'Assurance Franco-Asiatique* à Saigon | 39 |
| 1929 | Création de *La Compagnie annamite d'assurances automobiles* | 40 |
| 1929 | Décret appliquant à l'Indochine la loi du 15 février 1917 « *relative à la surveillance des opérations de réassurances souscrites ou exécutées en France* » | 116 |
| 1935 | Arrêté du résident général rendant obligatoire l'assurance des véhicules de transport en commun en cas d'accidents subis par les voyageurs ou les tiers | 120 |

| | | |
|---|---|---|
| 1937 | Application du décret mettant à la charge des employeurs les conséquences des accidents du travail subis par les travailleurs européens et assimilés | 119 |
| 1942 | Décret étendant à l'Indochine les dispositions du décret-loi de 1935 « *relatif à l'agrément, au contrôle et à la surveillance des entreprises étrangères d'assurance* » | 115 |
| 1949 | Rapport Mauss sur l'activité des sociétés d'assurance en Indochine | 46 |
| 1960 | Création de *Cong-ty bao-hiem tai-bao-hiem* - Société vietnamienne d'assurances et de réassurances, à capitaux vietnamiens et occidentaux | 144 |
| 1964 | Décision (179/CP) de création de *Công ty Bảo hiểm Việt nam* (Bao Viet), à Hanoi | 191 |
| 1970 | Création du département vie de *Hung-Viet Bao-Diem Cong-Ty*, seule société d'assurance à pratiquer cette branche au Viêtnam du Sud | 166 |
| 1975 | Début de l'exercice du monopole d'assurance exercé sur l'ensemble du territoire par la compagnie *Công ty Bảo hiểm Việt nam* (Bao Viet) | 191 |
| 1988 | Institution de l'obligation d'assurance de la responsabilité encourue du fait d'accidents de la circulation causés par des véhicules à moteur | 237 |
| 1993 | Premier agrément délivré à un courtier, Inchibrok | 205 |
| 1993 | Le décret 100-CP édicte une première réglementation de l'assurance | 254 |
| 1994 | Création de *Ho Chi Minh City Insurance Company* (Bao Minh) et fin du monopole de Bao Viet | 194 |
| 1994 | Création de *Vietnam National Reinsurance Corporation* (Vinare) | 256 |
| 1995 | L'assurance accidents du travail devient obligatoire pour tous les salariés vietnamiens d'entreprises employant plus de 10 personnes | 242 |
| 1996 | Création de *Vietnam International Assurance Company* (VIAC), réunissant Tokio Marine (24,5%), Commercial Union (24,5%) et Bao Viet (51%) | 196 |
| 1998 | Décret instituant le régime d'assurance maladie de l'État | 214 |
| 1999 | Agrément du premier assureur dommages étranger, Allianz/AGF Insurance | 197 |
| 2000 | Promulgation du code des assurances (Loi n° 24/2000/QH10) | 257 |
| 2003 | Premier agrément délivré à un courtier 100% étranger, Gras Savoye | 205 |

| | | |
|---|---|---|
| 2004 | L'assurance tous risques chantiers et l'assurance tous risques montages-essais deviennent obligatoires | 244 |
| 2000 | Apparition de la bancassurance | 205 |
| 2009 | Apparition de la micro-assurance | 225 |
| 2010 | Création d'un fonds de protection des assurés (Loi 61/2010/QH12) | 262 |
| 2011 | Démarrage d'un programme gouvernemental d'assurance agricole à titre expérimental | 252 |

# Sources bibliographiques

## 1. ARCHIVES

### *1.1. Archives nationales*

Archives diplomatiques, 93120 - La Courneuve et 44000 - Nantes

Archives économiques et financières, 77176 - Savigny-le-Temple

Archives nationales d'outre-mer, 13090 - Aix en Provence

Archives nationales vietnamiennes, Centre n° 1, Fonds de la Résidence supérieure du Tonkin, Hanoi, Viêtnam

Centre des archives contemporaines, 77300 - Fontainebleau

Fire Offices Committee Foreign Minutes, Guildhall Library, London, UK

Public Record Office, Kew, Richmond, Surrey, UK

United States National Archives, Washington - DC, USA

### *1.2. Archives d'entreprises*

Assureurs français : L'assurance Franco-Asiatique (Groupe Azur, Strasbourg), Assurances générales et Phénix (Archives historiques des Assurances générales de France - Allianz-France, Paris), Union (AXA, Soissons), La Nationale (Groupama-GAN, Paris)

Assureurs étrangers : Aviva (Norfolk, UK)

2. BIBLIOTHÈQUES

Académie de la France d'outre-mer, 75008 - Paris

Chambre de commerce et d'industrie, 13 - Marseille

Insurance Library, Boston, MA 02109, USA

The School of Risk Management, Saint John's University, Manhattan, New York City, NY, USA

3. ANNUAIRES

*Annuaire économique de l'Indochine*, Imprimerie d'Extrême-Orient, Hanoi

*Annuaire général de l'Indochine*, Imprimerie d'Extrême-Orient, Hanoi

*Annuaire statistique de l'Indochine*, Imprimerie d'Extrême-Orient, Hanoi

*Asean Insurance Directory*, Singapore

*Insurance Directory of Asia*, Singapore

Bo Thai Chinh/Ministry of Finance, Thi Truong Bao Hiem Viet Nam 2011/ *The annual report of Vietnam insurance market 2011*, Hanoi, 2012

4. REVUES et JOURNAUX

*4.1. Presse en français*

*L'Agent d'assurances, L'Argus, Le Moniteur des assurances, L'Observateur, La Prime, La Réassurance, la Revue générale des assurances terrestres, La Semaine*

*L'Éveil de l'Indochine*

*4.2. Presse en anglais*

*Asia Insurance Review, Insurance ASIA, The Policy, The Review*

*The Saigon Times*

5. TRAVAUX UNIVERSITAIRES

Guy Marcille, *L'extension à l'Indochine de la législation métropolitaine des accidents du travail*, Thèse Paris, 1936

Thi Hoang Trinh NGO, *L'assurance vie au Vietnam*, Mémoire DESS, Institut des assurances d'Aix-Marseille, Aix en Provence, 2004

Ngoc Trang LE, *L'assurance maritime sur facultés au Vietnam*, Mémoire Master, Institut des assurances d'Aix-Marseille, Aix en Provence, 2005

Van Hong DANG, *Le contrat d'assurance maritime en droit vietnamien*, Mémoire du Centre de droit maritime et des transports, Aix en Provence, 2006

Index

Table des matières

# L'HISTOIRE
# AUX ÉDITIONS L'HARMATTAN

## *Dernières parutions*

**ESSAIS D'HISTOIRE GLOBALE**
*Sous la direction de Chloé Maurel ; Préface de Christophe Charle*
L'histoire globale est une approche novatrice qui transcende les cloisonnements étatiques et les barrières temporelles et promeut un va-et-vient entre le local et le global. Développé depuis plusieurs années aux États-Unis, ce courant connaît un essor récent en France. Voici un tour d'horizon varié des travaux récents en histoire globale (concernant l'abolition de l'esclavage, l'histoire du livre et de l'édition, des revues et celle des organisations internationales).
*(23.00 euros, 226 p.)*
*ISBN : 978-2-336-29213-7, ISBN EBOOK : 978-2-296-53077-5*

**VERS UN NOUVEL ARCHIVISTE NUMÉRIQUE**
*Ouvrage collectif coordonné par Valentine Frey et Matteo Treleani*
La réinvention permanente apportée par le numérique suscite de nombreux débats. Notre rapport à la mémoire et à l'histoire, longtemps basé sur l'objet matériel et sa conservation physique, est à présent bouleversé. Les techniques ont beaucoup évolué, apportant de nouvelles problématiques, dans le domaine de l'informatique comme celui des sciences humaines. Quelles tensions entre technique et mémoire ? Comment se souvenir du passé à travers ses vestiges ? Que change le numérique ?
*(Coll. Les médias en actes, 22.00 euros, 224 p.)*
*ISBN : 978-2-336-00174-6, ISBN EBOOK : 978-2-296-53103-1*

**MENSONGES (LES) DE L'HISTOIRE**
*Monteil Pierre*
Chaque génération hérite des *a priori* et des idées reçues de la génération précédente. Ainsi, nombreux sont les mensonges de l'Histoire qui ont survécu jusqu'à nos jours. Nos ancêtres les Gaulois ? Napoléon était petit ? Au Moyen Age, les gens ne se lavaient pas ? Christophe Colomb a découvert l'Amérique ? Ce livre revient sur 80 poncifs considérés par beaucoup comme une réalité...
*(Coll. Rue des écoles, 28.00 euros, 282 p.)*
*ISBN : 978-2-336-29074-4, ISBN EBOOK : 978-2-296-51351-8*

**FLAVIUS JOSÈPHE**
**Les ambitions d'un homme**
*Cohen-Matlofsky Claude*
Quelles furent les ambitions cachées de Flavius Josèphe, historien Juif de l'Antiquité ? Il prône, à travers ses écrits, le retour à la monarchie de type hasmonéen, à savoir d'un roi-grand prêtre, comme réponse à tous les maux de la Judée. La question fondamentale est la suivante : comment les élites locales ont-elles géré leurs relations avec la puissance romaine et quel rôle les membres de l'élite ont-ils assigné à leurs traditions et constitution politique dans cet environnement d'acculturation ?
*(Coll. Historiques, série Travaux, 15.50 euros, 152 p.)*
*ISBN : 978-2-336-00528-7, ISBN EBOOK : 978-2-296-51387-7*

**MER (LA), SES VALEURS**
*Groupe «Mer et valeurs» Sous la direction de Chantal Reynier – Préface de Francis Vallat*
La mer, plus que jamais, est la chance des hommes et la clef de leur avenir. Elle leur apprend la responsabilité, suscite l'esprit d'initiative, mais elle oblige tout autant à rester humble devant ses

forces naturelles. Le groupe de réflexion «Mer et Valeurs», réunissant navigants et universitaires, examine l'influence de ces valeurs rapportées à toutes les activités humaines. Des références historiques et géographiques illustrent le développement intellectuel et économique des pays qui se sont tournés vers la mer.
*(21.00 euros, 188 p.)*
*ISBN : 978-2-336-00836-3, ISBN EBOOK : 978-2-296-51412-6*

**MÉTAMORPHOSES RURALES**
**Philippe Schar : itinéraire géographique de 1984 à 2010**
*Sous la direction de Dominique Soulancé et Frédéric Bourdier*
Philippe Schar était convaincu que la géographie ne saurait exister sans la dimension du temps et la profondeur de l'histoire, seules capables de mettre pleinement en lumière le présent et de le restituer dans toutes ses dimensions. On retrouve en filigrane dans ses recherches concises et pointues la volonté de replacer les opérations de développement à l'interface des logiques promues par les décideurs d'un côté et par les populations de l'autre. Cet ouvrage présente une sélection de ses écrits.
*(33.00 euros, 320 p.)*
*ISBN : 978-2-296-99748-6, ISBN EBOOK : 978-2-296-51501-7*

**POUVOIR DU MAL**
**Les méchants dans l'histoire**
*Tulard Jean*
L'Histoire n'est pas une magnifique suite d'actions héroïques et de gestes admirables. Sans le Mal pas d'Histoire. Et il faut l'avouer, les méchants sont les personnages les plus fascinants de la saga des peuples. En voici treize, présentés à travers des dramatiques interprétées jadis sur les ondes. Treize portraits où l'on retrouve méchants célèbres comme Néron ou Beria et héros insolites comme Olivier Le Daim ou le prince de Palagonia. Ils illustrent le pouvoir du Mal.
*(Coédition SPM, 25.00 euros, 270 p.)*
*ISBN : 978-2-917232-01-9, ISBN EBOOK : 978-2-296-51010-4*

**VIES (LES) DE 12 FEMMES D'EMPEREUR ROMAIN**
**Devoirs, intrigues et voluptés**
*Minaud Gérard*
Grâce à un méticuleux travail de recherche se redéploie ce que furent les vies de 12 femmes d'empereur et leur influence, non seulement sur leur mari mais aussi sur le destin de Rome. Les pires informations se mêlent. Un amour maternel allant jusqu'à l'inceste, un amour conjugal virant au meurtre, un amour du pouvoir justifiant tout. D'un autre côté, un sens du devoir exceptionnel, une habileté politique remarquable, un goût du savoir insatiable.
*(34.00 euros, 332 p.)*
*ISBN : 978-2-336-00291-0, ISBN EBOOK : 978-2-296-50711-1*

**MONDE (LE) DES MORTS**
**Espaces et paysages de l'Au-delà dans l'imaginaire grec d'Homère à la fin du Ve siècle avant J.-C.**
*Cousin Catherine*
Ce livre propose d'étudier l'évolution des conceptions que les Grecs ont pu se former des espaces et des paysages de l'au-delà, jusqu'à la fin du Ve siècle avant J.-C. Monde invisible, interdit aux vivants, mais sans cesse présent à leur esprit, les Enfers relèvent pleinement de l'imaginaire. Une comparaison entre productions littéraires et iconographiques enrichit cette étude et laisse entrevoir l'image mentale que les Grecs se forgeaient du paysage infernal.
*(Coll. Kubaba, série Antiquité, 39.00 euros, 402 p.)*
*ISBN : 978-2-296-96307-8, ISBN EBOOK : 978-2-296-50624-4*

**CORPS ET ÂMES DU MAZDÉEN**
**Le lexique zoroastrien de l'eschatologie individuelle**
*Pirart Eric*
Selon les conceptions mazdéennes, l'individu posséderait plusieurs types d'âmes. Est-ce vrai ? Et qu'advient-il de telles âmes au-delà de la mort ? De quel sexe sont-elles ? Et le corps ? Pour

répondre à de telles questions, Éric Pirart analyse les textes zoroastriens des diverses époques anciennes ou médiévales et y décrypte le lexique de l'eschatologie individuelle.
*(Coll. Kubaba, 29.00 euros, 294 p.)*
*ISBN : 978-2-296-99286-3, ISBN EBOOK : 978-2-296-50580-3*

**3000 ANS DE RÉVOLUTION AGRICOLE**
**Techniques et pratiques agricoles de l'Antiquité à la fin du XIXe siècle**
*Vanderpooten Michel*
De la Grèce et la Rome antiques à l'Andalousie arabe, des campagnes gauloises à la France des Lumières et de la Révolution industrielle du XIXe siècle, l'évolution des connaissances et des pratiques agricoles est ici retracée à travers l'étude de près de 4000 documents. Les étapes de la production agricole, à différentes époques, sont étudiées, ainsi que l'entrée de l'agriculture dans l'ère de la chimie et du machinisme.
*(Coll. Historiques, série Travaux, 34.00 euros, 332 p.)*
*ISBN : 978-2-296-96444-0, ISBN EBOOK : 978-2-296-50329-8*

**ANTIQUITÉ (L') MODERNE**
*Wright Donald*
Ce livre étudie le regard que l'homme de la Belle Époque porte sur l'Antiquité. Il analyse la modernité de la Troisième République et ce que celle-ci doit à une interprétation systématique et scientifique des apports grecs et romains. Au travers des textes littéraires et scientifiques ainsi que de nombreux documents ensevelis puis retrouvés dans les archives françaises, ce livre est une étude sociologique d'une époque moderne par excellence qui se veut «classique».
*(Coll. Historiques, série Travaux, 27.00 euros, 274 p.)*
*ISBN : 978-2-296-99168-2, ISBN EBOOK : 978-2-296-50407-3*

**GRANDEUR ET SERVITUDE COLONIALES**
*Sarraut Albert - Texte présenté par Nicola Cooper*
Albert Sarraut fut l'un des maîtres-penseurs du colonialisme de la période de l'entre-deux-guerres. Cet ouvrage de 1931 est l'un des meilleurs exemples de la justification du colonialisme français : il touche à tous les impératifs coloniaux de la France, du tournant du siècle aux débuts de la décolonisation. C'est essentiellement Sarraut qui façonna le langage avec lequel les Français parlaient de leur empire colonial.
*(Coll. Autrement mêmes, 24.00 euros, 200 p.)*
*ISBN : 978-2-296-99409-6, ISBN EBOOK : 978-2-296-50121-8*

**HOMO SAPIENS (L') ET LE NEANDERTAL SE SONT-ILS PARLÉ EN RAMAKUSHI IL Y A 100000 ANS ?**
**Paléontologie génétique et archéologie linguistique**
*Diagne Pathé*
Cet ouvrage présente les découvertes qui permettent pour la première fois d'éclairer de manière factuelle la révolution culturelle et linguistique, qui a planétarisé avec l'avènement de la parole de Sapiens, voire de Néandertal, le monothéisme et les cultes bachiques de bonne fortune et de fécondité, à partir de 300000 et 200000 ans av. J.-C. Les faits qui rendent compte de manière précise de cette révolution sont portés par le ramakushi et son vocabulaire comme langage datable matériellement entre 8000 et 10000 ans av. J.-C.
*(Editions Sankoré, 14.50 euros, 138 p.)*
*ISBN : 978-2-296-99334-1, ISBN EBOOK : 978-2-296-50189-8*

**HISTOIRE DES PEUPLES RÉSILIENTS (Tome 1)**
**Traumatisme et cohésion VIe-XVIe siècle**
*Benoit Georges*
Ce livre revient sur l'histoire de communautés éparses qui, surmontant le traumatisme de leur naissance improbable, firent preuve de résilience collective. Histoire particulière, marginale, de rescapés et de fuyards qui se prirent en charge pour se sauver, trouvant en eux-mêmes, dans leur cohésion intime, cette énergie qui les hissa au-dessus de l'ordinaire. Histoire de petites sociétés

horizontales qui, vivant en périphérie du continent européen, irradièrent au loin jusqu'à se poster en économies-monde, quand la société médiévale, toute pétrie de verticalité hiérarchique, clouait la population au sol.
*(Coll. Historiques, série Essais, 23.00 euros, 222 p.)*
*ISBN : 978-2-296-99201-6, ISBN EBOOK : 978-2-296-50168-3*

**HISTOIRE DES PEUPLES RÉSILIENTS (Tome 2)**
**Confiance et défiance XVIe-XXIe siècle**
*Benoit Georges*
Au XVIe siècle, la Contre-Réforme déclara le meilleur de la bourgeoisie *persona non grata* et, poussant des communautés entières à l'exil, elle les contraignit à se réfugier dans une Eglise plus sociétaire, à tramer du lien social - source de cohésion et de puissance, à faire preuve de cette résilience collective qui fit la fortune de l'Amérique puritaine. Dans ce second tome, cette histoire dit aussi ce que - privées d'une aventure commune - l'Inde des castes et l'Italie du Mezzogiorno ne furent pas ; ce que - par esprit de défiance - l'Amérique des temps modernes pourrait ne plus être.
*(Coll. Historiques, série Essais, 23.00 euros, 224 p.)*
*ISBN : 978-2-296-99200-9, ISBN EBOOK : 978-2-296-50167-6*

**VAGABOND (LE) EN OCCIDENT. SUR LA ROUTE, DANS LA RUE (Volume 1) – Du Moyen Age au XIXe siècle**
*Sous la direction de Francis Desvois et Morag J. Munro-Landi*
Les textes ici réunis se proposent de fixer une image du vagabond dans les cultures occidentales. Du Moyen Age à nos jours, les sociétés occidentales ont hésité entre fascination et répulsion pour le nomadisme, enviable quand il est choisi, détestable et harassant quand il est imposé. Ces contributions reviennent sur l'histoire de ce phénomène, son accueil et sa pénalisation, ainsi que sur ses représentations dans la littérature et les arts plastiques.
*(38.00 euros, 378 p.)*
*ISBN : 978-2-296-99153-8, ISBN EBOOK : 978-2-296-50110-2*

**VAGABOND (LE) EN OCCIDENT. SUR LA ROUTE, DANS LA RUE (Volume 2)**
*Sous la direction de Francis Desvois et Morag J. Munro-Landi*
Ce volume s'interroge sur l'esthétisation progressive et simultanée, partout en Occident, du vagabond. Bohème et poète, on le voit dériver lentement d'une recherche d'identité plus ou moins consciente et assumée vers la désagrégation personnelle et le désenchantement incarnés par les bandes de voyous et les punks. Le vagabondage retrouve alors sa fonction première de quête de la survie, mais avec un horizon beaucoup plus sombre désormais.
*(35.00 euros, 346 p.)*
*ISBN : 978-2-296-99154-5, ISBN EBOOK : 978-2-296-50111-9*

**BALEINES (LES) FRANCHES**
*Soulaire Jacques*
Véritable encyclopédie richement illustrée, ce livre nous plonge dans les mers froides, à la découverte de l'univers passionnant des baleines franches. Un premier volet détaille l'anatomie et la physiologie de ces géants du monde animal, un second déroule l'histoire de leur pêche par pays de manière chronologique, ce qu'aucune histoire de la chasse à la baleine n'avait fait auparavant.
*(SPM, 39.00 euros, 560 p.)*
*ISBN : 978-2-901952-93-0, ISBN EBOOK : 978-2-296-50078-5*

**L'HARMATTAN, ITALIA**
Via Degli Artisti 15; 10124 Torino

**L'HARMATTAN HONGRIE**
Könyvesbolt ; Kossuth L. u. 14-16
1053 Budapest

**ESPACE L'HARMATTAN KINSHASA**
Faculté des Sciences sociales,
politiques et administratives
BP243, KIN XI
Université de Kinshasa

**L'HARMATTAN CONGO**
67, av. E. P. Lumumba
Bât. – Congo Pharmacie (Bib. Nat.)
BP2874 Brazzaville
harmattan.congo@yahoo.fr

**L'HARMATTAN GUINÉE**
Almamya Rue KA 028, en face du restaurant Le Cèdre
OKB agency BP 3470 Conakry
(00224) 60 20 85 08
harmattanguinee@yahoo.fr

**L'HARMATTAN CAMEROUN**
BP 11486
Face à la SNI, immeuble Don Bosco
Yaoundé
(00237) 99 76 61 66
harmattancam@yahoo.fr

**L'HARMATTAN CÔTE D'IVOIRE**
Résidence Karl / cité des arts
Abidjan-Cocody 03 BP 1588 Abidjan 03
(00225) 05 77 87 31
etien_nda@yahoo.fr

**L'HARMATTAN MAURITANIE**
Espace El Kettab du livre francophone
N° 472 avenue du Palais des Congrès
BP 316 Nouakchott
(00222) 63 25 980

**L'HARMATTAN SÉNÉGAL**
« Villa Rose », rue de Diourbel X G, Point E
BP 45034 Dakar FANN
(00221) 33 825 98 58 / 77 242 25 08
senharmattan@gmail.com

**L'HARMATTAN TOGO**
1771, Bd du 13 janvier
BP 414 Lomé
Tél : 00 228 2201792
gerry@taama.net

Achevé d'imprimer par Corlet Numérique - 14110 Condé-Sur-Noireau
N° d'imprimeur : 101644 - Dépôt légal : septembre 2013 - *Imprimé en France*

Made in the USA
Monee, IL
08 November 2026

67811060R20175